Henri Meschonnic

Modernité
Modernité

Gallimard

Henri Meschonnic publie des poèmes, des traductions de la Bible, des essais sur les relations entre la théorie du langage et celles de la traduction, de la littérature et de l'histoire. Il est professeur de linguistique à l'Université de Paris-VIII.

Actuellement, cela me frappe beaucoup, on voit le XXᵉ siècle se défaire, se défaire très vite.

ÉMILE BENVENISTE, « Structuralisme et linguistique » (1968), *Problèmes de linguistique générale* II, Paris, Gallimard, 1974, p. 28.

Tout le monde ne peut pas regarder en face un concept qui fait vaciller les concepts.

ARAGON, « Introduction à 1930 », *La Révolution surréaliste* nº 12, 15 décembre 1929, p. 57.

La modernité est un combat. Sans cesse recommençant. Parce qu'elle est un état naissant, indéfiniment naissant, du sujet, de son histoire, de son sens. Elle ne cesse de laisser derrière elle les Assis de la pensée, ceux dont les idées sont arrêtées, se sont arrêtées, et qui confondent leur ancienne jeunesse avec le vieillissement du monde. La modernité côtoie ce cimetière des concepts fossiles dont nous sommes encombrés. Et qui rendent sourds. Sourds à ce qui vient.

Voulant savoir ce qu'est la modernité, je me suis aperçu qu'elle était le sujet en nous. C'est-à-dire le point le plus faible de la chaîne qui tient l'art, la littérature, la société ensemble. Dans leurs pratiques, leurs notions. Le plus faible parce qu'il n'est pas compris dans le signe. Qu'il lui échappe. Échappe à son pouvoir. Mais ce pouvoir s'étend partout et le seul lieu possible d'une critique du signe est en même temps barré par la parade du signe. Les doubles de l'individu et du social. En colonne par deux. Du langage à la société, le même vieux jeu des concepts du dualisme. Qui fait prendre l'individu pour le sujet, pour mieux le confondre, et, de ses sacralisations à ses morcellements, mieux maintenir en place la théorie traditionnelle de la raison. Ses répartitions, ses accommodements.

Ce qui fait de l'art et de la littérature le point faible de la société et du signe en fait le point fort d'une critique. La tentative de reconnaître les stratégies et les enjeux dans ces jeux de rôles que constituent les modes de penser, de voir, de sentir et de conservation de la pensée, du voir, du sentir qui mènent des combats ostentatoires ou cachés. Dans l'indiscernable règne du signe et de ses valeurs, qui se rangent, dans notre monde, selon le schéma éprouvé et duel de la transcendance, indéfiniment pure, l'opération même de la pureté, et des formes empiriques, tour à tour épuisables épuisées, de l'histoire.

Par quoi tous les couplages (linguistique, philosophique, théologique, anthropologique, social, politique) du signe constituent une théologique de la société. Bien plus qu'un modèle scientifique du langage. En participe l'opposition traditionnelle du nouveau et de l'ancien, farce et miracle de la rupture.

On n'en sort pas plus en se précipitant d'un terme à l'autre, en opposant l'individu au social, l'ancien au moderne, qu'en opposant la convention à la nature, pour ce qui est du langage. Car c'est la relation qui tient les termes, pas les termes qui tiennent la relation. Et cette relation est la chaîne, le schéma du signe.

Pourtant ce schéma (culturel, historique) censé universel est constamment débordé par le moindre mot qu'on prononce. Sa fragilité est figurée dans tout poème, toute œuvre d'art. Sa faiblesse est sa capacité explicative. Sa force est pragmatique, politique. Schéma, au sens d'une organisation de quelque chose qui est fixe, et figé.

Ce qui déborde ce schéma, c'est le rythme. La modernité. Une athéologique du sujet. Irréductible aux téléologies. Qui ne cessent cependant de s'exercer à la reconvertir dans les modes anciens. Mais ce siècle aura fameusement fait passer l'identité par l'altérité. Des pratiques du traduire à celles de l'ethnologie, des rapports interculturels à la pluralisation du sujet.

L'art et la littérature, le poème particulièrement, auront mis à nu que la poétique du sujet est une politique du rythme. Ce qui s'y joue, dans le fonctionnement ostensible et imperceptible ensemble des pratiques et des notions, met à découvert ce qu'une société fait du sens, de l'histoire, et du sujet, à travers les concepts-masques de l'individu et du social.

C'est pourquoi la théorie du langage a un si grand rôle. Elle est le lieu majeur où se fonde, et combat, l'historicité radicale du sens et de la société. Qui s'élabore, depuis Humboldt et Saussure, et passe par Benveniste. Benveniste a écrit que le langage sert à vivre. Je dirai que la théorie du langage, à travers l'histoire et le statut des concepts avec lesquels vit une société, et plus que d'autres sciences sociales, sinon même l'économie et les techniques, généralement jugées bien plus vitales, sert à vivre. Poétiquement et politiquement.

C'est seulement en apparence qu'elle est l'affaire de spécialistes. Il n'y a pas une phrase d'un sociologue, d'un psychologue, d'un historien, ou d'un politique où elle n'exerce ses effets. D'autant plus visible qu'elle est inaperçue de ceux qui parlent. Son rôle est capital pour comprendre ce qu'on entend par la modernité. Pour la reconnaître. S'y reconnaître. Par là même, par là peut-être seulement, devenir un sujet du langage. De l'histoire. Du sens.

Ce que j'ai voulu aussi montrer. Travailler à une éthique du langage que brouillent des m'as-tu-vu et imposteurs à la mode. Ce travail, pour le plaisir.

La théorie n'est pas ce lieu sérieux qu'on croit. C'est Guignol. L'esbroufe le dispute à la componction. Personnages. Masques. Entrez entrez, et vous verrez. Saisir comment ils bougent, et même les agiter soi-même, voilà le plaisir. La pièce vient seulement de commencer. Où qu'on la prenne, on arrive toujours au commencement. La pièce n'a pas de fin, bien sûr. Ni de morale. C'en est déjà une, peut-être, que de ne pas avoir de fin. Nous en sommes tous en même temps les spectateurs et les acteurs.

Pour comprendre la modernité, j'ai dû me retraduire certains mots. Parce qu'ils parlaient la langue du passé, la langue du signe. D'avance ils ramenaient l'inconnu au connu : le poème à la langue, le sujet à l'individu, la modernité au conflit de l'ancien et du nouveau. C'est-à-dire à de l'ancien.

Le rythme, de schéma formel d'alternance métrique, inscrit dans le signe, est devenu l'organisation d'un discours par un sujet, telle que tout le discours fait entendre ce sujet, et que ce sujet est organisé par son discours. Qui déborde le signe. Culturellement, rhétoriquement, poétiquement. Par quoi peut apparaître que le signe induit une métrique sociale.

La poétique, d'abord étude du fonctionnement de la littérature, passant par la reconnaissance des statuts du langage, des stratégies et des enjeux auxquels il donne lieu, devient par là une poétique de la société. Une poétique de la modernité. En quoi elle reste elle-même. C'est toujours du poème qu'il s'agit. Dans le poème, c'est du sujet qu'il s'agit, de son sens, de son histoire, allégoriquement.

De l'historicité. J'ai voulu montrer que c'est un des aspects de la modernité. À la fois le toujours présent et la contradiction tenue avec tout ce qui fait un moment, et que ce moment passe. Pas la datation. Mais ensemble la résultante du passé et l'infini du sens.

Le piège classique du signe est de faire prendre l'historicité pour l'historicisme — soit la seule explication par l'histoire, qui réduit le sens aux conditions de production du sens, et l'infini à une totalisation ; soit une variante, la filiation seule, une linéarité progressive. Où rien ne rend compte du nouveau. Ainsi la transcendance rejette l'historicité avec l'historicisme.

Travaillant à reconnaître les effets et le comment des discours (et les concepts du discours, masqués par ceux du signe et de la langue), j'ai appris à reconnaître la polémique et la critique l'une de l'autre : la polémique, stratégie de domination et de conservation des pouvoirs ; la critique, stratégie de reconnaissance des stratégies, et du sens.

Et de même que pour l'historicisme confondu avec l'historicité, la stratégie du signe est de faire passer la critique pour une polémique. Ainsi elle est sur son terrain, celui des pouvoirs. Où elle n'a pas à répondre. Ni même à entendre. Là aussi, c'est Guignol.

La critique est cette stratégie, parce qu'elle postule non seulement l'implication réciproque du langage et de l'histoire, du langage et de la littérature, mais aussi de l'art et de la société. Mode de relation qui récuse et renvoie au passé les régionalisations, les séparations coutumières. Ce que Horkheimer appelait la théorie traditionnelle : elle maintient la société telle qu'elle est. J'ajoute : elle maintient la théorie telle qu'elle est. La théorie critique est traversière. Ici, au sens où je le tiens, j'entreprends une critique de la modernité.

Je n'ajoute pas une voix à la chorale de ceux qui proclament sa fin. Parce que par là ils s'installent à sa place. Vous savez quel sort leur réserve Guignol.

Mais le sujet, qu'entendez-vous par le sujet ? Je le cherche, en cherchant ce qu'est la modernité.

J'ai dû pour cela dissocier ce que les adversaires autant que les partisans de la modernité confondent : avant-garde, et modernité. J'ai relu Baudelaire, Rimbaud. On les invoque à contresens. De même qu'on s'était fait son Mallarmé. Une fois de plus la modernité déborde les modernes.

Le contemporain ne cesse de courir après la modernité. Il ne la rejoint pas toujours. Elle n'est pas le contemporain. Semble tantôt en deçà, puis au-delà. Irrattrapable.

L'ancien est contemporain du moderne : la sorcellerie en France, aujourd'hui. La magie, dans la publicité. C'est qu'on prend encore le nouveau, le dernier nouveau, pour le moderne.

La modernité est la vie. La faculté de présent. Ce qui fait des inventions du penser, du sentir, du voir, de l'entendre, l'invention de formes de vie. C'est pourquoi il peut y avoir un après-modernisme, pas une après-modernité. La modernité est ce qui reparaît sous tous les étouffements. Jusque dans la « petite vie » dont parle Baudelaire.

Dans une société qui va à reculons vers son avenir, en se contemplant dans son passé, selon la même raison qui lui fait privilégier l'aventure techno-scientifique et le court terme des plans de rentabilité plutôt que le long terme des projets de société, la modernité du sujet est peut-être ce qui empêche la collectivité de devenir la programmation de l'individu.

La modernité est la prévision de ce que c'est qu'être au présent. Le présent, pour la plupart, est tenu par le réseau des intérêts et des pouvoirs, le réseau des maintiens du passé.

La modernité en est l'utopie : ce pour quoi il n'y a pas de place. Aujourd'hui, par exemple, l'invention d'un rapport de la culture à la technique qui sorte du couplage antagoniste de l'adhésion et du rejet. Et qui relègue au musée le sacré syncrétique où Heidegger fond ensemble technocratie et déshumanisation, en mettant dans la même catégorie de la « technique » l'industrialisation de l'agriculture, l'industrie nazie de la mort et la bombe atomique, passée ou à venir.

Le lien entre modernité et utopie fait, par exemple, une sorte d'absence active, comme celle du projet éducatif des Idéologues, centré sur les lettres et les sciences humaines, barré par le modèle techno-scientifique napoléonien jusqu'aujourd'hui. Une politique et une poétique du sujet. Contre la rhétorique du temps court, une poétique du temps long.

La modernité, avenir du présent. Je l'oppose à une autre modernité. Celle qui est faite de l'histoire de l'art moderne. Plutôt, d'une certaine manière de l'écrire. Qui confond l'art avec l'histoire de l'art.

Fin des avant-gardes, disparition des résistances, disparition du défi, disparition de la foi dans le progrès (chez certains, au

début du siècle) ou dans l'art comme religion, accès au sacré
— et voilà le moderne au passé.

De nouveau, les derniers arrivés plus modernes que les précédents, les ont-été-modernes. Aujourd'hui, on est post-.

On passe pour avoir plus de nostalgies que de certitudes.
Pour savoir moins que jadis où on en est. On est furieusement
éclectique, et cynique. On fait ce qu'on sait. Parce qu'on sait
(trop) ce qu'on fait. Je parle des post-modernes. L'histoire de
l'art-démystification-de-l'art, de l'art-rejet-de-l'art, avale
tout. Cynisme pour les uns, déroute pour d'autres.

Il y a aussi de l'anti- dans le post-. Ceux qui thésaurisent le
passé. Qui n'ont pas d'autre avenir que le passé. On peut d'ailleurs réconcilier les hyper-modernes et les anti-modernes :
comme les post- sont des néo-, et qu'ils ont donc constitué les
ex-modernes en classiques, ils sont tous néo-classiques. Le
patron des néo-classiques, Marcel Duchamp. Voir plus loin.

Ainsi le post- est on-a-déjà-vu-tout-ça. C'est la farce que
Nietzsche a joué à ce siècle : il lui a fait le coup de l'Éternel
Retour. Et il y en a combien qui marchent. Le côté salutaire :
un rejet des théologies religieuse ou romantique. Parce qu'on
n'y croit plus. Le rejet de l'histoire de l'art comme « histoire
sainte » — « notre propre mythe tribal »[1].

Mais le rejet d'un sens-de-l'histoire, la dissociation athéologique du *sens* et de *l'histoire*, dissocie de l'histoire ou bien les
deux sens du sens, celui de *direction* et celui d'*intelligibilité*, ou
bien seulement le premier sens.

C'est précisément la présupposition que ces deux sens du
sens sont solidaires, sinon un seul et le même, qui fait à la fois
l'histoire sainte et la crise du sens de la société. Par le maintien
des deux, ou le rejet des deux.

La position typiquement post-moderne consiste à chasser
ensemble les deux acceptions du sens. Avec l'alternative : histoire sainte ou « vision païenne », définie comme un « nulle
part si ce n'est ici-même » (*ibid.*, p. 125). La « conscience

---

1. Thomas Mc Evilley, « Histoire de l'art ou histoire sainte ? », *Cahiers du
Musée national d'Art moderne* n° 22, décembre 1987, *Après le modernisme*,
p. 126.
   L'analogie cyclique lui fait évoquer « le post-modernisme alexandrin et le
modernisme de la république romaine » (p. 113), mais c'est aussi une démonstration vigoureuse et érudite des méconnaissances de l'Antiquité, concernant
la perspective, redécouverte, plutôt qu'inventée, à la Renaissance.

lucide » n'est conscience que du « présent en tant que seul moment vivant », de telle sorte que « la perte de la continuité et du propos chargé de sens est libératrice » (*ibid.*). Je reviendrai ailleurs sur tous ces néo-paganismes dont on nous repaganise [2].

Mais, postulant et vérifiant sans cesse l'implication réciproque, nécessaire, du langage et de l'histoire, je dirai : c'est seulement du sens comme téléologie que l'histoire peut et doit se séparer, pour ne plus refaire l'histoire sainte. Se défaire de son éternel double jeu, transcendance des valeurs et déréliction de l'histoire. Le comprendre, cesser d'en être le jouet, n'élimine en rien le sens comme intelligibilité.

L'éliminer, ou prétendre le faire (ce qui ne saurait être que partiel, et reviendrait à localiser, à *floculer* le sens) mène à une pseudo-libération, une amnésie vouée non à la liberté mais à la répétition du même. L'Éternel Retour fait le mythe substitutif de l'histoire sainte : « retour du balancier, comme il y en eut tant d'autres » (*ibid.*, p. 110). Les poétiques de la feinte, et de la ruse.

Plus d'histoire. Il n'y a plus que du temps : « L'Histoire ne paraît plus avoir de forme générale, ni se diriger vers un point précis. Elle se dissout dans le temps, dans cette succession sans fin de moments, décrite par Averroès, sans orientation ni forme globale » (*ibid.*, p. 125).

Seulement il y a une chose que la déthéologisation postmoderne n'a pas éliminée. Cette chose annule l'effet de son opération, à son insu, dans l'instant même. C'est le dualisme du signe. Son paradigme entier est là, cette parade revient, ce bal des vampires où vont par couples toutes les répliques de la forme et du sens.

Ainsi le post-moderniste se propose de réécrire l'histoire de l'art « en termes de contenu », après ceux de la « forme », sans voir qu'il a maintenu la théorie traditionnelle. Car c'est elle qui le tenait. Séparer entre le temps et l'histoire présuppose le couple de l'individu et du social. Le psychologique et le sociologique. Rester dans l'individu, au lieu d'aller vers le sujet. Et l'individu d'autant plus coupé du social, et du politique, que le temps est coupé de l'histoire.

Par le sujet, et en lui, il y a inséparablement du temps et de l'histoire, un présent qui n'est pas « la perte de la

---

2. Dans un travail en cours sur *L'utopie du Juif.*

continuité », mais une réécriture permanente des rapports entre continuité et discontinuité, qui ne trouve sa place dans aucune des catégories du discontinu seul qui règne dans le signe. Comme écrivait en 1940 Walter Benjamin : « L'histoire est l'objet d'une construction dont le lieu n'est pas le temps homogène et vide, mais celui qui est rempli du temps de maintenant[3]. » Ce qui tient aussi à la proposition selon laquelle « c'est en reconnaissant bien plutôt la vie à tout ce dont il y a histoire, et qui n'en est pas seulement le théâtre, qu'on rend pleine justice à ce concept de vie »[4].

Le présent, le sens, le sujet — trois termes différents pour approcher une historicité qui laisse au passé le dualisme où les partenaires ne s'opposent que pour mieux maintenir la relation qui les soude l'un à l'autre, signifiant contre signifié, individu contre société.

Le post-moderne continue de jouer cette comédie. On assistera aussi aux anti-modernes. Il n'y a pas deux modernités pareilles. Quand je répète : modernité modernité, on n'a pas fini le deuxième mot qu'elle a déjà changé. C'est pourquoi il n'y en a pas que pour les malins du jour.

Le rire dont l'écho retentit dans l'avenir est celui du présent qui reste présent. La modernité, c'est lui.

3. Walter Benjamin, « Sur le concept d'histoire, XIV » *Gesammelte Schriften*, I-2, Suhrkamp, 1980, p. 701.
4. W. Benjamin, « La tâche du traducteur » (1923), *Œuvres*, I, *Mythe et violence*, Denoël, Les Lettres Nouvelles, 1971, p. 263.

Modernité de la modernité

Qui a été plus moderne que nous ? Qui a poussé plus loin l'illusion que passé c'est dépassé, que le passé n'avait pour rôle que de mener jusqu'à nous ? Mais quelle époque aussi a autant cultivé l'idée que la modernité, à force d'être nous, était derrière nous ?

En écrivant sur la modernité, c'est nous-mêmes que nous réfléchissons, narcisses, ces temps derniers, que de regrets, ou de coups de pied qui brouillent la réflexion. Moderne postmoderne immoderne. La modernité est le mal du siècle. Le nouveau n'y suffit pas. Le sentiment d'un recommencement. D'un changement du sens des mots tel qu'on n'a plus de repères. Plus de cloisons.

La modernité n'est pas un mouvement. Ne se confond avec aucun de ceux qu'on énumère. La modernité est critique, et s'inverse en critique de la modernité. Elle est provocation. Mais la provocation, en elle-même, n'est pas moderne. On n'en finit plus de compter ses faux et ses vrais débuts. Du nouveau au déjà vu.

Dans le on-ne-sait-pas-encore-ce-qui-va-arriver de toujours, on crie à la crise. Celle du sens, bien sûr. Comme si le monde avait jamais su où il va. Et pour l'art, ou l'écriture, il vaut mieux ne pas trop savoir.

Du refus des valeurs à la bourse des valeurs, voilà où en est l'art. Le défi, la révolte, la création des fables — une fête à petits fours. Un placement. Le discours sur la modernité ne semble plus fait que de clichés qui sortent l'un après l'autre, comme les crapauds et les vipères de la bouche de la jeune fille, dans le conte de Perrault.

Pourtant ne peut pas ne pas revenir la question que posait Aragon dans son « Introduction à 1930 » — « Qu'est-ce qui est moderne aujourd'hui ? »

L'idée du moderne est si conflictuelle, valorisée par celle de créativité, ou répudiée pour des motifs contradictoires, qu'il lui est impossible d'être objective. Avant-garde ou musée, vieillerie ou terminus de l'histoire, elle est continue à elle-même jusque chez ceux qui la renient.

Composée de scandales oubliés ou actifs, d'effets retard qui travaillent dans l'imperceptible, la modernité met à découvert ce qu'on ne comprend pas, et qu'on essaie de cacher par toutes les formes du savoir. C'est le heurt du moderne et du contemporain. Mais on n'a pas le même présent ni le même avenir selon qu'on a eu, ou non, la même histoire. On n'a pas le même langage.

La littérature, et particulièrement la poésie, a été la matière de transformations telles dans ce qu'on a fait dire au langage que le rapport du visuel à l'oral en a été transformé, modifiant chacun des termes mêmes. Le signe a éclaté, et est devenu rythme. La pensée du langage aussi a été radicalement changée. Les pratiques du visible ont inventé une historicité nouvelle.

C'est parce que tout de la société passe dans et par le langage que la théorie du langage est le sens de son sens, l'histoire de son histoire. Ses drames, ses bluffs, ses trahisons. Du radicalement historique à la déshistoricisation. Son rapport au cosmique, son rapport au social.

Parce que la littérature — la poésie — est dans le langage ce qu'il y a de plus sensible aux pressions de l'époque, aux tensions du connu et de l'inconnu, du subjectif et du collectif, elle est ce qu'il y a de plus révélateur du langage et du social. De leurs pratiques, de leurs théories. Et d'où on peut le mieux reconnaître les jeux qui se mènent dans la mode actuelle de la modernité. Parlant de la modernité, je parle de la poétique. La poétique du sujet, la poétique de la société.

Le structuralisme a été, et est encore, l'idéologie scientifique de la sérialisation, du formalisme. Légitimant le bricolage des habiles en littérature. Une scolastique d'écolier limousin autour. L'enseignement est infesté de cette substitutive. La sémiotique généralisée en a aggravé le dualisme. La modernité aime jouer Peirce contre Saussure. Croyant suivre

Saussure, elle a choisi Peirce. L'universel du signe ahistorique et trompeur, contre l'historicité du langage.

La modernité se plaît à se reconnaître dans la figure d'un héros. Elle fait partout des palmarès, des demi-dieux éponymes, des pères fondateurs. Réduisant emblématiquement la poésie à un poète unique, la philosophie à un philosophe unique. L'institution du Nobel est la figure annuelle éphémère de cette socialisation. Jakobson sacre Khlebnikov *le* poète du xxᵉ siècle. Pour certains, Heidegger est *le* philosophe du siècle. Un consensus s'étale aujourd'hui, de manière significative, autour du philosophe du consensus, Habermas, qui réduit le langage à la communication. Comme la mode, la modernité est éclectique. L'éclectisme est un masque du dogmatisme. Là encore il y a lieu de voir ce qu'on fait du langage.

Un des dangers de l'anti-art, de l'anti-œuvre — non leur apparition initiale, mais la tradition qui en est issue — est de préparer le retour de Sainte-Beuve. Du couple de vieux beaux que font le psychologisme et le sociologisme. Cet effet-de-théorie du signe. Or un des commencements de la modernité est le *Contre Sainte-Beuve* de Proust. Lié à une pratique et à une reconnaissance de l'œuvre. Et le passage de la notion d'œuvre à celle de pratique, un des traits de la modernité, tend à présenter cette recherche de la spécificité comme du démodé. Ce qui se montre dans ces propos de Michel Butor : « Pendant un certain temps il a été considéré comme " moderne " de faire une séparation complète entre l'œuvre et la vie d'un écrivain, aujourd'hui rien n'est plus démodé puisque la notion même d'œuvre disparaît au profit de la pratique, de l'aventure, etc. Et ce n'est même plus celle d'*un* écrivain, l'expression de lui seul, mais elle est toujours collective⁵. »

La modernité du xxᵉ siècle se représente, ou est représentée, dans une opposition à tout ce qui la précède. Un anti-xixᵉ siècle. Plus intelligente que lui, qui passe pour être un siècle bête. Cette outrecuidance n'est pas partout dégonflée. Il y a lieu d'y aider. Non tant pour rectifier quelques méconnaissances, ce que font des spécialistes, que pour démêler l'amas de confusions qui ont fini par sembler vérité vraie à force d'être répétées. L'amas des clichés sur la modernité et des clichés de

5. Michel Butor et Georges Raillard, « Entretien sur la notion de modernité », *Cahiers du 20ᵉ siècle*, 1975, nº 5, « La modernité », p. 111.

la modernité. Qui croient, par exemple, définir l'art
d'aujourd'hui sans voir qu'on en parle comme de l'art de
toujours.

La modernité est un symptôme. Un enjeu de pouvoir. En
même temps, inconnue à elle-même. Indivisible, et irréductible à l'unité. Elle est son propre mythe : celui de la rupture.
Et sa déformation perverse : le nouveau. Confondue avec
l'avant-garde, par beaucoup, bien que des désillusions donnent des allures de lucidité, tardive. Donc encore illusoires.
Toujours le dualisme xixᵉ siècle.

D'où le réexamen ici du sens de la modernité, tel qu'on la
suppose aujourd'hui, continue à Baudelaire, à Rimbaud. Cau-
tions qui masquent une dérive du sens, où se mène justement
le conflit qu'on cache, du moderne et du contemporain.

Ces éléments mis en place peuvent permettre d'analyser
tour à tour les arguments des partisans et des adversaires d'une
modernité qui change autant de sens qu'elle a de partisans et
d'adversaires. Ceux qui la mettent au musée. Ceux qui la mettent à Vienne. Ceux qui ne cessent de proclamer la fin de
quelque chose qui change de nom de temps en temps, mais qui
de toute façon est à sa fin. L'historicisme, l'universalisme, ces
deux belles choses du xixᵉ siècle, à peine changées, sont toujours là. Hegel est toujours là.

La comédie du post-moderne se joue dans une surenchère
verbale et un amour du flou qui vont à ravir à ces rôles mon-
dains. Des penseurs de foire font la morale. Même l'éthique
est à la mode. Décidément, il faut faire attention à tout.

C'est pourquoi je me tiens au poème, comme Dante tenant
Virgile par la main — ne riez pas, je sais, la comparaison est
démodée, bonne pour Hugo, qui était bête comme son siècle —,
en traversant l'enfer du moderne. C'est pourtant en même
temps la seule occasion qui nous est donnée de tenir l'un par
l'autre le langage et son sujet, et peut-être que cette traversée
même est un nom, le seul qui résiste, de la modernité.

LE MODERNE COMME SYMPTÔME

Aragon, qui savait que ce qui touche au moderne est un
« langage relatif », cherchait à définir pour son compte
— c'est toujours pour son compte qu'on définit — des
« notions qui sont contraires à tout acquis ». Dans le report
d'époque, qui marque précisément le terme de moderne, et
dans le brouillage qui en résulte, son « Introduction à
1930 »[6] n'a pas vieilli : « Dans le cadastre intellectuel le mot
moderne va donnant ombrage aux propriétaires d'idées générales. Tant pis. » Définition de la modernité : « La modernité
est une fonction du temps qui exprime l'actualité sentimentale
de certains objets dont la nouveauté essentielle n'est pas la
caractéristique, mais dont l'efficacité tient à la découverte
récente de leur valeur d'expression » (p. 58).

Symptômes, les châteaux hantés à l'époque des premières
locomotives : « le symptôme d'une révolte générale. » Il y a à
reconnaître, « derrière ce qui constitue le moderne d'une
époque, la fièvre entretenue par lui, qui mérite le nom de
modernisme, et vaut une définition. Le modernisme est
l'acceptation des mots d'ordre concrets que sont les mots, les
objets, les idées modernes, dont l'évocation implique un certain nombre de revendications particulières, nommément
celles des individus qui en éprouvent les premiers la force, et
qui y font les premiers appel » (p. 58).

Mot d'ordre suppose groupe. À la force des revendications
correspond celle d'un groupe, puisque cette force « ne se

6. *La Révolution Surréaliste*, n° 12, 15 décembre 1929, p. 57-64.

propage qu'autant qu'elle n'est pas le signe d'une individualité, à laquelle on verra peut-être des historiens en faire honneur, mais dans la mesure où elle est le signe de ce qui se passe
dans un monde où le calcul et la raison n'ont pas le droit
d'entrer, où tout se passe au-delà de l'individuel, dans la main
immense et véritable du devenir » (p. 58). Comme il s'agit là
essentiellement de « valeurs d'expression », la poésie a le rôle
premier : « faire l'analyse du modernisme c'est faire celle des
rapports de la poésie et de l'époque » (p. 58).

Aragon imagine une « science du moderne » qui
« permettra l'action à coup sûr ». Cependant il propose un
exemple rétrospectif, le « moderne de l'époque 1917-20 », où
il discerne des éléments d'avant et d'autres « qui ne prendront
force que plus tard ». Ce qui laisse entier le problème du rapport entre le moderne et le contemporain. Il est plus facile de
se faire l'historien d'un passé, même proche, que du présent :
« Le moderne de ce temps-là, comme tous les modernes, est
fait d'un bric-à-brac où il faut se reconnaître » (p. 59).

Ce n'est pas dix ans après, c'est maintenant qu'il y a le bric-
à-brac — et s'y reconnaître. Pourquoi la mise en perspective
est indispensable. Aragon prend donc « arbitrairement » la
période 1817-1820 pour un « très grossier parallèle », et montrer que l'« actualité sentimentale », comme il a défini le
moderne, « est réductible à quelques constantes dont le
contenu seul varie » (p. 61).

Rétrospectivement, en 1918, « plusieurs signes annonçaient
Dada, et l'on commence à voir de nos jours ce que cette
grande convulsion intellectuelle aura vraiment détruit, ce
qu'elle aura rendu définitivement impossible, et comment elle
a été un moment de ce devenir moderne dont nous parlons »
(p. 62). Le sens se dit au futur antérieur.

Ce qui se passe aujourd'hui ne fait qu'amplifier l'analyse
d'Aragon : « On était à l'époque où le cubisme admis et
commercialisé ne comportait plus aucune idée nouvelle, ne
remettait plus rien en question » (p. 62). Aboutissait « à une
sorte de faveur officielle ». On ne peut pas mieux dire. Et
« cette complaisance n'a fait que croître », et « le signe distinctif de ces dernières années est la stupide bonne volonté
d'un public, le sourire averti » (p. 62). Étrange situation, qui
neutralise toute « surprise », au sens d'Apollinaire, puisque
« les snobs sont là », que « tout le monde est snob, tout le

monde sait », et l'art est devenu de plus en plus « une entreprise de jouets pour gens riches » (p. 62). Les problèmes se
sont déplacés, pour « les esprits capables d'analyse ».

La définition qu'Aragon donnait du rapport entre le surréalisme et le modernisme était toute hégélienne — la modernité
décrite comme le « mouvement même qui, niant la réalité
d'un objet dépasse cette négation et la concilie avec son affirmation dans la surréalité » (p. 62). Elle permettait de ne pas
s'attacher « à un moderne précis comme le furent le cubisme
ou le futurisme », mais de désigner comme surréaliste « tel ou
tel qui n'ont pas connu le mot et qui vivaient n'importe
quand » (p. 62). Ce qui est au passé.

Mais la question se repose à tout moment, qu'il posait en
1929 : « Qu'est-ce qui est moderne aujourd'hui ? » Ce n'est
pas les trucages de vocabulaire, les surenchères verbales qui
doivent faire illusion aux esprits capables d'analyse.

Question différente de : « Qu'est-ce qui reste moderne
aujourd'hui ? » Aragon tend à les faire passer l'une pour
l'autre. Comme il le montrait pour Lautréamont : s'il « reste
moderne, c'est à cause de l'irréductible » (p. 63). La fin du
moderne serait la fin de l'irréductible.

C'est pourquoi la pire des choses survenue à la modernité
est son entrée toute vive au musée. Socialisée, admise à peine
produite. D'où la surenchère. Ce n'est pas l'art moderne par
lui-même seul qui produit la surenchère. Mais sa socialisation
immédiate. Son succès.

Quant à l'*aujourd'hui*, Aragon laisse voir cette inversion
interne qui fait que la modernité se retourne en haine du
moderne : « Il y a de nos jours, en France, un style moderne
grâce à l'exposition de 1925. C'est à ce point que je ne puis
plus aller au café, tant les cafés sont devenus modernes »
(p. 64). Le moderne en ce sens-là était pour Aragon un « déterminisme social » qui relançait la révolte : « Le moderne d'aujourd'hui n'est pas entre les mains des poètes. Il est entre les
mains des flics » (p. 64).

La référence surréaliste datée, les manières de langage qui
lui sont propres, ne changent rien à la relance indéfinie de la
question. Ni, à travers la révolte, à une impuissance et à un
égarement qui font l'accompagnement, plus ou moins audible
mais constant, de la modernité.

Quand commence la modernité ?

La modernité a plusieurs commencements. Plusieurs fins. Celles qui ont eu lieu. Celles qu'on lui annonce. Cette incertitude, ou plutôt cette diversité dans la datation, a cet effet confondant de s'assurer à la fois la continuité et la discontinuité, le ramassage de plusieurs époques, que tout sépare, avec la garantie de se comprendre et d'être compris dans un tout homogène. La notion de crise joue un rôle inverse. Heureusement, son abus rassure.

La périodisation historique a cet effet, avec ses dates symboliques, fétichisme para-historien : 1453, les temps modernes. Les temps modernes, pour Hegel, en 1800, ont trois siècles, depuis la découverte du Nouveau Monde, la Renaissance et la Réforme, comme le rappelle Habermas[7]. Mais, fin du Moyen Âge ou film de Charlot, les temps modernes ne sont pas la modernité. La relation entre les deux n'est ni immédiate ni objective. Parce que la modernité est davantage. Une essence mystérieuse, un esprit du temps, une valeur, un ensemble de valeurs.

Ainsi, « la modernité est indissociable pour Heidegger de la métaphysique de la subjectivité et de la question d'un savoir totalisant, absolu. [...] Or, cette modernité, qui commença avec Descartes, s'est achevée à l'époque de Nietzsche »[8]. Où apparaît déjà l'enchevêtrement du moderne et du postmoderne, qui fait l'air de notre temps.

7. Jürgen Habermas, *Der philosophische Diskurs der Moderne, Zwölf Vorlesungen*, Francfort-sur-le-Main, Suhrkamp Verlag, 1985 (3ᵉ éd. 1986), p. 13.
8. Gérard Raulet, « Pour une archéologie de la post-modernité », dans *Weimar ou l'explosion de la modernité*, Paris, Anthropos, 1984, p. 17.

Pour Foucault et pour Habermas, la modernité a l'âge de la raison. Elle commence à Kant, à l'*Aufklärung*, les « Lumières ». Fin du XVIIIe siècle. Mais la modernité de Foucault est de faire la critique des effets épistémologiques et sociaux de cette raison, avec laquelle la modernité est identifiée. La modernité de Habermas est de maintenir cette modernité contre celle de Foucault.

La modernité littéraire commence avec ce que Sartre a appelé la génération de 1850. Ce milieu du XIXe siècle, le « moment où l'artiste prend conscience de son aliénation face aux valeurs dominantes de la culture bourgeoise[9] — 1857 : *Les Fleurs du mal* et *Madame Bovary*. Mais cette modernité-là n'a pas le sens de celle de Baudelaire. Solidaire de ce qu'elle rejette, la modernité industrielle, politique, sociale.

Quant à la peinture moderne, elle naît « en France autour des années 1870-1880 », selon Bourdieu[10], qui étudie sociologiquement la « révolution symbolique » accomplie par Manet et les impressionnistes. D'autres font commencer la peinture moderne à Gauguin. Quand ce n'est pas aux cubistes. En ce sens, c'est entre 1906 et 1908 que commence la modernité en peinture. Pour certains, en 1907, avec les *Demoiselles d'Avignon*.

Mais 1912, poétiquement, est peut-être une meilleure date : le début de l'effet Mallarmé avec le livre de Thibaudet, *La Poésie de Stéphane Mallarmé*, qui reproduit la première page du « Coup de dés » ; les premiers mots en liberté de Marinetti ; le commencement de la spatialisation et visualisation de l'écriture, un des traits de la modernité poétique. Et 1912 est à la fois un seuil, un sommet, un tournant pour Jauss : le « seuil d'une époque » (*Epochenschwelle*), une « année-sommet » (*Gipfeljahr*), le « tournant d'une époque » (*Epochenwende*)[11]. Futuristes italiens, cubistes français, expressionnistes allemands, imagistes anglo-américains, cubo-futuristes russes, plus le début des « Élégies de Duino » de Rilke, Kafka qui

9. Charles Russell, « La réception critique de l'avant-garde », dans *Les avant-gardes littéraires au XXe siècle*, sous la direction de J. Weisgerber, Budapest, Akadémiai-Kiadó, 1984, t. 2, p. 1124.

10. Pierre Bourdieu, « L'institutionnalisation de l'anomie », *Cahiers du MNAM* no 19-20, juin 1987, « Moderne modernité modernisme », p. 6.

11. H. R. Jauss, *Die Epochenschwelle von 1912, Guillaume Apollinaire : « Zone » und « Lundi rue Christine »*, Heidelberg, Carl Winter-Universitätsverlag, 1986, p. 7, 25, 31.

commence *Amerika*, Schönberg passant au dodécaphonisme :
ce siècle est doté d'un apogée dès son début ou presque. On
n'aura plus qu'à se retourner pour le voir. Et depuis un certain
temps ce siècle marche à reculons. Bien sûr, 1912 était une
année approximative, quoique réelle, et 1913 va aussi bien[12].

Mais tel autre, qui étudie le modernisme anglo-saxon en littérature, limite le modernisme à 1910-1930, au « tournant des
années trente »[13]. Parce que si on ne lui met pas cette borne, si
on l'imagine qui continue dans *Finnegan's Wake*, ou avec
l'œuvre de Moore en sculpture, alors « le mouvement se perd
dans les grandes catégories intemporelles » *(ibid.)*. Cet auteur
préfère donc couper l'œuvre de Joyce en deux, après *Ulysse*,
plutôt que de renoncer à circonscrire un mouvement. Précisément, la modernité n'est pas un mouvement, comme dada ou
l'imagisme. Si l'histoire littéraire décide de dénommer modernisme tel mouvement, anglais ou espagnol, aussitôt le terme
prend un sens technique. Il se fixe. Il ne participe plus que
fragmentairement de la modernité.

Celle-là n'est pas pour autant intemporelle, vague au point
de se vider de sens. Sur le plan technique et social, l'historien
lui met aussi un début et une fin. Pas les mêmes : « La tranche
de temps 1920-1980 a quelque chose d'unique, par rapport
aux tranches 1860-1920 et 1980-2040 : elle a vu se réaliser le
passage à la modernité[14]. » Sommes-nous modernes encore,
ou postmodernes ?

Pour chaque date, chaque limite, une stratégie, un enjeu. La
modernité est le terrain d'un travail du sens dont il n'y a peut-
être pas d'équivalent. Chaque fois une autre écriture de l'histoire. Nous ne savons plus toujours si c'est la nôtre.

12. Dans *L'année 1913, Les formes esthétiques de l'œuvre d'art à la veille de la Première Guerre mondiale*, sous la direction de L. Brion-Guerry, 3 vol., Paris, Klincksieck, 1971-1973.

13. Jean-Michel Rabaté, « La tradition du neuf : introduction au modernisme anglo-saxon », *Cahiers du CNAM*, déjà cité, p. 106.

14. Jean Chesneaux, *De la modernité*, La Découverte, 1983, p. 187.

Où a lieu la modernité ?

La modernité. Inutile d'ajouter : occidentale. La modernité est européenne. Et si on appelle Occident l'Europe, plus l'Amérique du Nord, elle est occidentale : « La modernité occidentale est conquérante, elle se donne comme exclusive [15]. » Époque actuelle dans ses conditions de vie. Leur expansion : « Modernité planétaire signifie misère planétaire, exploitation, régression [16]. » Au-dehors, à la « modernité du confort » se juxtapose la « modernité du dénuement » — « échec ultime de la modernité » (*ibid.*, p. 233). La modernité part de l'Occident, et revient à l'Occident. Elle est l'Occident.

Ainsi cette localisation n'en est plus une. Elle se confond avec l'universel. L'Internationale de la modernité. Ajouter quelques Japonais. La modernité provincialise des littératures locales, anciennes ou non, provisoirement peut-être épigonales. Et la banlieue de la pensée dans quelques campus des États-Unis.

La modernité est un marché. Le marché de l'art. Hors de ce marché, ni modernité, ni art : « L'art se regroupe et se joue essentiellement là où il y a un creuset économique et culturel, c'est-à-dire en Europe occidentale et aux États-Unis. Un artiste ne peut exister aujourd'hui en dehors de ces grandes capitales artistiques [17]. » Définition d'abord économiste.

15. Georges Balandier, *Le Détour, Pouvoir et modernité*, Paris, Fayard, 1985, p. 220.
16. J. Chesneaux, *op. cit.*, p. 199.
17. L'un des commissaires de l'exposition « L'époque, la mode, la morale, la passion », *CNAC Georges Pompidou magazine* n° 39, 15 mai/15 juillet 1987, p. 10.

Mais si l'une des questions majeures de la littérature est celle
du sens et des rôles de la littérature dans nos sociétés, quel est
le sens du mot *Europe*, et de la notion de pays, pour l'histoire
interne de l'écriture ? Une histoire de non-relations autant
que de relations, que montrent les retards de traduction, les
non-traductions. Mais aussi le décentrement dans le traduire.
Le regard sur nous de ceux qui nous montrent ce que nous ne
voulons pas voir. Quel est le sens du mot *aujourd'hui* du point
de vue de l'écriture ?

Il y a ou il y a eu les modernes du voyage. Mais qui voyage
encore comme Cendrars, Paul Morand ou Larbaud ? Qui peut
encore être européen comme seuls l'étaient les grands Juifs
allemands d'avant l'une ou l'autre guerre ? L'esprit de la terre
aussi est moderne. Et l'exotisme. Rejets du temps universel.
Un lieu est le lieu d'un temps, et le temps de la modernité est
contradictoire.

Nul ne saurait nier que Paris a été la capitale de la modernité. Capitale simultanée de tous les temps, de tous les lieux
communiant dans l'universel. Modernité double, culturelle,
politique, et double temporalité.

C'était la fin d'un monde, non d'une ville, quand Harold
Rosenberg intitulait en 1940 « La chute de Paris » son tombeau pour « la fin de l'internationalisme culturel autrefois cen-
tralisé dans la ville qui en était le symbole »[18], et cette fin,
malgré la tristesse, devenait la possibilité et l'introduction de
la modernité Amérique.

La ville que Hemingway voyait comme une fête, où
publiaient Pound et Joyce, était, depuis le cubisme, la capitale
du xxᵉ siècle : « Paris était alors le lieu unique où l'on pouvait
fondre les différentes tendances et les mener à maturité, où
l'on pouvait agiter le cocktail " moderne " de psychologie
viennoise, sculpture africaine, romans policiers américains,
musique russe, néo-catholicisme, technique allemande, nihilisme italien. Paris était l'Internationale de la culture » (*ibid.*,
p. 208). En même temps « l'art du vingtième siècle à Paris
n'était pas parisien ; à plus d'un titre, il convenait mieux à
Shanghai ou New York », et « ce qui s'est fait à Paris a
démontré clairement et pour toujours qu'un tel phénomène

18. Harold Rosenberg, *La Tradition du nouveau*, Paris, Éd. de Minuit, 1962
(*The Tradition of the New*, New York, Horizon Press, 1959), p. 207.

tel qu'une culture internationale peut exister. De plus, que cette culture avait un style défini : le *Moderne* » (p. 208).

L'École de Paris était « à la mesure du monde » et « parce que Paris en art était aux antipodes du nationalisme, l'art de chaque nation s'affirmait à travers Paris ». La « joie » semblait dominer dans « ce milieu généreux » (p. 209). Malgré une hésitation ou inquiétude rétrospective sur « une méfiance exagérée à l'égard des puissances du passé » (p. 210), la description de Rosenberg exaltait l'exaltation : « Le Moderne devint ainsi, non un mouvement historique évolutif repoussant les morts vers leurs profondeurs, mais un nouveau sentiment de l'éternité absolue et de l'éternité de la vie. [...] Ainsi le Moderne parisien, s'appuyant sur la conviction profondément ressentie que l'histoire pouvait être entièrement dirigée par l'esprit, inventa un Temps-aboli, et l'" Internationale " parisienne un Espace-aboli. Et l'humanité n'est jamais allée plus loin dans la voie d'une libération de son propre passé » (p. 211).

La nostalgie du révolu agissait à vif pour saisir l'histoire, faire de Paris et de la modernité un seul et même mythe. La vie a dû sembler belle pour mettre si peu de temps à se transformer en légende. Vraie comme toutes les légendes. Mais la rupture avec le passé est une fable. Je le montre plus loin. Seulement, cette fable était nécessaire à la modernité. À son épopée. Qui fait paraître d'autant dérisoire ce que certains aujourd'hui appellent l'Europe.

Le mythe de Paris ne se limitait pas à l'art. Il est aussi l'effet d'une temporalité politique. Où il est curieux d'observer quelque dénégation chez Rosenberg : « Mais c'est une erreur de placer cette ville au cœur du moderne, au sens plus large du mot, le sens auquel nous pensons quand nous disons que les temps modernes commencent en 1789. Ce terme au sens plus large et plus fondamental ne s'est pas appliqué au seul Paris. Mais également aux États-Unis, à l'Amérique du Sud, à la Chine industrielle et révolutionnaire, au Japon, à la Russie, à l'ensemble de l'Europe, à tout ce qui dans le monde a été touché par la civilisation contemporaine » (p. 212).

Dire 1789, c'était encore dire Paris. Date-symbole et ville-symbole sont liées. Et « 1776 », qui a précédé et préparé dans son langage « 1789 », reste local. Ce Paris-là est celui des « cent cinquante dernières années ». Il commence par une « rupture ». Il se termine en 1940 à la fois par une « éclipse actuelle » (p. 212) et par un *déclin*, non celui d'une ville, mais de la modernité : « Des courants traversant le monde entier élevèrent Paris au-dessus du paysage qui l'entoure et le tinrent suspendu comme une île merveilleuse. Et son déclin, lui aussi, ne fut pas imputable à quelque faiblesse cachée — à quelque « sensualité » ou « mollesse », comme le prétendent ses amis d'autrefois et ses ennemis d'aujourd'hui — mais à un reflux général. Depuis dix ans, la civilisation tout entière s'effondre, ramenant Paris progressivement au niveau du sol français. Jusqu'à ce que Paris reprenne tout à fait son rang de capitale, avec l'entrée des tanks allemands » (p. 217-218). Un chant funèbre, et la modernité des tanks.

C'est peut-être ce déclin auquel Walter Benjamin était plus sensible, en faisant de Paris la capitale du XIXe siècle, et de l'histoire un éternel retour, et de la modernité un enfer.

Mais il y d'autres morts de Paris. Le dadaïste Huelsenbeck annonçait en 1922 : « Le vieux Paris est mort une fois pour toutes[19]. » En 1981, lors d'une rencontre d'écrivains français et allemands à Munich[20] : « Paris est mort. » Toutes ces fins répétées ne déclarent pas seulement le contrecoup et l'épuisement d'une suprématie où s'éteignent les reflets des Lumières et de l'universalité de la langue française, elles désignent surtout la mobilité du moderne. Le moderne n'est pas local. N'est pas le moderne d'un lieu seul. Paris n'était moderne que d'être cosmopolite. Le passage de la modernité.

Vienne, Weimar, Berlin aussi. New York. Qui a « volé l'idée de l'art moderne »[21]. Une libération vis-à-vis de l'Europe. Une américanité du moderne. Pour l'expression-nisme abstrait — américain — Rosenberg protestait, en exa-minant la production artistique de 1948-53, et contre un constat de déclin d'Herbert Read, qu'il est « à peu près établi aujourd'hui que le nouvel expressionnisme ou peinture d'action n'était pas seulement le bouchon qui saute d'une

19. Dans un texte intitulé « En avant », dans *Littérature*, nouvelle série, n° 4, 1er septembre 1922, p. 22.

20. Voir H. Meschonnic, *Les États de la poétique*, P.U.F., 1985, p. 73.

21. Selon le titre du livre de S. Guibaut, *How New York Stole the Idea of Modern Art*, Univ. of Chicago Press, 1983, cité par Yves Michaud qui ajoute : « Tout ceci coûte beaucoup d'argent et en rapporte », dans « Labels », *l'Époque la mode la morale la passion, Aspects de l'art d'aujourd'hui, 1977-1987*, éditions du Centre Pompidou, 1987, p. 50.

vieille bouteille de vin français » (*op. cit.*, p. 78). Les lieux de la modernité sont des lieux de pouvoir. Et d'affaires.

Mais aussi de métissage. Comme l'Afrique et l'Océanie de la sculpture sont passés par l'Europe et ne l'ont pas laissée inchangée, le fauvisme et la suite passent sur la Chine, le Japon. Passages de la répétition, épigonalismes d'un moment, vers l'ascèse de transformations imprévisibles.

La modernité est faite de ce mouvement. C'est pourquoi elle est insaisissable.

Semblable à Homère, la modernité. De nombreuses villes se disputent sa naissance. Et ses naissances sont nombreuses, et ne sont pas finies.

LA MODERNITÉ COMME TRAVAIL DU SUJET

> Le moderne est le point névralgique de
> la conscience d'une époque : c'est là qu'il
> faut frapper.
>
> ARAGON, « Introduction à 1930 »,
> *La Révolution surréaliste* n° 12, 15 dé-
> cembre 1929, p. 58.

Le moderne est une notion ancienne. Il faut faire du moderne une notion moderne.

La modernité apparaît comme une fonction du rapport au passé. Particulièrement au passé immédiat. Au XXe siècle, c'est une fonction du rapport au XIXe. Ce rapport n'a été le même ni selon le lieu, ni selon la matière. Il n'y a pas en Russie le rejet de la métrique classique, du « vers national », qu'il y a eu en France.

Si on met à part la pensée scientifique, et la psychanalyse, la littérature et l'art ont été plus révolutionnaires que la technique de la pensée. Et même, les proclamations de rupture ont couvert de leur bruit la continuité — plus de bruit que de mal — dans l'aristotélisme de la métaphore surréaliste, l'hégélianisme conjugué des surréalistes et des marxistes. Pendant qu'attendent, si on peut dire, ceux qui sautent le XIXe siècle, comme Humboldt, pour penser la continuité du rapport entre langue et culture, prose et poésie, le langage et le sujet, que ni le XIXe ni le XXe siècle n'ont su penser.

La modernité-Mallarmé, la modernité-Flaubert, avec l'effet conjugué et contemporain depuis environ 1960, en France, de la disparition du sujet éliminé par la structure, de son morcellement par la psychanalyse, se sont accomplies comme une « disparition élocutoire du sujet ». Disparition corrélative de celle de l'oralité et du langage ordinaire, écarté de la poésie. Ce moment triomphal de la théorie traditionnelle. Le ludique aléatoire, compensatoire — rien n'a été plus moderne, ou plus mode, que la structure.

Mais le problème du moderne est double. Il se défait sans cesse, avec le temps, en ce qui *est*, et ce qui *reste*, moderne. Qui suppose des valeurs dans une histoire. Ce que toutes les structures, langagières ou sociales, échouaient à concevoir. C'est pourquoi, des séparations renouvelées par lesquelles se manifeste le dualisme linguistique, anthropologique, politique, philosophique, théologique du signe, et qui caractérisent les théories du langage de ce siècle, seul le mince fil du discours, qui va de Humboldt et Saussure à Benveniste, permet de reconnaître une poétique de la modernité.

Car la modernité n'est pas la propriété d'un objet. Une qualité. N'est pas un style. Ni le nouveau. Il passe plus vite qu'elle. Ni la rupture, qui l'objective encore. Les études que Benveniste a faites sur le fonctionnement du *je* dans le langage[22] permettent pourtant très simplement de comprendre comment fonctionne la modernité.

Celle-ci comporte une homologie remarquable avec ce que fait l'emploi du mot *je* : « " Je " désigne celui qui parle et implique en même temps un énoncé sur le compte de " je " » (livre cité, p. 228). C'est un « indicateur de subjectivité » (*ibid.*, p. 264). Il ne se réfère à *rien qui soit extérieur à celui qui parle.*

Dans la lignée de Humboldt, Benveniste écrit : « C'est un homme parlant que nous trouvons dans le monde, un homme parlant à un autre homme » (*ibid.*, p. 259). C'est bien ce qui rend peut-être le mieux compte de ce que fait le terme de *moderne*, ou de *modernité*. Ce terme n'a pas de référent. Fixe, objectif. *Il a seulement un sujet.* Dont il est plein. C'est le signifiant d'un sujet.

22. Entre autres l'article de 1946, « Structure des relations de personne dans le verbe » et celui de 1958, « De la subjectivité dans le langage » (*Problèmes de linguistique générale*, Gallimard, 1966) qui énonce plusieurs années avant la philosophie analytique la découverte de l'énonciation comme « *accomplissement* » (p. 265).

Signifiant est ici le participe présent du verbe signifier. Je ne prends pas le terme au sens linguistique courant d'« image acoustique », comme dit Saussure. Mais au sens où, pour la poétique, il est un diffuseur de signifiance, qui déborde le signe et le sens lexical des mots, par ses effets d'association avec d'autres signifiants. Le sujet projette chaque fois les valeurs qui le constituent sur un objet qui ne tient que de cette projection, le temps de cette projection, et qui varie quand change le sujet.

Le terme de *paganisme* est un autre exemple illustre de cette réalisation langagière d'un objet par un sujet. C'est pourquoi *paganisme* et *modernité* partagent cette caractéristique commune imprévue d'être des termes radicalement polémiques.

Parce que *moderne* suppose la subjectivité d'un énonciateur, il ne peut pas se confondre complètement avec la notation temporelle que désigne le *contemporain*. *Moderne* ne se borne pas à qualifier une époque. La nôtre. Si étendue que soit la continuité supposée du *je*. Si le moderne a pu signifier le nouveau au point d'y être identifié, c'est qu'il désigne le présent indéfini de l'apparition : ce qui transforme le temps pour que ce temps demeure le temps du sujet. Une énonciation qui reste énonciation. Toutes les autres, tôt ou tard, ne sont plus que des énoncés.

La définition de Littré pour *moderne*, « Qui est des derniers temps » et pour l'histoire moderne, celle qui commence à la Renaissance « jusqu'à nos jours », et en peinture, pour l'école moderne, « l'école d'aujourd'hui », présuppose constamment cette définition subjective, mais n'a pas les moyens de la dégager. Quant à celle de Paul Robert, qui commence par là, elle montre qu'elle n'a pas vu ce qu'elle tenait, et le laisse aussitôt échapper vers le chronologique et le contemporain : « Qui est du temps de celui qui parle ou d'une époque relativement récente (par rapport à une époque plus ancienne). [...] Qui tient compte de l'évolution récente, dans son domaine ; qui est de son temps. »

Baudelaire a su, dans ses mots à lui, même fragmentairement, implicitement, que la modernité était ce qui touchait le plus au sujet : au *temps*, à « l'estampille que le *temps* imprime à nos sensations »[23]. C'est pour cela qu'il a pu inventer un sens

---

23. Dans « Le peintre de la vie moderne », II.

nouveau du terme *modernité*. Il faudra y revenir, étant donné ce qu'on a fait récemment de Baudelaire.

La difficulté à définir un terme est toujours un symptôme, avant même qu'on sache de quoi. L'enjeu est de le découvrir. Plus il est important, plus il est caché. À la limite, il se confond avec celui qui parle.

Aussi Philippe Soupault mettait le moderne en parallèle avec le mal du siècle de 1820 : « En 1920, nous avons entendu parler à notre tour d'un " esprit moderne ". [...] Cet esprit, beaucoup d'esthéticiens se sont efforcés en vain de le définir. Ils ont voulu alors se situer, mais sans plus de succès. Nous n'essaierons pas à notre tour [24]. »

On dit : le symbolisme était la modernité de 1886, comme le romantisme celle de 1830. Oui, pour les contemporains. Pas pour *nous*. Parce qu'en tant que mouvements, ils sont sortis de notre temps-sujet, de notre continuité parlante. La modernité est une fonction du langage — du discours. Elle est l'histoire comme discours. Elle est irréductible à l'historicisme, qui l'enfermerait dans les conditions de production d'une époque. Une époque du sens.

L'exemple même qui montre que le moderne n'est ni le nouveau, ni un caractère du temps présent, mais une forme-sujet, est la dérivation de sens qui atteint le *modern style*, ou art nouveau : c'est le style 1900. Celui-ci a un référent, un objet. Exactement ce qui le date, et qui fait qu'il n'est plus *moderne*. De même pour les formules contemporaines : *Jugendstil* en Allemagne, *Sezessionstil* en Autriche, *arte joven* en Espagne. Du démodé parmi d'autres. Sinon le suranné par excellence, à cause de son nom.

Du point de vue du langage, le terme à la mode de *post-moderne* est donc condamné à n'avoir qu'une valeur relative à un terme qui lui est extérieur et que pourtant il porte en lui, incapable de se défaire de ce à quoi il reste attaché. Un mot en laisse. On en connaît d'autres, qui suivent leur préfixe comme un destin : anarchisme.

Si le moderne est une fonction du sujet, son sens, son activité n'est pas de faire du nouveau, mais de faire de l'inconnu : l'aventure historique du sujet. Ce qui permettrait de reprendre les oppositions habituelles, entre la tradition et

24. Préface à l'*Anthologie de la nouvelle poésie française*, en 1924.

l'invention, l'ordre et le désordre. Oppositions bloquées : les deux chèvres sur le pont.

L'indiscernable, caractère chronique du présent, résout sans cesse l'invention et la tradition dans un bougé perpétuel du sens. Il n'y a pas d'un côté le sens certain du passé, et l'incertitude du présent à venir. Puisque c'est le « temps de maintenant », comme dit Walter Benjamin, qui refait continuellement le passé, l'oublie ou le redécouvre selon ce que cherche un sujet.

Le thème récurrent de la crise du sens est donc bien moderne. Pas parce que notre temps serait plus que tout autre voué aux tourments, dont une belle époque, toujours passée, serait indemne. Fonction d'illusion du thème. La crise est la condition même du sens en train de se faire, subjectivement, collectivement. Quand il est arrêté, c'est un énoncé révolu.

Il me semble donc inexact de dire : « Modernité, le mot est un mot-relais pour temps de transition[25]. » Parce qu'il n'y a pas de temps qui ne soit de transition, mal identifié et menaçant pour ceux dont il est le temps. L'intelligibilité n'est pourtant pas ailleurs, dans un en deçà ou dans un par-delà, puisqu'elle n'appartient qu'au sujet de ce même présent. C'est la fuite relativiste.

Il y a une autre fuite. La fuite objectiviste. Dont la belle étude philologique de Jauss donne un bel exemple. Jauss part du paradoxe selon lequel le mot de *modernité*, « qui doit en principe exprimer l'idée que notre temps se fait de lui-même dans sa différence », voit cette prétention démentie puisque le mot « n'a pas été créé pour notre temps », ne semble même pas pouvoir caractériser « ce qui fait l'unicité d'une quelconque époque »[26]. Reste « l'éternel retour du changement » (*ibid.*, p. 162), analysé selon l'histoire du sens, et la logique du sens.

Il est dommage que Jauss ne développe pas la polémique implicite du fait que *modernus*, au ve siècle, est un terme *chrétien*, qui semble seulement référé au nouveau, à l'actuel — de *modo*, « à l'instant »[27]. Opposition chronologique encore,

25. G. Balandier, *Le Détour*, déjà cité, p. 141.

26. H. R. Jauss, « La " modernité " dans la tradition littéraire et la conscience d'aujourd'hui », *Pour une esthétique de la réception*, Paris, Gallimard, 1978, p. 158.

27. Ce mot, quand on rappelle son bas-latin, *modernus*, fait sur *modo* (de

quand au xɪᵉ siècle apparaît *modernitas*, qui s'oppose à *antiquitas* (p. 169), synonyme de *nostra tempora*. Puis Jauss discerne une valeur de supériorité quand, aux xɪɪᵉ-xɪɪɪᵉ siècles, les *moderni* s'opposent aux *antiqui* : ils en savent davantage.

L'analyse de la querelle des Anciens et des Modernes montre que Perrault, en 1687, loin de prendre le mot d'*Anciens* « au sens propre » (p. 176), comme dit Jauss, joue sur le sens, quand il soutient : « c'est nous qui sommes les Anciens ». Le sens chronologique, le sens d'un savoir supérieur et d'un *progrès* — sens égocentrique. Où Perrault joue en plus de la comparaison entre l'âge du monde et une vie d'individu. Et voit le monde « présentement dans sa vieillesse » (cité p. 177). L'absence de sens historique était du côté des *Modernes*. Les *Anciens*, sur la défensive, faisant la différence entre les mœurs antiques et « celles d'un autre temps » (cité, p. 178). Résultat : des deux côtés, l'expérience du « beau relatif », de l'historicité.

Par l'histoire culturelle des oppositions successives : moderne/ancien, moderne/antique, moderne/« de mauvais goût » (dans l'*Encyclopédie*, cité p. 184), puis moderne/classique et classique/romantique, Jauss a montré comment le passage par les *romans* et le *romantique*, la redécouverte du Moyen Âge et du christianisme, ont fait, à travers Chateaubriand, le sentiment de la modernité « non plus comme opposition aux temps anciens, mais comme désaccord avec le temps présent » (p. 194).

En ce sens, Jauss historicise la modernité. Il *brûle*, mais ne reconnaît pas ce que ses analyses pourtant, par un autre chemin, confirment : la modernité est le mode historique de la subjectivité. Ainsi il traduit le latin du xɪɪᵉ siècle *modernitas* par « notre temps ». La temporalisation triple de la Renaissance est l'opération de ce *je* : Antiquité, *media aetas* (première occurrence en 1518), Temps Modernes. C'est ce qui précède qui est conçu comme transition. Non le présent.

Cette opération subjective est celle-là même qui mène l'histoire de la philosophie chez Hegel, chez Husserl. Chez

---

modus, mesure, « en restant dans la mesure, justement »), montre qu'il a gardé de son étymologie ce bougé, ce sens labile, qui n'est pas contenu en soi mais dépend tout du contexte et de l'énonciation, opérateur de glissement, comme « juste » ou « justement » (il vient juste de partir, il arrive juste, il va justement partir), glissant du passé proche au futur proche, faisant du présent ce glissement même.

Habermas. Ce n'est pas que le dernier qui parle a raison, mais il est *celui qui parle*. Même jeu dans l'auto-désignation du « Siècle des Lumières ».

L'analyse de Jauss reconnaît dans la modernité une cons-cience du changement d'histoire. Il manque le sujet de la tem-poralisation. Celui qui fait l'historicité : le passage de sujet à sujet.

La technique, la ville et la modernité

On ne peut pas séparer la modernité dans l'art, la littérature, et la modernité du monde, technique. Baudelaire était déjà lié à la ville. Rejet ou adhésion, c'est de toute manière une partie de l'ensemble. Entraînée dans le même mouvement : « Interroger la modernité, c'est aussi interroger *indirectement* le pouvoir, car ses tenants se donnent pour tâche de la prendre en charge, alors que ses contestataires la récusent comme trompeuse, dépersonnalisante [28]. »

Même quand le sujet s'oppose au social, il est poétiquement de part en part social. Je laisse au passé l'opposition intéressée de l'individu au social, tout comme la confusion qui l'accompagne, entre l'individu et le sujet.

L'avion, la radio, les trains sont toujours modernes. Leur effet, au début du siècle, sur la poésie, ne l'est plus toujours. Peut-être ce qu'a dit Apollinaire dans « La tête étoilée » s'est accompli :

> Crains qu'un jour un train ne t'émeuve
> Plus

Le simultané a été un moment du jamais dit. Apollinaire, Cendrars ont moins vieilli que Verhaeren. C'est le plus futuriste de tous, Marinetti, qui n'est plus qu'un document.

La technique est si consubstantielle à la photographie, au cinéma, qu'après Walter Benjamin [29], il est vain d'y revenir.

---

28. G. Balandier, *Le Détour*, déjà cité, p. 13.
29. Dans « L'œuvre d'art à l'ère de sa reproductibilité technique » (1936), *in* Walter Benjamin, *ŒUVRES* II. *Poésie et révolution*, Denoël, 1971.

Non seulement pour la reproduction, ses effets seconds sur l'art — la culture de magazine — mais pour la création. L'affiche, les arts décoratifs ont été en symbiose avec la vie moderne. En retour, Mondrian se retrouve sur les toiles cirées. Le collage a mis le journal et le paquet de tabac dans la peinture. La poésie aussi, depuis « Lundi rue Christine », d'Apollinaire.

Mais, avec la modernité de la technique et de la ville, a grandi une anti-modernité dans la culture. Et la modernité de cette anti-modernité renouvelle le vieux dualisme, les anti-occidentalismes, les intégrismes. La plus moderne des professions est la prophétie. Plus justement, l'apocalyptisme.

Au monde de la technique et de la ville moderne déclaré sans âme, a été opposé le sacré. Qui regorge d'âme. L'union ancienne des hommes et des choses, des choses et des mots. La Terre, l'archaïsme, matrice et lieu unique de toutes les valeurs et de la communion. Le philosophique et le religieux s'y retrouvent unis comme au bon temps : « Le savoir produisant le bien, qui produisait le beau, tandis que le sacré illuminait toute chose [30]. » *Du Vrai, du Beau et du Bien.* Victor Cousin est de retour.

André Breton aux États-Unis pendant la guerre n'a vu que « le Rocher percé, la Gaspésie, un monde hors du temps », et « une brume absolue lui recouvre New York. Lors de son séjour américain il ne retrouve ses yeux qu'au Mexique, en Martinique, chez les Hopis » [31].

La confusion de la technique et de la science, des fondements de l'une et des effets, rejetés en bloc, de l'autre, et de ce tout, déjà indémêlable avec la vie moderne, identifiée à son tour avec la modernité, fait que la modernité elle-même est inversée en barbarie. Tactique de l'affolement : « Nous entrons dans la barbarie », première phrase du livre de Michel Henry qui nous déclare : « Le trait décisif de la modernité, faisant d'elle une barbarie d'un type encore inconnu, c'est précisément d'être une société privée de toute culture et subsistant indépendamment de celle-ci » (*op. cit.*, p. 241). Où la culture, invoquée mais pas définie, obscurément prolonge la séparation même

---

30. Michel Henry, *La Barbarie*, Grasset, 1987, p. 10.
31. G. Raillard et M. Butor, « Entretien sur la notion de modernité », déjà cité, p. 105.

d'où vient le mal. Gribouille crie. Cette vision du monde perdu n'attend plus que des sauveurs : « Le monde peut-il encore être sauvé par quelques-uns ? » (*ibid.*, p. 247).

À la rationalisation de la société, démesure technocratique de la raison, répond l'irrationalisation du refus. Plus leur tension est forte, insupportable, plus le dualisme lui-même qu'ils constituent est en équilibre. Schéma connu. Il n'a pas grand chose de moderne.

La représentation classique de la poésie en est un élément. Comme dans certains passages de Mallarmé, quand on les isole du reste : le monde de la technique, le langage instrumental, ordinaire. À l'écart, « l'anachronisme de la poésie est radical », et « il n'est pas possible d'éviter d'être sur certains points en situation d'antinomie par rapport à la langue naturelle »[32]. La représentation dualiste du langage, de la poésie, et celle de la vie moderne participent du même schéma : le dualisme de la raison et du signe. Une part de la modernité est d'en faire la critique. Non de la raison seule. Ou de l'irrationalisme seul. Mais du schéma qui les tient. Pour ses méconnaissances, ses concepts vétustes. Ses ruses aussi, qui ne dédaignent pas les effets de pouvoir. Comme le montrera un regard sur l'avant-garde.

La modernité n'est pas seulement la ville. Elle est « les masses ». L'ère des masses. On a défini la modernité par la conjonction de « trois catégories : la technique, les masses et la politisation »[33]. Il y a eu les contre, il y a eu les pour. La condamnation morale et politique de l'introspection. Par Brecht. La confiscation du sujet par le social – seul le social étant un sujet – et l'opposition de l'individu au social ont servi aussi bien à défaire l'humanisme abstrait qu'à faire les totalitarismes. Le « démocrate abstrait », comme dit Sartre, n'a plus que ses bonnes intentions. Dans l'enfer du moderne.

La littérature et l'art participent ainsi, non à titre de document, mais dans leur matière même, dans leur modernité, ostentatoire ou cachée, simulée ou simplement sujette à l'histoire, des contradictions qu'analysait Raymond Aron, entre

32. Jacques Roubaud, « Poésie, et l'extrême contemporain », *Po&sie* n° 41, 2ᵉ trim. 1987, « L'extrême contemporain », p. 41, 42.

33. Burkhardt Lindner, « Le débat sur la culture de masse », dans *Weimar ou l'explosion de la modernité*, déjà cité, p. 273.

consensus et conflits, personnalisation et socialisation, universalité et division[34].

La modernité, confrontée à un passé déjà idéalisé, Paris, Vienne, Weimar, ou projetée dans sa propre caricature faite à l'avance, atteinte mais non dépassée, *1984* de George Orwell, entre les utopies urbaines et les utopies de la terre, ayant connu l'État total, la guerre totale, l'art total, l'intellectualisme et l'anti-intellectualisme (de gauche et de droite), le « cauchemar du vingtième siècle »[35], a peut-être son plus grand ennemi dans ce qu'elle porte en elle, le « xixe siècle », jusqu'au seuil du xxie.

Contrairement au mythe surréaliste qui voyait ensemble la révolution poétique et la révolution politique, Mallarmé et Lénine, la réalité était bien la coupure entre la modernité de la poésie et la modernité de la vie moderne. La modernité politique. Vers 1930, « les idées nouvelles, l'art moderne, la littérature, les goûts, la morale, les façons de vivre non conformistes, produisaient en eux [les intellectuels communistes] une répulsion venimeuse » (*ibid.*, p. 236).

La perversion de certains mots a fourni à la dégradation des rapports entre la modernité et le langage : celle du mot *révolution*, utilisé par les conservateurs allemands à l'époque de Weimar — « retour aux origines », ou plutôt « retour du même »[36]. La révolution conservatrice. Dans le langage aussi ensuite, pour l'effet de masquage, avec le vocabulaire neutre de la « solution finale », il y a eu ce qu'Adorno a nommé le « monde administré ».

L'air de l'anti-technique et de l'anti-moderne est moins sain à respirer qu'il ne semble. Il commence mal. Symboliquement, un condensé en apparaît dès 1910 dans le premier écrit de Heidegger, qu'on vient de redécouvrir, sur le prédicateur allemand du xviie siècle, Abraham a Sancta Clara : « Si seulement notre époque de culture purement superficielle, éprise de changements rapides, pouvait envisager l'avenir en tournant son regard davantage vers le passé ! Cette rage d'innover

34. Dans *Les Désillusions du progrès, essai sur la dialectique de la modernité*, Paris, Calmann-Lévy, 1969 (écrit en 1964-1965).
35. H. Rosenberg, *op. cit.*, p. 234.
36. Étudié par Denis Goeldel, « La mobilité des concepts de révolution, socialisme et démocratie. Étude de cas : Moeller van den Bruck », *Weimar ou l'explosion de la modernité*, p. 82-83.

qui renverse les fondements, cette folle négligence du contenu spirituel profond de la vie et de l'art, cette conception moderne de la vie tournée vers la succession rapide des plaisirs de l'instant, [...] autant d'indices qui témoignent d'une décadence, d'un triste reniement de la santé et du caractère transcendant de la vie[37]. » L'opposition entre la maladie moderne et la *santé*, la « vie simple », élève ses termes abstraits sur l'hystérie antisémite du moine, qu'ils couvrent d'un discours noble. Que reprend, en écho, un texte de 1964. L'article de Heidegger paraissait dans une revue favorable à la lutte du maire de Vienne « contre le libéralisme juif » (*ibid.*, p. 50) associé au moderne.

Le ton mystique unit, chez Heidegger, dans la continuité de discours de toute son œuvre, en un même champ sémantique, la *santé*, la *régénération,* l'*assainissement*, le *peuple*, la *terre*, la *nature* et la *vérité*, dans une essentialisation du langage. L'abstraction maximale en fait un discours de légitimation, en même temps qu'elle se préserve du culturel. Apparemment pure. Mais la contamination du langage a lieu sous l'allégorie. Malsaine santé. Mauvaise situation du thème.

Par l'opération qui devait lui assurer l'avantage maximal : l'essentialisation du terme *la technique*, qui lui octroie une extension de sens sans précédent et sans rivale. Dans « Dépassement de la métaphysique » (notes de 1936 à 1946), *technique* est pris « en un sens si essentiel qu'il équivaut à celui de la " métaphysique achevée " »[38], ce qui lui fait inclure non seulement « les différents secteurs de la production et de l'équipement par machines », mais aussi « la politique dirigée ». Le mot a la charge de « penser le caractère planétaire de l'achèvement et du règne de la métaphysique, sans avoir à tenir compte des transformations que l'" histoire " peut observer chez les différents peuples et sur les différents continents » (*ibid.*, p. 92-93). Où Heidegger se donne expressément la faculté de ne pas tenir compte de « l'histoire » (*Historie*) — c'est-à-dire de tout autre *récit* que le sien propre.

Le sens étymologique, rapport à la *tekhnê* grecque, y est constamment présent. Heidegger voit dans « les deux

37. Cité par Victor Farias, *Heidegger et le nazisme*, Verdier, 1987, pp. 48-49.
38. Martin Heidegger, « Dépassement de la métaphysique », X, dans *Essais et conférences*, Gallimard, 1958 (éd. allemande, 1954), p. 92.

" valeurs " constitutives » de la volonté de puissance chez
Nietzsche, « la vérité et l'art », des « appellations détournées,
d'une part pour la " technique ", au sens essentiel de ce travail efficace qui, par plans et calculs, constitue des fonds et,
d'autre part, pour la production des " créateurs " qui, dépassant la vie de leur époque, fournissent à la vie un nouveau sti-
mulant et assurent le mouvement culturel » (*ibid.*, p. 94).
Avec sa double valence d'origine, la technique est donc la
« forme suprême de la conscience rationnelle » (*ibid.*, p. 100).
Comme telle, pour Heidegger, elle fait « une seule et même
chose » avec « l'absence de méditation comme incapacité
organisée, impénétrable à elle-même, d'accéder à un rapport
avec " ce qui mérite qu'on interroge " » (*ibid.*, p. 100).

Dans ce monde de l'étant et de l'oubli de l'être, la technique
inclut la *culture*. Ce qui fait le ton de Heidegger, mettant sur le
même plan la fabrication chimique d'êtres humains, la fabrication de « livres distrayants » et celle de « poésies » — « pour
la confection desquelles le poète n'est en rien plus important
que l'apprenti relieur, lequel aide à relier les poésies pour une
bibliothèque d'entreprise en allant, par exemple, tirer des
réserves le carton nécessaire » (*ibid.*, p. 110). Puisque la
culture est prise elle-même dans le cycle de « l'usure pour la
consommation » (*ibid.*, p. 111) et participe de « l'absence de
différence » qui règne sur « l'astre errant » (p. 113). La déréliction générale emporte la confusion de la culture et du
culturel. C'est le monde de la Chute. Il attend son prophète.

Celui de l'essence de la vérité. La recherche de l'essence est
celle de la vérité. Aussi distincte de celle de l'exactitude que
l'essence de la technique est distincte de la technique. Ce que
Heidegger expose au début de « La question de la
technique », en 1953. Le procès de l'instrumentalisme devient
le procès de la raison : « La technique est un mode du
dévoilement[39]. » Une « interpellation » (*ibid.*, p. 22) — « qui
rassemble l'homme (autour de la tâche) de commettre comme
fonds ce qui se dévoile » (*ibid.*, p. 26). Où le *Gestell*[40]
convoque la fabrication-création grecque, la *poïêsis*, qui « fait

39. Dans *Essais et conférences*, déjà cité, p. 19.
40. Par le préfixe allemand du rassemblement, *ge-* (comme dans *Gebirg*,
« chaîne de montagnes ») et le radical, du verbe *stellen*, « poser », passant par
herstellen, « fabriquer » et *darstellen*, « exposer ».

apparaître la chose présente dans la non-occultation » (*ibid.*, p. 28). C'est-à-dire le dévoilement-vérité, *alêthéia*.

Ainsi Heidegger rejette la « conception purement instrumentale, purement anthropologique » (*ibid.*, p. 28) de la technique, mais selon une révélation qui est de l'ordre du *destin* (*Geschick*) (*ibid.*, p. 33) — « destin de dévoilement, qui est le danger *(Gefahr)* » (*ibid.*, p. 37).

Danger non des machines qui nous transformeraient en machines, machines à vivre ou machines à tuer. Non, le danger, selon Heidegger, par une démarche pivotale (qui tourne sur une citation de Hölderlin, *Mais, là où il y a danger, là aussi / Croît ce qui sauve*) et qui inverse « l'extrême péril » (p. 43) en « avènement *(Ereignis)* de la vérité » (p. 43), serait de rester dans la conception instrumentale au lieu d'y voir ce qui est caché — l'essence de la technique — « ambiguë en un sens élevé » puisqu'elle « nous dirige vers le secret de tout dévoilement, c'est-à-dire de la vérité » (*ibid.*, p. 44). L'échappée se faisant par l'« autrefois » du sens, quand le mot *tekhnê* disait « la production du vrai dans le beau » (*ibid.*, p. 46).

Par ce cheminement, à la fois, au sens originel, *apocalyptique* et verbalisant-étymologisant, l'art et spécialement la poésie (par son étymologie), proposent cette dérive remarquable — et combien suivie, quel grand joueur de flûte, ce Heidegger — qui déplace la vérité et l'essence de la technique vers une technique des mots qui s'offre comme unique solution et salut pour sortir de l'instrumentalisme.

Par quoi l'art, la poésie particulièrement, reçoivent un rôle majeur pour la société. Rôle qui n'a pu que fasciner des poètes et des philosophes poétisants. Alouette, le miroir va te plumer. Une fascination contre une autre. Cette fascination n'a pas permis de voir qu'au lieu de la poésie, il s'agissait d'une idée de la poésie. Et que cette poétisation jouait son rôle de caution embellissante, et de masque, dans une opération à la fois de retrait et de purification du sens qui met ensemble, et rejette ensemble, des choses incommensurables entre elles.

Ainsi la « question de la technique » englobe et traite également l'industrialisation des campagnes, les fours crématoires des camps nazis et la bombe atomique. La technique, selon Heidegger, ne fait pas de différence entre le nazisme hitlérien, la civilisation citadine cosmopolite et les guerres mondiales. Une disqualification-condamnation englobe dans un même rejet ces éléments fortement dissemblables pourtant, selon d'autres critères. Que Heidegger ne reconnaît pas. Il les rejette dans le trivial. Mais ils l'assiègent. Être sourd n'est pas une réponse.

Aussi ce rejet n'en est-il pas un. Mais une manière de maintenir. L'essentialisation planétarisation n'est plus une abstraction forte, mais une abstraction faible. Opérant par syncrétisme, au lieu de disqualifier la technique, elle se disqualifie elle-même. La difficulté apparente du langage, sa sublimation, au lieu de révéler la vérité, ne faisaient que cacher la plus grande des facilités — l'indifférence qui se soustrait indéfiniment à l'histoire et à l'éthique [41].

---

41. Pour une esquisse d'ensemble du rapport entre le poème et le politique dans la pensée de Heidegger je renvoie à « Politique et poétique de l'être chez Heidegger », *Europe* janvier-février 1988, et mars 1988. Fragments d'un livre à paraître, *L'Effet Heidegger*.

*Avec Madame
Schubert*

Il n'y a pas de sens unique de la modernité, parce que la modernité est elle-même une quête du sens. L'art et la littérature, et les philosophes transformés en pleureuses, y sont entraînés avec la modernisation. Notion sans problème, elle, sans complexe, uniquement technique : « L'interrogation sur le thème " l'abondance en vue de quoi ? " traduit en termes sociologiques l'interrogation éternelle : la quête du sens[42]. »

Du point de vue de la vie moderne, *moderne* signifie industriel pour Raymond Aron : « Les sociétés modernes ou industrielles » (*op. cit.*, p. 14). La modernité est le « progrès scientifico-technique » (*ibid.*, p. 282).

C'est ce qui n'est pas moderne qui fait problème : que l'homme est un « animal éthique », et que « l'histoire de l'humanité ne se réduit pas pour autant aux progrès de la science et de la technique » (*ibid.*). Où l'éthique et l'histoire se trouvent solidaires, et non opposées. Cet animal a une histoire parce qu'il est un animal éthique. Les valeurs par lesquelles Raymond Aron définit la société moderne ne sont pas coupées de la science et de la technique. Même, elles ont une commune origine : les valeurs « immanentes à la civilisation moderne, *égalité, personnalité, universalité* [...] se nourrissent, peut-être toutes trois, à la source de la modernité, *l'ambition prométhéenne* : l'ambition, pour reprendre la formule cartésienne, de devenir maîtres, de devenir *maîtres et possesseurs de la nature* grâce à la science et à la technique » (*ibid.*, p. 287).

42. R. Aron, *Les Désillusions du progrès*, déjà cité, p. 340.

Ceux qui coupent entre la modernité-comme-technique et un humanisme ne voient pas, cousins peut-être de ceux qui coupent entre l'éthique et l'histoire, et qui la *démoralisent*, qu'ils nous refont une nature. Au lieu que les sociétés humaines « ont une histoire, non une nature » (*ibid.*, p. 288).

Curieusement, l'histoire, telle que la définit Raymond Aron, et la modernité se ressemblent. Se ressemblent tellement qu'elles apparaissent toutes deux comme deux aspects, ou moments, d'un même inconnu. Car il y a de l'inconnu dans la modernité.

Raymond Aron définit l'histoire « dialectique de la nature donnée et des circonstances, de la tradition et du jugement moral et, à notre époque, dialectique d'un progrès scientifique et technique, comparable à une fatalité, et d'une humanité qui ne sait avec certitude ni ce qu'elle est ni ce qu'elle veut » (*ibid.*, p. 293). Or il ajoute : « Les hommes n'ont jamais su l'histoire qu'ils faisaient, mais ils ne le savent pas davantage aujourd'hui » (p. 294). Où est le nouveau ? Si c'est l'exacerbation de l'« antithèse non résolue entre la technique et l'histoire » (p. 294), connaît-on des antithèses résolues ?

Le « désarroi moral », dont il cherchait les « causes profondes dans les contradictions des projets constitutifs de la modernité » (*ibid.*, p. VIII-IX), n'est que l'état contemporain où seule la considération du « danger nucléaire », comme on dit, apporte une modification de nature, non de degré. Mais ce n'est pas communément de ce péril extrême que parlent les adversaires de la modernité.

Comme si, à l'inconnu, s'ajoutait la confusion, Babel à l'intérieur d'une même langue, ceux qui s'opposent à la modernité ne voient pas qu'ils s'opposent à leur propre histoire. C'est que ni l'éthique, ni l'histoire, qui présupposent constamment le sens, n'ont de théorie d'ensemble du sens. Et il ne saurait y en avoir si l'éthique et l'histoire oublient la poétique du sujet.

Dans la religion, et dans le religieux, comme inclusion de l'éthique, et de l'histoire, le sens a lieu parce qu'il y a un sujet, et un seul. Le super-sujet. Même les ersatz modernes procurent, ou ont procuré, cette certitude, ce fanatisme du sens. Peut-être quelque chose de la modernité commence là où il n'y a plus de super-sujet. Là où le sujet se cherche. Et où il est traqué.

LA MODERNITÉ EST INDIVISIBLE,
LA MODERNITÉ EST INGUÉRISSABLE

La modernité est une maladie. La maladie du monde moderne. Cette tautologie est très moderne. On ne voit plus les bonnets pointus. Mais les médecins très particuliers qui s'affairent autour du malade en portent quand même. Ce sont leurs livres. Mais si les analystes diagnostiqueurs dernièrement se pressent, mauvais signe, ce qu'ils proposent paraît dérisoire devant l'étendue prise par le mal.

Le discours qui résonne de partout est un « discours de l'inéluctable et de l'irréversible »[43]. Cependant, avec la modernité, « c'est toujours de l'avenir qu'il s'agit » (*ibid.*, p. 6). Parmi quelques crises de nerfs, des habiles profitent de la confusion. Cette confusion tient en partie à la difficulté que constitue l'interdépendance des éléments dans un système. Système. Le terme s'impose pour les « effets de blocage réciproque » (*ibid.*, p. 196) entre les forces. Le système de la modernité est plus fort que l'État (*ibid.*, p. 212). Mais *système* n'a pas le même sens en physique et dans les sciences sociales, particulièrement là où le langage est en jeu.

Les procédures de logique immédiate (la relation de causalité), de logique substitutive (l'analogie), les conflits, les refus ne facilitent pas la lecture. Les régionalisations sont plus faciles. Mais se contentent d'une apparence : on divise la modernité. On s'interdit alors non pas même de comprendre, mais de se situer.

Ce qui a lieu, quand on prend pour une évidence que la

43. J. Chesneaux, *De la modernité*, déjà cité, p. 5.

modernité de la vie moderne, celle de l'urbanisme, de l'économie (dans ses conséquences quotidiennes), « n'a plus grand-chose à voir avec la modernité comme référence culturelle, celle qui fascinait Baudelaire, [...] celle dont se réclamèrent Rimbaud (« il faut absolument être moderne ») [sic] et tant d'autres » (ibid., p. 6).

Non. C'est vers la vie moderne que Baudelaire invente une notion nouvelle. C'est de la société industrielle que Rimbaud s'écœure, en revenant des visions vers le « moderne » de la vie.

L'effet pervers dans la « question de la technique » est de diviser la modernité. En croyant la dominer. Ou en sortir. Il a seulement produit une double rhétorique. Un double formalisme. Des discours de spécialistes. Les uns font l'oubli inverse, le mépris inverse, de celui que font les autres. D'un côté, le discours noble. De l'autre, le discours réaliste. Qui traite des choses sérieuses. Ou ne considère de l'art et de la littérature que leur sociologisation. Confondue avec leur activité. Autre façon de les dominer.

Ce n'est plus la sociologie, mais le sociologisme. Plus la philosophie, mais le clair de lune. Plus la poétique mais la scolastique. Plus une théorie critique de la société, mais la théorie traditionnelle.

On ne domine pas la modernité. On n'en guérit pas non plus. Elle est notre rapport même à la vie. C'est pourquoi, si on prend l'autonomie pour la spécificité, si on oppose une modernité à une autre, c'est leur relation même qu'on méconnaît. Chacune en est destituée d'une part de son sens.

Preuve qu'on n'étudie pas alors la modernité d'une manière « moderne ». La systématicité pour le système. Ce qui implique une théorie du langage dans celle de la société. Et de la littérature dans celle du langage. Ceux des sociologues qui semblent dernièrement s'en être avisés le font si mal qu'ils ne montrent que leur désir de domination, non leur domination du problème[44]. Ils sont rattrapés par la théorie traditionnelle. C'est le bazar de la modernité.

---

44. Pour Habermas, je l'ai analysé dans Critique de la Théorie critique, Langage et histoire, séminaire de poétique sous la dir. d'H. Meschonnic, Paris, Presses de l'Université de Vincennes, 1985, p. 153-199. Pour Bourdieu, dans Langage, histoire, une même théorie, ouvrage en cours.

La représentation de l'art, de la littérature, du langage en souffre plus que la représentation d'autres aspects de la société ne souffre de l'absence d'une théorie de l'art, de la littérature, du langage. Parce que ce sont les points faibles de la chaîne. Vous savez, là où elle casse. Les points faibles parce que s'y joue l'invention du sujet, la théorie du sujet. Et rien dans les pratiques, les théories de la société n'est plus faible. Parce que la société apparemment n'en a pas besoin. La preuve, les structures l'éliminent. Et elles marchent. Sauf qu'un infime grain de sable, et c'est le sujet... Pourquoi son importance est majeure. Il y a des sociologues — mais leur pensée du langage, malgré tout le modernisme qu'ils croient y mettre, n'est pas encore assez « moderne ».

Il ne s'agit pas d'analogies apparentes, ou partielles. Ainsi la modernité technique, la modernité artistique paraissent partager la propriété d'un remplacement de plus en plus rapide du nouveau par le nouveau : « Avec cette auto-accélération des innovations techniques et cette obsolescence de plus en plus serrée des équipements, on retrouve la tendance générale de la modernité à l'éphémère et à l'instantané[45]. » Ressemblance en effet pertinente pour les *mouvements*. Le cubisme chasse le fauvisme, et la grammaire générative chasse la grammaire structurale ; et la pragmatique chasse la générative, comme un modèle de voiture celui qui précède. Mais pas pour les *œuvres*. Un poème de Michaux ne chasse pas un poème d'Apollinaire. La modernité passe dans les mouvements. Mais elle ne faisait qu'y passer. Elle ne s'y confond pas.

L'identifier à une « phase nouvelle du capitalisme », comme Jean Chesneaux, par « le rythme même de l'innovation technologique », son « pouvoir idéologique » (*op. cit.*, p. 190) consistant dans une « interconnexion quasi totalitaire » (p. 195) me semble donc de nouveau objectiver la modernité, et sans doute aussi, implicitement, concevoir le système comme une structure. D'où la représentation monstrueuse : l'« ubiquité fondamentale de la modernité capitaliste » (p. 207), où la « nouvelle mondialité » signifierait la « déchéance de l'État-nation » (p. 215). Quelqu'un avait déjà prédit ce dépérissement, toujours aussi peu visible. La modernité-

45. J. Chesneaux, *De la modernité*, p. 190.

Moloch : « La modernité consomme de l'humain, mais est-elle capable d'assurer l'avenir humain ? » (p. 221).

De l'autoroute à l'accélération du jetable, de la siglaison qui met dans la bouche des blocs qu'on n'analyse plus — le langage administré[46] — à l'inaccessibilité des structures de contrôle, où tout s'achète et tout se vend, la modernité est décrite comme « éclatement du temps » (p. 96), « dislocation spatio-temporelle » (p. 105), « délocalisation de la main-d'œuvre » (p. 109). Le « chômage de la modernité » (p. 105) n'est plus celui de la crise, au sens d'une catastrophe ponctuelle comme en 1930. C'est un « nomadisme » (p. 109), qui rencontre celui que Lyotard décrit dans le postmoderne. Mais l'un y voit un effet pervers de la modernité, l'autre l'accueille avec réalisme, et même une certaine jubilation, celle d'être accordé à l'avenir : le postmoderne — avenir du moderne.

Moloch mange aussi des livres. Une certaine catégorie de livres est devenue une production saisonnière. Après quoi la modernité qui a poussé à les produire, les jette. Et recommence chaque année. On les appelle des romans. L'industrie télévisuelle en prépare ou remplace en partie la lecture par la projection des auteurs dans les appartements.

L'extension d'emploi de la machine à traitement de texte et de l'ordinateur, hors de l'usage scientifique ou purement ordinal, insidieusement, derrière les ravissements, impose une linéarisation réductrice par rapport aux nécessités synoptiques, tabulaires du langage, et tend à ramener le langage à la communication, au message, comme au temps de la théorie de l'information.

Faisant travailler la machine techno-sociale, une « immense armée », les « intellectuels de gestion ». Chesneaux les compare aux « scribes pharaoniques » et aux « intellectuels confucéens » (*op. cit.*, p. 133-134). Confondus avec la machine dont ils sont des parties. Paradoxalement, la « société toute nouvelle » est décrite — cycle d'éternel retour — comme la reproduction des archaïsmes les plus dépersonnalisants.

À cette machine sociale s'est opposée ce qu'on a appelé une contre-culture. Mais on ne peut opposer une contre-culture

---

46. Sans doute la Russie soviétique au xxᵉ siècle a inauguré la siglaison de la société. Le judaïsme médiéval avait aussi inventé une siglaison généralisée. Peut-être parce que, chaque fois, la référence échappe au sujet. Elle est confiée au grand Administrateur.

qu'à une culture. On présupposait donc que décrire la société comme une machine était décrire une culture. En quoi se reconnaît un jeu, de toute façon pervers, volontaire ou non, sur la notion même de culture, du sens matériel au sens artistique, intellectuel, spirituel. Jeu fondé sur la carence préalable d'une théorie des rapports entre ces deux cultures. Que semble seulement relier une analogie implicite.

Aussi une contre-culture n'est pas seulement un refus, communautaire (c'est passé de mode) ou individuel, régionalisme contre centralisme, et les *mouvements*, de libération. C'est surtout une carence théorique. Cette carence est masquée par un militantisme, où manœuvrent, comme pour le terme d'*avant-garde*, les métaphores militaires : « Pour que la culture soit effectivement *libérée* du modèle dominant et de sa logique économique, il faut que ce modèle et cette logique soient *éliminés*, et c'est un *objectif* politique majeur qui dépasse de beaucoup les enjeux proprement culturels. Mais les refus partiels, les *harcèlements*, les dissidences *minent* déjà le terrain » (*op. cit.*, p. 138) — « reprendre l'*offensive* » (p. 189). C'est moi qui ai souligné. Du moment que l'« objectif politique » en question est censé *dépasser* les « enjeux proprement culturels », il admet le présupposé même par lequel tient la machine qu'il prétend harceler. Il en est donc, à son insu, solidaire, et se voue à l'échec.

La machine est peut-être nocive. Mais la logique selon laquelle on considère son rapport aux enjeux « culturels », en admettant le primat économiste et politiste, est plus nocive que la machine économique elle-même. Car elle la légitime et la maintient, jusque chez ses adversaires.

Il ne reste plus à ceux-là qu'à rejoindre, bien qu'ils chantent sur d'autres paroles, la chorale de ceux qui entonnent l'air « la question de la technique », cet hymne pour l'armée du salut, avec à leur tête Heidegger et Mircea Eliade. Pour en finir avec la modernité, ils refuseront d'acheter une voiture particulière. Ce sera la « revanche posthume du maoïsme » (*ibid.*, p. 246). Oui, « les outils classiques d'analyse sont trop mal adaptés » (p. 188). La modernité continuera, enfer et utopie.

> Cette nécessité de trouver à tout prix des
> pendants et des analogues dans les différents
> arts amène souvent d'étranges bévues.
>
> BAUDELAIRE, *Le Salon de 1846*, IV.

Une compulsion de convergence mène la recherche d'une synthèse, esprit du temps, modernité. Plus que la postulation d'une cohérence, le désir d'unité. Y compris à travers des activités qui n'ont pas d'unités communes. Comme entre langage, musique, peinture. Le prolongement des « correspondances » de Baudelaire, non plus rêvées ou senties, mais comme une forme unitaire des pratiques, des savoirs. On y parvient, « moyennant quelques métaphores »[47]. C'est l'opération sémiotique.

Par elle, la modernité est une essence réelle. Elle *réalise* des dates. En ramassant, comme symbole de cette unité postulée, des phénomènes disparates mais simultanés : 1912, les premiers collages de Braque, le développement du cinéma. Pour Jauss, « Lundi rue Christine » fait la même chose avec les mots que le *ready-made* de Duchamp[48].

La comparaison, la juxtaposition suffisent à prouver l'unité ou l'homologie. Pour la poésie, « de Reverdy à Guillevic en France et jusqu'aux poèmes " projectifs " de Charles Olson

47. É. Benveniste, « Sémiologie de la langue » (1969), dans *Problèmes de linguistique générale* II, Gallimard, 1975, p. 60.
48. H. R. Jauss, *Die Epochenschwelle von 1912*, déjà cité, p. 22.

aux États-Unis », « l'équivalent plastique le plus exact de cette
littérature est sans doute l'*op-art* et, en général, l'art cinétique
et " lumino-cinétique " »[49]. Parce que « c'est la " matière "
qui mène le jeu à elle seule, c'est elle dont on désire exploiter à
fond les propriétés structurales ou dont on se borne à sélectionner les configurations naturelles, accidentelles » (*ibid.*).

Mais l'utilisation du hasard ne peut pas avoir le même sens,
le même effet selon qu'il y a du langage, ou des objets. Ou de la
peinture. « Sélectionner » substitue la structure au sujet.
L'objectivisme de la structure. Par quoi « l'équivalent » n'est
plus celui de Baudelaire, des « Phares » à Delacroix.

En peinture, en sculpture, en musique, en architecture, les
rythmes et l'histoire ne passent pas par la même matière que
dans le langage. Ils sont donc incommensurables. L'historicité
y est incommensurable. Je ne connais pas de mesure commune
aux sonnets de Michel-Ange et à sa peinture. Alors qu'une
même stratégie, dans le futurisme italien, organise et désorga-
nise la poésie et le graphisme. On ne peut pas soutenir qu'une
poésie est en avance ou en retard sur la peinture d'une époque.
Ce qui éveille aussitôt l'écho : le progrès en art. Cette vieillerie théorique.

Pourtant cette synthèse sans concept, cette sémiotique sans
dénominateur commun est une tentation de l'histoire de l'art.
La recherche d'un principe unique. D'une harmonie. Il y a du
syncrétisme dans le contemporain : ce qui unit les jardins de
Le Nôtre et les tragédies en alexandrins à rimes plates. Je ne
crois pas qu'on ait trouvé le principe général commun à la
voûte romane et aux romans en octosyllabes de Chrétien de
Troyes, aux poèmes de Guillaume de Machaut et à sa
musique, aux rimes des grands rhétoriqueurs et au gothique
flamboyant, ou à la poésie baroque (de la fin du XVIe et du
début du XVIIe siècle) et à l'architecture baroque du XVIIIe,
contemporaine d'une poésie néo-classique.

Une modernité unité, avec un sens de l'histoire comme sens
unique, s'est efforcée de relever, dans les avant-gardes, « des
ressemblances structurales et de les grouper autour de
quelques types », pour en « dégager une signification »[50]. Le

49. Miklos Szabolcsi, « La néo-avant-garde : 1960- », dans *Les Avant-
gardes littéraires au XXe siècle,* déjà cité, t. 1, p. 587.
50. *Les Avant-gardes littéraires au XXe siècle,* t. 1, p. 127.

futurisme italien a fait fonction de ce principe unique de généralisation. Contre l'histoire des différences, on continue de voir s'exercer le principe unificateur. Il n'est pas sans conséquences qu'il ait privilégié le futurisme italien, donné pour la « *matrice* — ou l'une des matrices — *des types et mouvements postérieurs* » (*ibid.*, p. 216). Bien que l'expressionnisme « semble lui devoir assez peu de choses » (*ibid.*), et, malgré la « dichotomie fondamentale de l'Italie et de la Russie » (*ibid.*, p. 217).

La recherche des convergences suppose une unité interne, cachée, dont la reconnaissance fait la modernité de la modernité. Ainsi elle thésaurise la critique de la géométrie euclidienne et du déterminisme avec l'occultisme de la fin du XIXᵉ siècle, la redécouverte des présocratiques (l'édition de Diels en 1903) et l'effet Héraclite sur le surréalisme, avec l'effet Nietzsche ; Bergson et Freud se conjuguent pour la fusion du sujet et de l'objet avec Frazer (*The Golden Bough* paraît de 1890 à 1915) dans la recherche des symboles ; et l'abandon de la perspective en peinture paraît homologue à la composition atonale de Schönberg, en 1908, année aussi des *Réflexions sur la violence* de Georges Sorel. Un critique conclut : « La convergence est manifeste entre les arts[51]. » Parce que les codes traditionnels de la peinture et de la musique sont perturbés ou détruits par le cubisme et la musique atonale. Mais si la *mimesis* est atteinte dans la peinture, ce qui a lieu dans la musique n'est pas comparable, et a même, au contraire de la peinture, entraîné une entrée des bruits et du descriptif dans la musique moderne — un mime du monde. La non-figuration en peinture n'est qu'en apparence comparable au *zaoum*. Le *zaoum* du futurisme russe, rarement pur, s'oppose aux concepts, mais le langage porte des concepts, il ne s'y réduit pas. De plus, l'onomatopée du *zaoum* est mimétique. Elle fait donc le contraire de la peinture. Quant à la peinture, avant l'abstraction, elle ne parlait pas. Ne se faisait pas avec des concepts. Abstraite ou non, la peinture ne se fait pas dans les langues, alors que le futurisme en poésie reste dans chaque langue. Cependant, certains poursuivent le parallèle (*ibid.*, p. 214).

On a cherché à expliquer l'abstraction en peinture par

---

51. Jean Weisgerber, « Le contexte culturel et social », *ibid.*, p. 86.

l'influence de trois écoles philosophiques autrichiennes : l'« autonomie des abstractions » dans l'enseignement de Husserl et Meinong ; le concept de *Gestalt* — « les formes sont plus générales et plus permanentes que leur contenu[52] » ; la dissociation des faits et des hypothèses dans le Cercle de Vienne. Mais Johnston ajoute : « Nonobstant ces affinités, on ne voit guère d'artistes qui aient cultivé quelque contact avec des philosophes » *(ibid.).*

Compulsion de convergence, compulsion d'unité. C'est le jeu de langage du singulier, l'article d'universalité dans *la* modernité. Les exemples s'en déduisent.

Du point de vue de l'historien, et non du mythe, il n'y a pas cette belle unité. André Chastel résume un bilan du xixᵉ siècle en disant : « Il n'y a donc pas d'unité du xixᵉ siècle[53]. »

C'est encore ce « caractère fictif, d'ailleurs conforme au modèle que le siècle avait élaboré lui-même » *(ibid.),* qu'on voit à l'œuvre pour définir la modernité du xxᵉ siècle. Ou la modernité *au* xxᵉ siècle. Mais la modernité n'est pas unitaire. Bien que certains la ramènent invinciblement à un seul visage. Pour Giovanni Lista, ce siècle est « un siècle futuriste »[54].

Cependant ce visage, qui présente en apparence tous les traits de la modernité, par son unité même est le masque du xixᵉ siècle.

52. William M. Johnston, *L'Esprit viennois, Une histoire intellectuelle et sociale 1848-1938,* PUF, 1985 (*The Austrian Mind,* Univ. of California, 1972), p. 161.
53. André Chastel, « Nouveaux regards sur le siècle passé », *Le Débat,* nº 44, mars-mai 1987, p. 84.
54. Giovanni Lista, *Futurisme, Manifestes, Proclamations, Documents,* Lausanne, L'Âge d'Homme, 1973.

LES MODERNITÉS

Schon wird das, was Ausbruch war, Mode.

« Déjà, ce qui était éruption, devient mode. »

KASIMIR EDSCHMID, « Über den dichterischen Expressionismus » (Sur l'expressionnisme poétique), 1917. Cité dans *Les avant-gardes littéraires du XXe siècle*, p. 225.

Le pluriel est de rigueur. Mais est-ce même un pluriel ? C'est une hétérogénéité où, malgré des éléments en partage, les différences comptent plus que ce qui rassemble. De plus, ceux qui se constituent, vers le début du siècle, en mouvements, font peu attention d'abord aux étiquettes. *Cabaret Voltaire* mêle des poèmes expressionnistes de Jacob van Hoddis, les poèmes « abstraits » de Kandinsky, les mots en liberté de Marinetti et les premiers textes dada[55].

Le foisonnement fait masse. Bien que ces mouvements ne s'ajoutent pas les uns aux autres. La modernité n'est pas une addition. Et le surréalisme cache Dada, qu'on a pris l'habitude de prendre pour un prélude du surréalisme, comme le structuralisme cache Saussure. Je compte, liste certainement incomplète, de 1886 à 1924, du symbolisme au surréalisme, cin-

---

55. *Dada Zurich Paris 1916-1922, Cabaret Voltaire, Der Zeltweg, Dada, Le cœur à barbe*, éd. J. M. Place, 1981.

quante et un *ismes*, un peu partout[56]. Et je n'y mets pas
l'« excessivisme », qui a eu un manifeste, et accompagnait les
peintures à la queue d'âne présentées aux Indépendants en
1910 par Boronali, « peintre excessiviste »[57]. Il y avait aussi
les humoristes.

L'exaltation futuriste elle-même est diverse. L'unanimisme
de Verhaeren, dans *Les Rythmes souverains,* en 1910 — « Futur,
vous m'exaltez comme autrefois mon Dieu ! » — n'a rien de
l'agressivité machiniste et guerrière qui constitue le manifeste
italien de 1909[58]. Tout autre, aussi, l'allégresse naïve, qui veut
rivaliser avec la science, chez Apollinaire qui invente le mot
sur-réalisme dans le programme de *Parade* en 1917. L'alliance
de la peinture, de la musique et de la chorégraphie produisant
« une sorte de sur-réalisme où je vois le point de départ d'une
série de manifestations de cet Esprit Nouveau, qui, trouvant
aujourd'hui l'occasion de se montrer, ne manquera pas de
séduire l'élite et se promet de modifier de fond en comble les
arts et les mœurs dans l'allégresse universelle, car le bon sens
veut qu'ils soient au moins à la hauteur des progrès scientifiques et industriels »[59]. D'autres optimismes encore, l'un
tourné vers le cosmique chez les suprématistes, l'autre, politique, dans le constructivisme russe des années vingt — une
affiche montre un pont et le texte dit : « La révolution
d'Octobre — un pont vers un avenir radieux[60]. »

Ce qui a été lu comme pessimisme dans *Le Déclin de l'Occi-*

---

56. Acméisme russe, aeternisme, catastrophisme polonais, cérébrisme,
constructivisme, créationnisme, cubisme, cubo-futurisme, dadaïsme, déca-
dentisme, décadisme, dramatisme, dynamisme, égo-futurisme, expressionnisme, fauvisme, findesiecleisme, formisme polonais, imaginisme russe, imagisme anglais, impulsionnisme, impressionnisme, intégralisme, intersection-
nisme, inzikhisme yiddich, machinisme, modernisme brésilien, naturalisme,
naturisme, néo-plasticisme, paroxysme, passéisme, paulisme, poétisme
tchèque, purisme, rayonnisme, saudosismo, sensationnisme, simultanéisme,
suprématisme, surréalisme, symbolisme, synthétisme, unanimisme, ultraisme
espagnol, vers-librisme, vorticisme anglais, yoismo, zénitisme yougoslave.

57. Guillaume Apollinaire, *Chroniques d'art* (22 mars 1910) *Œuvres complètes,* éd. établie par M. Décaudin, Balland-Lecat, t. 4, p. 116 et note de
M. Décaudin, p. 940.

58. Je l'ai analysé dans « Poétique et politique de l'image », *Critique du
rythme, Anthropologie historique du langage,* Verdier, 1982, p. 485-498.

59. Éd. citée, t. 4, p. 444.

60. Andrzej Turowski, « Modernité à la russe », *Cahiers MNAM* 19-20,
p. 123.

dent de Spengler, en 1918, n'a rien non plus du pessimisme de Valéry dans les deux lettres de 1919 sur *La Crise de l'esprit*. Ni ne ressemble au dadaïsme allemand qui renouvelle la danse macabre. Plus macabre chez Grosz, plus farce chez Hugo Ball, Tzara et Picabia[61]. Autre chose, le pessimisme surréaliste, et celui de Walter Benjamin. Ou de Drieu La Rochelle. Ni le pessimisme, ni l'optimisme, contrairement à une idée reçue, ne se rangent selon le binaire politique de la droite et de la gauche.

Pour les catégories poétiques de la modernité, je ne prendrai ici que deux exemples, brièvement, celui du futurisme italien, celui de l'expressionnisme allemand.

Le moderne futuriste se veut, et se dit, délirant. Comme fait Boccioni, dans *Peinture et sculpture futuristes* en 1914, s'affirmant, avec une emphase qui faisait sourire Apollinaire, « la pointe extrême de la peinture mondiale »[62].

Les études sur le futurisme italien ne séparent guère entre poésie et peinture. Il me semble pourtant que, plus qu'ailleurs encore, ici il faut le faire. Non seulement parce que les moyens et les visées ne peuvent pas y être les mêmes. Mais parce que, à part le genre littéraire du manifeste, la réalisation poétique y est nulle. Ne dépasse guère l'onomatopée[63]. Alors que la peinture futuriste a été de la peinture. Et c'est dans le langage des manifestes, dans le comportement social de groupe, et pas dans la peinture, que l'activisme fasciste a trouvé un maître. Ce dont Mussolini lui-même lui rendait hommage.

Tous les thèmes attribués emblématiquement à la modernité poétique et artistique en général, et qui se résument dans son nihilisme, se trouvent explicitement dans le « Manifeste futuriste » du 20 février 1909, aux points 8 et 10 : suppression du passé : « À quoi bon regarder derrière nous », et « démolir les musées, les bibliothèques ». Les futuristes russes aussi voulaient se débarrasser de Pouchkine. Mais l'hyperbole, la

---

61. Klaus Heinrich, dans *Théorie des Lachens,* parle du « travail du rire » sur le patron du « travail du deuil » chez Freud. Cité par Hanne Bergius, « Le rire de dada », *Cahiers du MNAM,* déjà cité, p. 76.

62. Cité par Ester Coen, « Les futuristes et le moderne », *Cahiers MNAM,* déjà cité, p. 68.

63. Le principe poétique russe des futuristes a été le « mot en tant que tel ». Krutchonykh écrit : « Le mot est plus large que le sens. » C'est sans doute un des éléments de la différence de valeur poétique.

provocation systématique ne se sont nulle part comme dans les manifestes italiens systématisés en violence sociale qui débordait le poétique. Puis la politique a réalisé les métaphores.

D'où les silences sur le futurisme dans l'immédiat après-guerre. Quand la littérature et l'engagement ont cédé la place, vers 1960, à l'écriture et au formalisme, le futurisme, dépolitisé, esthétisé, a commencé à être présenté comme le modèle unique du modernisme. Travail exemplaire de déshistoricisation. De séparation entre le poème, l'éthique et l'histoire.

Il suffit de rappeler de quoi est fait l'expressionnisme, certainement aussi un des moments lançants de la modernité, poétiquement sans commune mesure avec la production italienne.

À l'autodéfinition, autoproclamation claironnante de Marinetti correspond une difficulté, un éclatement de la définition, au point de marquer d'une sorte de tabou un mouvement si peu capable de se définir. Il n'a « pas un sens unique et stable »[64]. Cette difficulté est à suivre.

Les débuts du futurisme, du surréalisme sont annoncés comme tels. Ceux de Dada, malgré quelques controverses, sont connus aussi. (Quant à leur fin, elle n'est jamais déclarée.) Il n'y a pas d'acte de naissance semblable pour l'expressionnisme. On le situe entre 1910 et 1920-25, mais il est précédé d'un « proto-expressionnisme », entre 1905-1906 (ibid., p. 257). Et se maintiendrait en URSS, aux USA « quasiment jusqu'à nos jours » (p. 258).

Autant le futurisme a été italien, et peu répandu, autant l'expressionnisme qu'on dit allemand a été très répandu, des Pays-Bas aux pays slaves, à la Suède et à la Norvège.

Le futurisme, si bien défini, n'a pas duré. L'expressionnisme est une « masse disparate et confuse aux contours indécis » (p. 262) et « À la différence du futurisme, il conserve une stabilité certaine ».

L'appellation non plus n'est pas unifiée. Les écrivains expressionnistes se qualifient d'abord simplement de « nouveaux » ou de « jeunes » : das neue Pathos, die jüngste Dichtung (synonyme de expressonistische), neue Prosa, die neue Syntax, ou Radikalismus[65]

64. Lionel Richard, « L'expressionnisme », dans Les Avant-gardes littéraires au XXᵉ siècle, déjà cité, p. 256.

65. Ulrich Weisstein, « L'expressionnisme allemand », ibid., p. 226, 227, 236.

Les futuristes italiens : un groupe, un chef. Les expressionnistes ont eu des foyers dispersés. Ce sont plutôt des isolés. Il y a eu Herwarth Walden, Kandinski, d'autres porte-parole. Pas de chef unique. Les futuristes sont agressifs et nationalistes. Les expressionnistes revendiquent un « pacifisme internationaliste » (L. Richard, *ibid.,* p. 259).

La poétique futuriste est fondée sur l'image. Celle de l'expressionnisme, sur le rythme. Marinetti se place sur le plan de la syntaxe, des sonorités, de la forme. Pour les expressionnistes, l'essentiel est le « contenu ». Un article du *blaue Reiter* « Sur la question de la forme » dit : « Comme la forme n'est qu'une expression du contenu et que le contenu est différent chez des artistes différents, il est clair que dans un même temps il peut y avoir beaucoup de formes différentes, qui sont également bonnes[66]. » L'inverse du dogmatisme futuriste ou surréaliste. Et la double reconnaissance que seule compte la chose à dire, et que cette chose est unique à chacun.

Si bien que nul mouvement n'aura été plus mal nommé, apparemment, que l'expressionnisme : ce n'est pas le terme *expression* qui peut le définir. Puisque dans sa banalité, il dit chaque fois autre chose, selon celui qui l'emploie. Matisse, dans « Notes d'un peintre », en 1908 : « Ce que je poursuis par-dessus tout, c'est l'expression. » Van Gogh : « Au lieu de chercher à rendre exactement ce que j'ai devant les yeux, je me sers de la couleur plus arbitrairement pour l'exprimer fortement[67]. »

C'est justement alors que l'expressionnisme s'énonce. Van Gogh continue : « Derrière la tête, au lieu de peindre le mur banal du mesquin appartement, je peins l'infini, je fais un fond simple du bleu le plus riche, le plus intense, que je puisse confectionner, et par cette simple combinaison la tête blonde éclairée sur ce fond bleu, riche, obtient un effet mystérieux comme l'étoile dans l'azur profond. » Le lien de la subjectivité avec l'infini : « Je voudrais mettre dans le tableau mon appréciation, mon amour que j'ai pour lui. » La recherche de l'intensité remplaçant la représentation, alors que le futurisme reste dans la *mimesis*. C'est la recherche de « l'essence », du

---

66. Cité par Ulrich Weisstein, *op. cit.,* p. 228.
67. *Correspondance complète de Vincent Van Gogh,* Gallimard-Grasset, 1960, t. 3, p. 165. Lettre citée par Ulrich Weisstein.

« noyau » *(Wesen, Kern)*. La fréquence, notée par Weisstein, des termes d'« âme » et d'« esprit » *(Seele, Geist)*. Le contraire de l'apparence bruyante où s'arrête Marinetti. Le trait commun des œuvres expressionnistes étant un « antinaturalisme privilégiant le Moi et imposant la vision du sujet à l'ensemble de la représentation littéraire ou picturale jusqu'à la déformation, le grotesque, la caricature et l'abstraction »[68].

L'expressionnisme participe du cri. C'est pourquoi l'œuvre la plus fameuse, et peut-être la plus reproduite, qui le représente, est le tableau d'Edvard Munch, *Le Cri*.

Une méconnaissance inverse semble avoir frappé l'expressionnisme, qu'on dit toujours « allemand », et le futurisme, qu'on tend à nommer hors de toute qualification ethnique. On restreint ainsi le premier, on le limite, non seulement en le régionalisant mais dans son effet théorique et social, pendant qu'on généralise l'autre. Ce qui installe une indifférenciation ahistorique des deux futurismes, le russe et l'italien, qui n'ont pourtant presque rien de commun. Mais l'opération est nécessaire pour présenter le futurisme comme le modèle de la modernité et de l'avant-garde. Toutes deux et ensemble identifiées à l'absolu de la rupture.

Manœuvre intéressée, pour les admirateurs. Mais les détracteurs ne la critiquent pas. Ils en acceptent le résultat. C'est le tout, modernité-rupture-futurisme, qu'ils refusent.

68. Lionel Richard, article cité, *Les Avant-gardes...*, p. 256.

Modernité, modernisme : un caractère, et son excès. Sa radicalisation, un radicalisme. Radicalisme, terme employé par les expressionnistes. Modernisme : la pointe représentative de la modernité. Par isolement de la composante formelle. Ou sa spécialisation, dans le lieu et le temps. Qui le détache alors, comme pour *modern style,* de ce qui fait le trait fondamental du moderne, un *shifter*, comme dit Roman Jakobson. Non de la langue comme *je-ici-maintenant,* mais de la culture comme langage.

En Angleterre, le modernisme, selon les uns, est un mouvement, le « mouvement des lettres et des arts entre 1910 et 1930 »[69]. Mais le terme ne semble pas y avoir ce bornage défini qui marque l'imagisme ou le vorticisme. Le vague de la modernité reprend le modernisme, qui « ne renvoie pas à une école particulière ». Le modernisme n'est un mouvement que rétrospectivement, pour le regard critique qui, quelques années plus tard, sent le besoin d'identifier, de classer, de rassembler un ensemble de manifestations convergentes »[70]. Ce que fait l'anthologie de Laura Riding et Robert Graves, *A Survey of modernist poetry,* en 1927.

Moderniste : formaliste. La recherche poétique, dans la politisation des années 30, est vue comme droitière. Pas pour

---

69. Michel Collomb, « La tradition moderne », *Cahiers du MNAM 19-20,* p. 53. Définition plus large dans *Modernism 1890-1930,* edited by Malcolm Bradbury and James McFarlane, Penguin Books, 1976.
70. Jean-Michel Rabaté, article cité, p. 94.

se détourner du politique, mais pour choisir une politique : « Le formalisme des expérimentateurs sera vite dénoncé comme réactionnaire, et comme pour donner raison aux détracteurs, les principaux poètes modernistes s'orientent vers l'extrême-droite : Yeats, Eliot, Pound et Lewis auront avec des inflexions notables et une virulence variable, choisi leur camp. » *(ibid.)*

En France, *modernisme* paraît plutôt signifier cet excès du moderne, ou sa déviation, qui en fait la rupture radicale avec le passé. Où se ravive la valeur polémique du moderne. Mais surtout chez les détracteurs. C'est « la sottise et les impasses de la réduction moderniste qui ne voulait juger des œuvres qu'en termes de ruptures ! »[71].

La différence est nette avec *modernité* qui, même dans le discours de ses critiques, n'est pas en soi un terme péjoratif. La différence se cherche autrement, mais revient à cette opposition, quand on utilise, pour les distinguer, l'opposition, mise à la mode par la grammaire générative, de la *profondeur* à la *surface* : la modernité, selon Balandier, « se forme et se dit à partir de ce qui effectue en profondeur, en mouvement de fond, le travail d'une société et d'une culture ; elle le révèle ; elle exprime les contradictions d'une époque, les tensions et les éclatements qu'elle génère »[72]. Le modernisme, c'est ce « qui se modèle sur les mouvements de surface, qui se façonne selon leur succession ». Le côté des « complaisances » *(ibid.)*.

Modernisme, moderne. La différence est subjective. Adorno, considérant sa fonction polémique, y voyait une distinction « démagogique »[73], parce qu'elle est vue « en tant que conviction des suiveurs » — « celui qui se plaint du modernisme pense en fait art moderne », et Adorno y suppose une stratégie du conformisme. En faveur de « l'art modéré, derrière lequel la raison guette des restes de rationalité triviale » *(ibid.)*. L'art modéré — ou éclectique — étant censé « meilleur que le modernisme radical ». Au lieu que, bien sûr, « c'est l'inverse qui se produit ».

Terme plus fragile encore que celui de modernité, et trivial à raison de sa charge polémique, il est l'indicateur de l'éphémère, du précaire érigé en absolu. Sa rhétorique est sa terreur. C'est la rupture.

71. Bernard Blistène, un des commissaires de l'exposition « L'époque, la mode, la morale, la passion », dans *Galeries magazine,* avril-mai 1987, p. 118.
72. G. Balandier, *Le Détour,* déjà cité, p. 132.
73. Theodor Adorno, *Théorie esthétique,* Paris, Klincksieck, 1974, p. 42.

LE MYTHE DE LA RUPTURE

> La tradition est une affaire de bien plus grande importance [que la répétition]. Elle ne saurait être héritée, et si on la veut on doit l'obtenir par un plus grand travail. Elle implique, d'abord, le sens historique, que nous pouvons dire presque indispensable à quiconque veut rester poète après vingt-cinq ans ; et le sens historique implique une perception non seulement du passé du passé, mais de sa présence ; le sens historique oblige un homme à écrire non seulement avec sa propre génération dans le corps, mais avec le sentiment que l'ensemble de la littérature européenne depuis Homère, et à l'intérieur de celle-ci, l'ensemble de la littérature de son propre pays, possède une existence simultanée et compose un ordre simultané.
>
> T. S. Eliot, *The sacred Wood, Essays on Poetry and Criticism,* Londres, Methuen, 1960, p. 49 (texte de 1919).

Rupture avec le passé, rupture avec la société, rupture avec les traditions techniques — le métier. La modernité, en art et en littérature, on en est convaincu, se définit par la rupture.

Ceux qui se rengorgent de modernité, parce qu'ils sont persuadés d'en être, ne parlent plus que par révolution. Ajouter : copernicienne. Ceux qui ne supportent pas la modernité, quelles que soient leurs raisons, commencent par admettre, comme les autres, qu'elle est rupture. Justement, c'est ce qu'ils n'aiment pas.

La modernité poétique est d'abord asociale. Rimbaud : « Je suis en grève[74]. » Mallarmé : le poète est « hors la loi ». La société, cette société, « ne lui permet pas de vivre ». Il est « en grève devant la société »[75]. La modernité est le métier perdu[76]. Ce qu'on reprochait à Manet. Ce qu'on reprochait au vers libre. Apollinaire, en 1908, dans « Les fiançailles », selon une ironie seconde, écrivant

> Pardonnez-moi mon ignorance
> Pardonnez-moi de ne plus connaître l'ancien jeu des vers

pratique déjà, non l'ignorance, bien sûr, mais l'*oubli* actif, solidaire de l'appel au nouveau, comme dans « Toujours », en 1917 :

> Qui donc saura nous faire oublier telle ou telle partie du monde
> Où est le Christophe Colomb à qui l'on devra l'oubli d'un continent
>   Perdre
> Mais perdre vraiment
> Pour laisser place à la trouvaille

Les auteurs d'*Une gifle au goût public* en 1912 disaient : « Le passé est étroit. L'Académie et Pouchkine sont plus incompréhensibles que les hiéroglyphes. Jeter Pouchkine, Tolstoï, etc., etc., par-dessus bord du temps actuel[77]. » Papini, en 1914 : « Le passé n'existe pas[78]. »

La modernité est une discontinuité (avec le social, avec le métier, avec le passé) dans la mesure où elle est ce qui arrive au

---

74. Lettre à Izambard du 13 mai 1871, *Œuvres complètes,* Éd. de la Pléiade, p. 248.

75. Mallarmé, *Œuvres complètes,* Éd. de la Pléiade, p. 869, 870. Dans la réponse à l'enquête de Jules Huret, en 1891.

76. C'est le regret de Cl. Lévi-Strauss, dans « Le métier perdu » (*Le Débat* n° 10, mars 1981, p. 59) — mêlé au regret du sujet et du représentatif. Auquel répondait Soulages dans « Le prétendu métier perdu » (*Le Débat* n° 14, juillet-août 1981, p. 77-82). Retour du XIXᵉ siècle comme académisme et historicisme. Mais le vrai peintre est sa propre historicité.

77. *Manifestes futuristes russes,* choisis, traduits et commentés par Léon Robel, Paris, Éditeurs Français Réunis, 1971, p. 13. *Une gifle au goût public* est signé par Bourliouk, Kroutchonykh, Maïakovski, Khlebnikov.

78. Giovanni Lista, *Futurisme,* déjà cité, p. 92.

passé dans un « sujet historique à l'instant du péril »[79]. Le présent. Le temps le plus plein de subjectivité. Où se fait, c'est-à-dire se défait et se refait sans cesse, le sens. Du social, du métier, du passé. Cette négativité, la plus banale et immémoriale des choses, puisqu'elle est de chaque instant, est vitale pour le présent. La modernité ne l'a pas inventée. Ni n'a été tout à fait la première à en avoir la conscience la plus vive. Des langages différents l'ont su. Mais c'est notre illusion constitutive de croire qu'elle nous appartient comme à personne.

Elle est la modernité en ce qu'elle est à la fois l'indicateur de subjectivité et d'historicité. Elle est la « dialectique *négative* »[80] par laquelle, selon Crevel, le surréalisme, après Dada, s'oppose « au romantisme ». Ce que dit Valéry, quand il énonce ce que devait être le programme de Baudelaire : « Être un grand poète, mais n'être ni Lamartine, ni Hugo, ni Musset[81]. » Cette condition, qui fait que l'historicité et la subjectivité sont une seule et même construction, fait paraître l'erreur de ceux qui opposent au « il faut être absolument moderne » le « mot d'ordre post-moderne et narcissique, " il faut être absolument soi-même " dans un éclectisme laxiste »[82]. Outre que le premier est pris à contresens, ce que je montre plus loin, ce qu'on lui fait dire ne s'oppose pas au second mot d'ordre. *C'est le même.* Et il n'est pas post-moderne. Il n'est même pas moderne. C'est un universel. Il faut l'histoire de la modernité pour empêcher de le voir.

Le présent, ce n'est pourtant rien d'autre que revendiquait *Une gifle au goût public* : « *Nous* seuls *sommes le visage* de *notre* Temps. » L'étrange est que ce truisme ait tant de mal. C'est qu'il rencontre la résistance du passé. Sa permanence. Au point que la théorie même du nouveau se dit, chez Adorno, comme négation de l'ancien. Orthodoxie de la modernité.

Le nouveau « ne nie pas, comme le font tous les styles, les pratiques artistiques antérieures mais la tradition en tant que

79. Walter Benjamin, « Thèses sur la philosophie de l'histoire, VI » (1940), dans *Œuvres*, 2. *Poésie et révolution,* trad. M. de Gandillac, Paris, Denoël, Les Lettres Nouvelles, 1971, p. 279.

80. René Crevel, *Le Clavecin de Diderot* (1932), J.-J. Pauvert, 1966, p. 92.

81. Paul Valéry, « Situation de Baudelaire » (1924), dans *Œuvres*, Éd. de la Pléiade, t. 1, p. 600.

82. Gilles Lipovetsky, *L'Ère du vide, Essais sur l'individualisme contemporain,* Gallimard, 1983, p. 139.

telle »[83]. L'explication d'Adorno est la suivante : « Lorsque le modernisme s'articule pour la première fois théoriquement, chez Baudelaire, il revêt aussitôt le ton du malheur. Le Nouveau est apparenté à la mort. Ce qui prend chez Baudelaire des allures de satanisme est l'identification, qui se réfléchit elle-même négativement, avec la négativité réelle de la situation sociale » (*ibid.*). Plus loin, il l'assimile « à l'immuable, au malheur, au goût du néant » (p. 37).

Cette représentation résulte de plusieurs confusions. Dont la page est fertile, commençant par attribuer à Rimbaud le *frisson nouveau* que Hugo reconnaissait chez Baudelaire. Et pas « à la fin de sa vie », mais le 6 octobre 1859. Adorno a un rapport approximatif à la littérature, peut-être surtout à la poésie, et surtout si elle est française.

Baudelaire invente un sens nouveau à la modernité expressément en rapport avec la vie, la *vie moderne*. Le malheur est dit dans d'autres circonstances, d'autres contextes. Adorno procède par surimposition et amalgame. En particulier de poèmes comme « Le Voyage », le dernier, de la section « La mort », des *Fleurs du mal*, avec son dernier vers

Au fond de l'Inconnu pour trouver du *nouveau* !

L'immuable est l'une des composantes de la modernité. Sans rapport avec le « malheur » et le « goût du néant ». Adorno prend l'allégorie de la vie pour la théorie de l'art. Il romantise Baudelaire. Simplifie son satanisme. Au terme, un contresens sur l'*art moderne*. Plus rien, en tout cas, n'y reste de ce que Baudelaire entend par *modernité*.

Mais le sens *moderne* de modernité. Par une utilisation de Baudelaire, Adorno compose un pathos nouveau : un mythe nouveau. Celui de la négativité tragique du moderne. Négativité généralisée. L'art moderne, « mythe tourné contre lui-même » (p. 38). Le motif du « Une œuvre d'art est l'ennemie mortelle de l'autre », entre guillemets chez Adorno (p. 54). Qui pourrait ressortir à la conscience comme meurtre, selon Hegel. Adorno le voit par le « contenu de vérité des œuvres d'art », lié à leur « contenu critique ». Par quoi « elles se critiquent aussi mutuellement ». Argument qui semble mêler l'effet social et le plan où chaque œuvre dit ce que ne disent pas

83. Adorno, *Théorie esthétique,* déjà cité, p. 35.

les autres. Autant de chemins alors, qu'on ne prend qu'une fois, qui n'ont qu'un sens, et que pourtant il faut avoir suivis pour en inventer un autre.

Mais la différence n'est pas la négation. Une spécificité n'est pas le contraire d'une autre spécificité. Elle lutte pour être elle-même. Non contre les œuvres anciennes, mais contre la socialisation des œuvres. La répétition.

Il faut un ensemble d'opérations qui aboutissent à la confusion classique entre l'historicisme et l'historicité pour que, paradoxalement, la modernité soit méconnue autant par ceux qui lui vouent un culte, que par ceux qui l'exècrent. Les pour trahissent son rapport au passé. Les contre trahissent son rapport au présent. En somme tous sont historicistes. Tous, dans la rupture.

L'historicité est simple pourtant. Vue du côté de l'œuvre. Et de la poétique. C'est la nécessité de ne pas faire double emploi. La première requête, l'intériorité. Kandinsky commence par elle *Du spirituel dans l'art :* « Toute œuvre d'art est l'enfant de son temps et, bien souvent, la mère de nos sentiments. » Le corollaire : « Tenter de revivifier les principes d'art des siècles écoulés ne peut que conduire à la production d'œuvres mort-nées[84]. »

Vue du côté des effets de proclamations, et des effets sociaux de surenchère, la modernité est pure contradiction : « Au vingtième siècle, la seule tradition vitale dont la critique puisse se réclamer est celle du rejet de toute tradition[85]. » Dont la logique a été poussée à l'absurde.

La modernité est une aporie. Elle est donc intenable, insoutenable : une « frénésie de convulsionnaire que depuis cent ans ou plus l'avant-garde déploie, se tordant et se retordant sur elle-même, selon une série de postures et d'impostures, de pantomimes et de mimiques indéfiniment proposées »[86]. Puisque, comme dit Octavio Paz : « La tradition de la rupture n'implique pas seulement la négation de la tradition, elle implique la négation de la rupture même[87]. »

---

84. Kandinsky, *Du spirituel dans l'art et dans la peinture en particulier* (1912), Denoël-Gonthier, 1969, p. 31.

85. H. Rosenberg, *La Tradition du nouveau*, déjà cité, p. 80.

86. Jean Clair, *Considérations sur l'état des Beaux-Arts, Critique de la modernité*, Gallimard, 1983, p. 29-30.

87. Octavio Paz, *Point de convergence — Du romantisme à l'avant-garde*, Paris, 1976, cité *passim* par Jean Clair, *ibid.*, p. 28-29.

Elle « ne peut finir que par se nier elle-même comme rupture » (*ibid., p. 29*).

Donc « le seul ennemi de l'art moderne a résidé en lui-même, dans les -ismes successifs qui l'ont érigé comme " moderne " » (p. 30), et la dissolution des « mouvements de l'avant-garde comme s'ils n'avaient jamais existé » laisse l'*historien* ou le *critique* dans le « désarroi » du « vide soudain créé ».

Cette logique, cet aveu, venaient du désarroi de l'historien ou critique d'art, présupposant par là même que l'art, c'est-à-dire son « histoire », n'existait que par et pour l'historien critique d'art. Dans cette histoire, il n'y a plus ni peintres ni œuvres. Seulement l'historien critique d'art. Cette histoire est un récit : une séquence d'annulations successives. Elle est donc aussi dénuée de sens (ce qui suppose que l'histoire doit avoir un sens : une direction, et une signification — donnée par l'historien) que ces histoires de la philosophie où le suivant semble toujours plus intelligent que le prédécesseur.

L'art réduit à une série de *mouvements*, à des *-ismes*, est *vidé de ce qui fait l'art*. Il reste une modalité du culturel. L'histoire y est l'histoire au sens de Benveniste — opposée au discours, qui tient alors la place des œuvres : « Personne ne parle ici ; les événements semblent se raconter eux-mêmes [88]. »

La logique de l'anti-moderne ne tient sa rigueur impressionnante que de la combinaison de quelques glissements et déformations. *C'est un sophisme*. Négation, de quoi ? Rupture, avec quoi ? La pluralité — vitale pourtant en art — est vite ramenée à l'unité : contre un « passé unique » (p. 28) — première pétition de principe, et simplification — la modernité se fonde « dans une pluralité de passés, autrement dit dans une pluralité de traditions. À la longue, la négation de la tradition, devenue la recherche du nouveau » (*ibid.*), et le pluriel est ramené au singulier. C'est-à-dire au dualisme de *la* tradition et de *la* rupture. Bloc contre bloc. Curieux manque de sens historique pour un historien (d'art).

Confondant différence et négation, modernité et avant-garde (sur le patron unique du futurisme), ne disant rien de la distinction entre tradition et académisme (le romantisme

---

88. É. Benveniste, « Les relations de temps dans le verbe français » (1959), *Problèmes de linguistique générale,* Gallimard, 1966, p. 241.

luttait contre le néo-classique, pas contre le classique), réduisant tout au binaire, qui semble son seul modèle d'intelligibilité, le dualisme de la tradition et de la rupture qui prétend
prouver l'absurdité du moderne ne prouve que sa méconnaissance de l'historicité. Parfumée de quelque mauvaise foi.

Cette annulation-de-la-rupture-par-elle-même est devenue
un cliché que l'anti-modernité se repasse, fiduciairement.
Ainsi, commettant l'imprudence de parler des œuvres, au lieu
de rester dans le duel d'abstractions, tel autre écrit : « les
œuvres d'avant-garde, sitôt produites, deviennent arrière-
garde », et la tradition du nouveau « détruit et dévalorise inéluctablement ce qu'elle institue, le neuf bascule dans
l'ancien »[89]. L'avant-garde « considère ses devanciers, ses
contemporains ou l'art dans son ensemble comme imposture
ou obstacle à la création véritable » (ibid., p. 102).

Devant tant d'abstractions balayeuses, qui semblent ne plus
parler que d'elles-mêmes et pour elles-mêmes, tant elles ont
oublié l'histoire empirique, il s'impose de rappeler, par
quelques exemples concrets, que la modernité n'a qu'une ressemblance fortuite avec cette construction chimérique que
certains font passer pour elle.

Il est possible qu'une importance excessive donnée à Marcel
Duchamp, et à l'anti-art, conjointe à la généralisation du
modèle futuriste, ait favorisé cette représentation de la modernité comme « autodestruction créatrice »[90]. Et d'abord une
répétition effective de Marcel Duchamp. Qui manque de
rythme.

Les attitudes réelles, celles dont du moins j'ai connaissance,
sont tout autres. Elles demandent chaque fois un historique
précis. Non des généralités. Reverdy n'a cessé d'être admiré
par les surréalistes, et n'est jamais devenu « arrière-garde ».
Ils ont réservé à Saint-Pol-Roux un accueil admiratif. Les
conflits, avec Barrès ou Anatole France, avaient des motifs
précis, sans rapport avec le mythe de la rupture. De même que
ceux avec Ivan Goll ou Cocteau. Pound et Eliot ne cachaient
pas ce qu'ils devaient à Jules Laforgue. Joyce n'a pas craint de
publier sa dette envers Dujardin pour l'invention du monologue intérieur. Le sens qu'ils ont de leur propre historicité

89. G. Lipovetsky, L'Ère du vide, déjà cité, p. 92.
90. O. Paz, Point de convergence, p. 16, cité par G. Lipovetsky, ibid., p. 92.

passe précisément par cette reconnaissance. Tout n'est pas dans l'esbroufe futuriste.

Nul n'a plus revendiqué de devanciers qu'André Breton, qui en fait une liste dans le *Manifeste du surréalisme*. Dans le tableau intitulé « Liquidation », de mars 1921, dans *Littérature*, il y a une grande diversité de notes, qui vont de +25 à −25, et qu'il faut voir dans le détail : Maeterlinck a 25 pour Soupault, et −25 pour Tzara.

Les surréalistes ne rompent pas avec le passé. Ils se choisissent leur passé. Les fatrasies de Beaumanoir sont publiées dans la *Révolution surréaliste* n° 6 (1er mars 1926). Ils contribuent ainsi à le faire lire autrement, et même à le redécouvrir. Xavier Forneret est publié dans le n° 9-10 (1er octobre 1927). C'est une exhumation. On ne peut plus lire les Grands Rhétoriqueurs comme avant le surréalisme. Queneau a travaillé sur les fous littéraires. Éluard s'est fait plus tard anthologiste du Moyen Âge, mais dès 1918 il recherche la littérature médiévale. Le surréalisme s'est fait un « système de coordonnées à [son] image »[91]. Il suffit de rappeler la place qu'ils ont faite à Sade. Apollinaire aussi était un flâneur érudit du passé.

Dans les manifestes des futuristes russes, la présence au présent est revendiquée, mais celle-ci se compose, à part les rejets, d'une présence du passé, en rapport avec le slavisme de Khlebnikov, la remontée aux bylines, les poèmes épiques russes, aux racines slaves, dans « Les nouvelles voies du mot ».

Il n'y a pas non plus une asocialité indiscriminée du langage. Mais, contre certaines conventions, la poésie mise dans « la langue vivante de la conversation »[92]. Même mouvement chez Apollinaire, Pound, Eliot. J'ai montré que, contrairement à l'idée reçue, il y avait aussi chez Mallarmé un poète de l'oralité dans le langage ordinaire[93].

Le Bauhaus est hostile à Dada, au futurisme parce qu'il tend vers une standardisation : « Art et technique, une nouvelle unité » — devise donnée par Walter Gropius en 1923. Contre la typographie dada qui mène plus vers le visible que vers le

91. André Breton, *Prolégomènes à un troisième manifeste du surréalisme ou non* (1942).

92. Dans « Le vivier des juges » (1914), *Manifestes futuristes russes*, p. 35.

93. « Mallarmé au-delà du silence », dans Mallarmé, *Écrits sur le livre* (choix de textes), Éd. de l'Éclat, 1985.

lisible, l'écriture simplifiée de Herbert Bayer supprime les majuscules pour exprimer « une plus grande communauté des choses et des êtres par leur plus grande communicabilité »[94].

Apollinaire écrivait en 1918 : « Je ne me suis jamais présenté comme destructeur mais comme bâtisseur », distinguant entre « l'œuvre des anciens » et « leur nom opposé comme barrière aux nouvelles générations ». Il terminait sur : « J'ai voulu seulement ajouter de nouveaux domaines aux arts et aux lettres en général, sans méconnaître aucunement les mérites des chefs-d'œuvre véritables du passé ou du présent[95]. »

S'il y a cet *ajout*, comme dit Apollinaire, c'est-à-dire toute la spécificité propre d'une œuvre, chaque fois, qui n'est pas sur le plan des -*ismes*, il y a aussi la différence à reconnaître entre ce que prétendent de nouveauté les déclarations, et ce que font les œuvres. Où il entre plus de continuité qu'il n'est dit.

Le wagnérisme de l'œuvre d'art totale se continue dans *Parade*, en 1917, qui allie la musique, la peinture, la chorégraphie comme une nouveauté. Ce wagnérisme n'est d'ailleurs pas absent du futurisme italien. Certains éléments de mysticisme dans les primitivismes modernes sont la suite des occultismes du siècle précédent. Le rapport interne entre poésie et langue ancienne, chez Gerard Manley Hopkins et chez Khlebnikov, implique une continuité d'un ordre spécifique, au milieu même de la rupture avec d'autres conventions de langage.

Le moderne a joué aussi sur un rapport renouvelé à la culture populaire. Ce n'était alors une rupture qu'avec certains aspects de la culture savante, académique. Principalement leur mépris, et coupure, de la culture populaire. Ce qu'ont fait Lorca, ou Desnos. Bartok, Kandinsky. C'était la poétique du premier groupe futuriste russe « Hylea » en 1910, proche de l'art des gravures du *lubok* et des icônes. Le passage de la tradition savante à la tradition populaire abolit « l'opposition entre le passé et la modernité »[96]. Ce qui a été la fonction de l'« art nègre ».

94. Cité par Éric Michaud, « La vie moderne, Bauhaus et " modernité " », *Cahiers du MNAM* 19-20, p. 134.

95. Lettre à André Billy, du 29 juillet 1918. *Œuvres complètes,* éd. citée, t. 4, p. 778.

96. Andrzej Turowski, article cité, p. 116.

Par là se montre que la modernité n'est pas le nouveau, n'est pas la rupture. Mais *l'abolition de l'opposition entre l'ancien et le nouveau.* C'est pourquoi il importe d'y préserver le recours à la pluralité. Toute réduction de la pluralité au dualisme fait retomber dans le sens le plus pauvre, et le plus ancien, du moderne. Fait parler du moderne en termes archaïques. Certains tentent d'éviter ce piège — piège-à-critiques-d'art — en travaillant le terme unique de tradition ; c'est déplacer le dualisme. Puisque, à la tradition morte, on oppose la qualité, tradition vivante.

Le mythe de la rupture a joué son rôle. Il n'était pas le même quand il faisait partie des avant-gardes. Ou même encore des néo-avant-gardes. Bien que ce soit peut-être à partir de ce moment-là qu'il a commencé à prendre un tour compensatoire, par rapport au peu de renouvellement de certains. Mais il est à son comble dans le discours critique, où il est devenu un obstacle. Un écran devant les œuvres, et leur histoire. Le fantôme de la modernité.

Une essence réelle. Je ne connais que des individus. Les œuvres. Autour, rôde l'éternelle scolastique réaliste.

Le danger, pour le moderne, n'est pas la tradition. C'est le nouveau. Parce qu'il est ce qui lui ressemble le plus. Il tend à se faire prendre pour lui, à se rendre indiscernable de lui. Et peut ne pas être lui. Si quelque chose est nouveau, comment savoir si c'est moderne ? Et ce qui vient d'apparaître, en quel sens est-ce nouveau ?

Curieusement, l'éphémère est pris pour le nouveau. Comme si l'éphémère était le destin du nouveau. Cercle vicieux, auquel le condamne Valéry, dans ce passage de *Choses tues,* en 1930, que cite Walter Benjamin dans son *Passagenwerk* : « Nouveauté. Volonté de nouveauté. Le nouveau est un de ces poisons excitants qui finissent par être plus nécessaires que toute nourriture ; dont il faut, une fois qu'ils sont maîtres de nous, toujours augmenter la dose et la rendre mortelle à peine de mort. Il est étrange de s'attacher ainsi à la partie périssable des choses qui est exactement leur qualité d'être neuves[97]. »

Le moderne en est contaminé. Un autre passage de Valéry dit : « L'homme moderne est esclave de la modernité » (cité *ibid.*, p. 695). C'est que, comme le moderne, le nouveau a un sens objectif et un sens subjectif. De qui vient la surenchère. Ce qu'on a nommé la dialectique négative du nouveau.

La perversité qui retourne le nouveau en retour du même est précisément la tournure logique qui, au lieu de s'attacher à

97. Walter Benjamin, *Gesammelte Schriften, Das Passagen-Werk,* Francfort s/Main, Suhrkamp, 1982, Band v-2, p. 696 ; dans la section « Peinture Jugendstil, Nouveauté ».

ce qui apparaît, aux choses dans leur nouveauté, considère seulement le mécanisme de leur succession. La déception d'un sens n'y trouve que le retour du même : « répétition évidente et fatale des faits les plus lointains et des faits les plus récents » (citation de Rémy de Gourmont, *ibid.,* p. 676).

C'est l'amertume, mais aussi l'auto-condamnation, toutes deux situées sans doute, qui se dit comme sens du sens, et sens de l'histoire, chez Walter Benjamin, quand il écrit (*ibid.,* p. 676) : « Le " moderne " le temps de l'enfer. Les peines de l'enfer sont chaque fois ce qu'il y a de tout nouveau dans ce domaine. La question n'est pas que c'est " toujours de nouveau la même chose " qui arrive, encore moins qu'il s'agirait ici de l'éternel retour. La question est bien plus que le visage du monde, justement dans ce qu'est le tout nouveau, ne change jamais, que ce tout nouveau de part en part reste toujours le même. Cela constitue l'éternité de l'enfer. Définir la totalité des traits dans lesquels le " moderne " est empreint, s'appellerait représenter l'enfer. »

LE MYTHE DU NOUVEAU

> Tout le monde sait que l'étiquette art moderne n'a plus aucun rapport avec les mots qui la composent. Pour être de l'art moderne, une œuvre n'a pas besoin d'être moderne, ni d'être de l'art ; pas même d'être une œuvre. Un masque du Pacifique Sud, vieux de trois mille ans, répond à la définition du moderne et un morceau de bois trouvé sur une plage devient de l'art.
>
> HAROLD ROSENBERG, *La Tradition du nouveau,* déjà cité, p. 35.

Le nouveau est à la fois réel et mythique. Il a besoin de l'ancien, puisqu'il s'y oppose. Son surgissement est glorieux à la mesure du prestige de l'autre. Mobilisateur, il est héroïque. On attend du nouveau comme on attend un héros. Son accueil commence à son attente. Le nouveau est un renouveau.

C'est pourquoi il peut recourir à un passé illustre, pris comme emblème : les Romains pour les révolutionnaires. Mais ce n'est pas un mythe historique qui meut l'art ou la littérature. C'est pour retrouver la « nature » qu'écrivent Molière, Stendhal, Maupassant, Céline. Que la « nature » désigne chaque fois autre chose, signifie sa propre historicité. L'art et la littérature se répètent toujours en farce, comme l'histoire. Mais l'histoire politique seule, non l'art ou la littérature — que Rosenberg englobait dans une même tradition du nouveau, en désignant les « mouvements politiques de masse » — est le domaine où porte « tout cela a déjà eu lieu, à chaque fois au nom du nouveau »[98]. Où la phrase « au début, personne ne l'a pris au sérieux » (*ibid.,* p. 173) est un indicateur d'historicité. Indicateur du péril.

Harold Rosenberg faisait partir de Baudelaire la recherche du nouveau : « Il y a cent ans exactement, Baudelaire appelait les hors-la-loi du monde trop étroit de la mémoire à s'embarquer avec lui pour trouver du nouveau » (*op. cit.,* p. 9). Identification du nouveau au moderne qui provient, comme on sait, d'un amalgame étranger à Baudelaire. Cet amalgame compose le mythe du moderne, où le mythe de la rupture et celui du nouveau se rejoignent.

Les « absurdités », même « fécondes », que relevait Rosenberg dans les slogans *pour un art nouveau, pour une réalité nouvelle* n'étant des absurdités que selon une idée linéaire, et formelle, du passage de l'ancien au nouveau. Une croyance aux mots. Comme si *archaïque* signifiait réellement une antiquité, une origine dont nous serions éloignés, et indemnes. C'est donc le rationalisme qui relève comme une perturbation de l'ordre logique des choses : « Les superstitions les plus archaïques, les rites les plus primitifs ont été exhumés : la recherche des forces génératrices a fait une place aux masques de démons africains dans le temple des Muses, et introduit les mythes du zen et du hassidisme dans le dialogue de la philosophie » (ibid., p. 9). Ce rationalisme est aussi un hellénisme.

L'ambiguïté du moderne se double de l'ambiguïté du regard sur le moderne. Cette condition du « il faut reconnaître la physionomie d'une époque » (*ibid.,* p. 10) n'a pas changé. Pour Rosenberg, le nouveau était à la fois « la première tradition véritablement universelle », la « tradition vivante de notre temps », et d'un autre côté « la mystification assortie de scandale moral (ou de reddition morale) accompagne chaque mouvement neuf en art, chaque nouvelle fusion en politique. La caste des intellectuels, encombrée d'élucubrations sans fin touchant le passé, devient une caste de mystificateurs professionnels » (p. 10). De plus, la tradition vivante « est enterrée maintenant plus profond que jamais sous une propagande traditionaliste exploitant une large vague de doute et de regret » (p. 10).

98. H. Rosenberg, *La Tradition du nouveau,* p. 172.

Reconnaître la recherche et l'imposture, reconnaître les refus de reconnaître. Comme le note Adorno[99], un des tests du nouveau est la haine. Réaction du même contre l'altérité.

Un des effets du nouveau est de troubler la notion humaniste de style, telle que l'avait formulée un illustre *naturaliste*. Car ce terme, enfin, n'est pas innocent de la marque qu'il porte, des mobiliers qu'il qualifie, où il ferait mieux de rester assis, plutôt que de se porter sur l'art et la littérature. C'est qu'il contient, outre son motif de *nature*, un sociologisme sans sociologie. Un passage de l'individu au groupe. Une socialisation directe, qui en fait un « symbole de classement social »[100]. Pourquoi, très rigoureusement, et pour éviter un « malentendu intolérable », Charles Bally éliminait le « *style* d'un écrivain » (*ibid., p. 19*) de la stylistique.

C'est bien ce que disent les *-ismes* : un style. Une marque collective, d'époque. Impressionnisme, post-impressionnisme. Rosenberg remarque : les grandes œuvres se font « indépendamment du style en vigueur » (*ibid.*, p. 15). Le nouveau se faisant son chemin non contre la tradition, mais contre le « formalisme » (p. 18).

Le formalisme est plus qu'ambigu. Il contient en lui deux homonymes à sens contraire. Il est donc doublement polémique.

Les modernes désignent l'académisme, le conformisme, du terme *formalisme*. Les adversaires du moderne désignent le moderne comme un formalisme. De part et d'autre est supposée la dualité de la forme et du contenu.

Mais le formalisme, pour les traditionnalistes, est une forme sans contenu, un jeu individualiste. Ce qu'a été le point de vue national-socialiste, et ce qu'est encore celui du réalisme socialiste.

Le formalisme, pour les partisans du nouveau, c'est la socialisation déjà reçue, où dans des formes mortes passe le social sans l'individu.

De part et d'autre, le même dualisme du signe, où l'opposition de l'individu et du social — sans sujet — apparaît comme

---

99. *Théorie esthétique*, p. 34.
100. Charles Bally, *Traité de stylistique française*, Genève-Paris, Georg-Klincksieck, 1951 (1ʳᵉ éd. 1909), t. I, p. 10.

la théorie de la société dont est capable le signe. Sa force. Son formalisme.

Mais comme il y a aussi un académisme du moderne, produit par sa propre répétition, il y a un troisième formalisme. Résultat combiné des adorations et amplifications du moderne. Là, en toute authenticité, a lieu le déchet de l'époque. Sa formule : la poétique préalable à l'aventure. Effets sociaux, accrus par les moyens de masse : l'autorépétition, l'autosatisfaction, et le silence sur ce qui le conteste, mis hors communion.

Les sciences humaines, comme l'art et la littérature, connaissent ces épigonalismes. Confusions intéressées de l'autorité et de la maîtrise. La géographie des dogmatismes. Que reproduit la presse.

Le formalisme y prend trois acceptions nouvelles qu'il importe de distinguer. Parce qu'elles sont l'enjeu de stratégies intellectuelles et sociales.

Il me semble qu'il y a lieu de reconnaître un formalisme descriptiviste, qui appartient au fonctionnement même d'une théorie. Bien qu'objective, sa valeur n'échappe pas à un questionnement méta-théorique, comme celui qui porterait sur la division des grammaires en grammaires formelles et grammaires mentalistes. Effet de théorie du signe. Le formalisme structuraliste, ou générativiste, en sont des exemples.

Un autre, à la dérive du précédent, est un théoricisme abstrait, le développement d'une formalisation logique et d'une terminologie pour elles-mêmes, avec un minimum de pouvoir explicatif sur l'empirique. C'est le cas, le plus souvent, de ceux qui réduisent la littérature à des structures, et les poèmes à la métrique.

Le dernier, le plus récent, et très porté, est le nom que donnent à tout ce qui se désigne comme théorie, ceux qui rejettent toute théorie, qu'ils baptisent « inflation théorique ». Conséquence, sans doute, de la confusion des deux premiers dans un commun rejet. Bénéficiaire : l'empirisme, qui peut jouir ainsi, au nom du concret, avec bonne conscience, de sa carence théorique. De son éclectisme. Le moment du post-moderne.

L'époque n'est pas à la critique. Elle est au mélange des styles. La confusion comme un des beaux-arts. Mais c'est toujours dans le bruit de ce qui s'oppose au sujet que se fait le silence du sujet. À reconnaître, dans la surenchère du nouveau.

L'avant-garde et l'après

> Fais au moins quelquefois un effort de sin-
> cérité au lieu de te dissimuler dans le courant
> d'une époque ou dans un de ces groupes où
> par amitié, naïveté ou espérance, on s'unifie.
>
> HENRI MICHAUX, *Poteaux d'angle,*
> Gallimard, 1981, p. 28.

Les avant-gardes sont tellement une part constitutive de l'histoire du moderne qu'il va de soi, pour beaucoup, que l'avant-garde est la modernité, et la modernité, dans l'avant-garde.

C'est pourtant une évidence banale que bien de ceux qui ont fait ce qu'est pour nous la modernité, étaient des solitaires qui n'ont ni fondé ni dirigé un groupe, quand ils n'étaient pas hostiles à cette idée même, comme Baudelaire. C'est le cas de Gauguin, de Segalen. Rimbaud, Lautréamont. Apollinaire, Cendrars. Les amis groupés autour de Mallarmé ne font pas de son salon une avant-garde.

Puis il y a le cas des grands modernes, qui participent de la modernité : Proust, Joyce, Kafka... Si avant-garde et modernité étaient la même chose, il faudrait les exclure de la modernité, et la modernité elle-même ne serait plus ce qu'elle est.

Les avant-gardes, contrairement à leur nom, ne sont pas les premières. Ni les seules. À porter la modernité. De plus, remarque ancienne, la définition d'une avant-garde, qui est un *mouvement*, « ne convient jamais aux artistes les plus authentiques de ce mouvement », mais plutôt à ceux « de second plan »[101]. À vrai dire, c'est en même temps selon des périodes que s'est faite cette appartenance. Mais on sait bien qu'Éluard, par exemple, n'a cessé d'échapper à l'orthodoxie surréaliste. Baron et Alexandre la réalisent mieux qu'Aragon ou Desnos. Breton mis à part, les autres ont surtout traversé le surréalisme.

Les avant-gardes, pas seulement en art ou en littérature, aussi en sciences humaines — en linguistique, en sociologie, en histoire — ont multiplié « les styles vingtième siècle » (*ibid.*). Comme Rosenberg impliquait que l'art moderne était aussi devenu un « art du moderne » (*ibid.*), la pensée moderne est aussi devenue une pensée du moderne.

L'identification de la modernité et de l'avant-garde, outre qu'elle efface la discontinuité interne de la modernité, et la discontinuité entre les avant-gardes, au profit d'une fabrication imaginaire, qui universalise l'avant-garde, oublie que la distribution dans le temps et dans l'espace, et la valeur, du terme *avant-garde*, est loin d'être partout la même.

C'est d'abord une notion française[102], depuis le XVIe siècle, mais surtout la Révolution. Elle implique un mouvement, vers le progrès, en groupe. En Italie, le mot vient de France vers 1890. En Russie, le terme est resté exclusivement politique, et on a parlé d'« art de gauche »[103]. En Allemagne, il n'a pas été du vocabulaire expressionniste. Il apparaît chez Benjamin pour la première fois en 1929, mais en parlant du futurisme, de Dada et du surréalisme[104]. En Angleterre, le mot n'apparaît pas « avant les années 60 environ »[105]. Vers 1910-1920, on disait *ultra-modern, advanced, modernist* ou simplement *modern, new*. En Espagne et en Amérique latine, on a parlé de *modernismo* à partir de 1890, et *vanguardia* apparaît en 1919[106] et surtout à partir de 1925, mais il est apolitique. À

101. H. Rosenberg, *La Tradition du nouveau*, p. 23.

102. Dont l'histoire et la répartition sont étudiées dans « Le mot et le concept d'avant-garde », *Les Avant-gardes littéraires du XXe siècle*, déjà cité, vol. I, p. 17-72. Le « schéma linguistique du terme » en France est étudié par Robert Estivals, p. 17-24.

103. D'après l'étude du terme dans le domaine russe, par Mihai Novicov, *ibid.*, p. 32-41.

104. D'après l'étude sur le domaine allemand d'Ulrich Weisstein, *ibid.*, p. 50.

105. D'après John Fletcher, *ibid.*, p. 55.

106. D'après Gustav Siebenmann, *ibid.*, p. 61.

travers une question de mot, le rapport de la modernité au groupe, et de l'art ou de la littérature à la politique apparaît chaque fois autrement, selon les cultures.

L'emploi au singulier de *l'avant-garde* est déjà une universalisation, à la française, sans lien avec la diversité de sa valeur, de son histoire.

Ce n'est pas « liquider l'héritage des avant-gardes »[107], qu'examiner l'historicité réelle des pratiques et des notions. Quand Lyotard impute aux liquidateurs de vouloir « suspendre l'expérimentation artistique » au nom d'un « rappel à l'ordre, un désir d'unité, d'identité, de sécurité » (*ibid.,* p. 17), quand il en conclut que l'oubli des avant-gardes « condamne à répéter sans aucun déplacement la "névrose moderne ", la schizophrénie, la paranoïa, etc., occidentales, source des malheurs que nous avons connus pendant deux siècles » (*ibid.,* p. 126), il présuppose, avec l'ambiguïté postmoderne sur laquelle je reviendrai plus loin, que la modernité et l'avant-garde sont une seule et la même.

Or il n'a pas cru devoir définir l'avant-garde. Mais le moderne consiste, selon lui, à « présenter qu'il y a de l'imprésentable » (p. 27) — l'« allusion à quelque chose qui ne se laisse pas rendre présent » (p. 31).

On y reconnaît le type de définition, très répandu vers 1960 dans l'avant-garde parisienne, de la modernité en art et en littérature comme *présentation* opposée à la littérature et à l'art de *représentation*. Définition issue de l'opposition, chez Mallarmé, entre la suggestion et l'« universel reportage ». Définition sans pertinence pour la modernité spécifiquement, car l'art de tout temps, pas seulement le moderne, mais avec des modalités variables, fait voir de l'invisible à travers le visible, penser au bord de l'impensable, entendre l'indicible. Découverte portée à un état particulier de conscience chez Mallarmé. Mais pas invention.

Cet état de la définition, ou de l'indéfinition, caractérise la fusion entre modernité et avant-garde — ce dernier comme terme générique.

Fusion qui est l'état commun de l'opinion, chez les poètes « d'avant-garde » en France. Opinion en crise : « Ce qu'on a

107. Jean-François Lyotard, *Le Postmoderne expliqué aux enfants,* Galilée, 1986, p. 18.

appelé et ce qu'on appelle encore modernité n'est, à mon avis, qu'une suite de malentendus[108]. » Qui tiendraient à l'impossibilité de sortir du surréalisme, d'« assumer l'ensemble de sa langue et l'ensemble du corps culturel et historique de cette langue ». Élitisme, ésotérisme issus de Mallarmé. (Reniement caractérisé.) « Et on entre alors dans le délire de la modernité, qui est un délire formel. » (p. 4) Mais la crise ne comporte que deux positions : la « position académiste » (le sentimentalisme), et la « position avant-gardiste ». Selon le dualisme très XIXe siècle du rationnel et de l'irrationnel, dans les notions les plus vieillottes de *prose* et de *poésie*, celles du binaire, et le concept structuraliste démodé de *langue* : « La poésie est une forme qui touche à l'irrationalité de la langue, au contraire de la prose qui touche à sa rationalité. » (p. 5) Ce portrait en forme d'impasse ne peut donc aboutir qu'à sortir de la poésie : faire du roman, écrire sur la peinture... On voit ce qu'est ce mal dont souffre l'avant-garde : un manque mortel de modernité.

Jude Stefan tentait de retourner en interprétation sacrificielle la métaphore militaire de l'avant-garde. Il la définit : « Ceux qui se font tuer souvent pour les autres, en poésie comme en peinture, les suiveurs, le gros de la troupe, qui ramassera et utilisera les restes des éclaireurs[109]. » Mais ce n'est pas ainsi.

Ce sont bien ceux qui risquent, qui sont les seuls ou les premiers à faire ce qu'ils font, qui font réellement quelque chose. Et les « continuateurs », qui sont inexistants. Sociologiquement, c'est autre chose.

Puis, pour définir cette asocialité qui est de l'écriture (à ne pas confondre avec celle de l'individu), le modèle du futurisme italien revient : activisme, antagonisme, nihilisme, agonisme. La lutte pour le nouveau, le mythe de la rupture, l'agressivité et le groupe. La fin des avant-gardes n'a pas modifié l'idée de l'avant-garde. Là où la confusion est dénoncée, c'est pour passer du « retrait des dogmatismes »[110] à l'« ouverture » comprise comme « éclectisme ».

108. Marcelin Pleynet, « Langues vivantes/langue morte », revue *Cratère*, no 10, 1986, « Rapports à la modernité », p. 3.
109. Jude Stefan, « La question de l'avant-garde », *la N.R.F.* no 342-343, juillet-août 1981, p. 135.
110. Par exemple par Jacques Henric, dans *Art press* no 100, février 1986, p. 23.

La fusion de la poétique et de la politique a constitué l'avant-garde. Métaphore militaire d'origine, c'est surtout, à travers Saint-Simon, une métaphore sacerdotale, progressiste. Dans l'utopie sociale, les artistes et les écrivains ont un rôle d'« éclaireurs »[111]. Thème constant chez Hugo.

Ce lien au progrès est ce que Baudelaire a en horreur dans l'avant-garde. Et rabat la métaphore sur le militaire. Qui devient terme d'insulte au socialiste. Dans son article de 1851 sur « Les drames et les romans honnêtes », il rejette les « erreurs semblables » des « deux écoles : l'école bourgeoise et l'école socialiste. Moralisons ! moralisons ! s'écrient toutes les deux avec une fièvre de missionnaires. Naturellement l'une prêche la morale bourgeoise et l'autre la morale socialiste. Dès lors l'art n'est plus qu'une question de propagande ». Vers la fin de son « Théophile Gautier » (VI), de 1859 : « L'Industrie et le Progrès, ces despotiques ennemis de toute poésie. » Jusqu'au passage fameux de *Mon cœur mis à nu* (XXIII) écrit vers 1864, où Baudelaire ironise plus encore sur le caractère *français* de la métaphore que sur son caractère militaire, puisqu'il le souligne (le « belge » faisant un superlatif de la péjoration que Baudelaire mettait dans « français ») : « De l'amour, de la prédilection des Français pour les métaphores militaires. [...] *Métaphores françaises.* [...] Les littérateurs d'avant-garde. Ces habitudes de métaphores militaires dénotent des esprits, non pas militants, mais faits pour la discipline, c'est-à-dire pour la conformité, des esprits nés domestiques, des esprits belges, qui ne peuvent penser qu'en société. »

On voit avec quel éclectisme, et jonglerie, des modernes se réfèrent à Baudelaire à la fois pour la modernité et pour l'avant-garde, mêlant ce qu'il séparait, et donnant au mot un sens tout autre.

La politisation du langage de l'art comporte une très remarquable inversion des rôles. Entre l'histoire de l'art et l'histoire de la politique[112]. Le vocabulaire de la gauche pour dire la nouveauté en art. Mais les hommes politiques de gauche, au xixe siècle, conservateurs en art. L'art nouveau défendu par

111. André Chastel le rappelle dans « Nouveaux regards sur le siècle passé », article cité, p. 79.
112. Étudiée par Francis Haskell dans « L'art et le langage de la politique », *Le Débat* n° 44, mars-mai 1987, p. 106-115.

les hommes de droite. Ce schéma a beaucoup d'exemples. Il commence, semble-t-il, vers 1820. Stendhal écrit, dans son *Salon de 1824* : « Mes opinions, en peinture, sont celles de l'extrême-gauche[113]. » Baudelaire écrivait dans « Richard Wagner et Tannhäuser (II) » : « Ainsi nous avons déjà vu à Paris l'évolution romantique favorisée par la monarchie, pendant que les libéraux et les républicains restaient opiniâtrement attachés aux routines de la littérature dite classique. » Puisqu'il avait « fallu en France l'ordre d'un *despote* pour faire exécuter l'œuvre d'un révolutionnaire ». Durand-Ruel, le marchand qui lançait les impressionnistes, était royaliste. Rochefort, ancien communard, méprisait cette peinture. Lénine n'aimait guère au-delà de Pouchkine.

C'est cependant la politisation verbale avant-gardiste qui prédomine chez Adorno. Voilà Rimbaud d'avant-garde. Adorno parle du « postulat rimbaldien de la conscience la plus progressiste d'un art dans lequel les procédures techniques les plus avancées et les plus différenciées s'interpénètrent avec les expériences elles-mêmes les plus à l'avant-garde et les plus diversifiées »[114]. Jusqu'à contre-lecture de Rimbaud, pour ce qui est de rivaliser avec l'industrie, car il continue : « Mais celles-ci, en tant que sociales, sont critiques. Cet art moderne doit se montrer à la hauteur de la grande industrie, non pas se contenter de la manipuler. » *(ibid.)*

L'effet en retour de cette politisation est de rabattre Baudelaire sur l'art pour l'art — malentendu, ou plutôt fabrication inverse du mythe de l'avant-garde : « le principe de l'art pour l'art — qui prévaut en France depuis Baudelaire » *(ibid., p. 313)*. Adorno est trompé par la notion marxiste d'*autonomie* (p. 314), obstacle à la notion de *spécificité*. D'où quelque inexactitude à dire : « Le fait que les œuvres refusent la communication est une condition nécessaire et non pas la condition suffisante de leur essence non idéologique » *(ibid., p. 314)*. Le mode établi de communication est ce qu'une œuvre refuse, pour en inventer un autre. Le sien. Cette défensive de l'art, cette requête de spécificité est implicite, contre les « critiques utilitaires », dans ce qu'on a appelé l'art pour l'art. Qui n'est pas le même chez Théophile Gautier, et chez Baudelaire.

113. Cité par Fr. Haskell, p. 109.
114. Adorno, *Théorie esthétique*, p. 52.

Il est vrai que les circonstances du XXᵉ siècle, la répression nazie de l'« art dégénéré » particulièrement, ont paru donner raison à la solidarisation avant-gardiste du poétique et du politique : « Le lien de l'attitude socialement réactionnaire avec la haine envers le modernisme artistique, qu'éclaire l'analyse du caractère soumis à l'autorité, s'alimente à partir de la propagande fasciste ancienne et nouvelle et se confirme également par la recherche sociale empirique » (*ibid.*, p. 311). Mais une même et autre répression est précisément fondée sur la désolidarisation des deux — l'accusation de formalisme (art bourgeois occidental décadent), en Russie soviétique depuis 1930, en Chine pendant la révolution culturelle surtout, mais encore maintenant à travers l'anti-occidentalisme.

Le lien entre la révolution poétique et la gauche politique n'existe pas dans toutes les avant-gardes. Le futurisme italien, donné pour modèle universel, n'est pas seulement *devenu* fasciste : son programme idéologique, dès 1909, et son activisme, sont préfascistes. Dada, et l'expressionnisme, politiquement, sont d'abord, sinon uniquement, une révolte contre la guerre, contre la société qui l'a produite. Seul le surréalisme a réalisé, un temps très court, le moment fort de cette association. On sait comment la chose a échoué. Ce qui n'a pas empêché le mythe de reprendre, quand l'avant-garde française était maoïste.

Le succès du mythe est plus grand encore auprès des adversaires de l'avant-garde. Le mythe réécrit l'histoire, au prix de quelques retouches chronologiques, chez Jean Clair, quand il note qu'on « n'a peut-être pas assez remarqué » que l'avant-garde en Russie eut un développement « quasiment contemporain du *Proletkult* qui s'opposait à elle, et du développement de la théorie de l'*idéinost*, la conformité à l'esprit de parti, garant de la correction idéologique. *Proletkult* et *idéinost* donneront naissance, de leur conjonction dans les années 20, au dogme du réalisme socialiste »[115].

Mais les premiers groupes futuristes en Russie commencent en 1910, et le *proletkult* se développe à partir de 1917. Quant au réalisme socialiste, il est formulé pour la première fois en 1932[116]. Il n'y avait déjà plus d'avant-garde depuis plusieurs

115. Jean Clair, *Considérations sur l'état des Beaux-Arts,* déjà cité, p. 76.
116. Article « Socialističeskij realizm », dans la *Kratkaja Literaturnaja Enciklopedija,* Moscou, éd. Sovetskaja Enciklopedija, 1972, t. 7.

années. On veut prouver que, malgré leur opposition apparente, avant-garde et réalisme socialiste « se ressemblent non
seulement en ceci qu'ils se développèrent simultanément,
mais qu'ils se développèrent en conformité avec le même
schéma temporel, la même vision téléologique »[117]. Il n'en est
rien. Si on lit le poème de Maïakovski « La IVᵉ Internationale »[118], de 1922, l'utopie et la satire, loin de « fétichiser
l'Histoire », sont en conflit violent avec elle. Sans parler des
petits poèmes satiriques. Et « brûler » Pouchkine, c'était
revendiquer de ne plus écrire comme lui. Une *métaphore*...

Mais l'anti-moderne n'entend pas les métaphores. Il les réalise. Il lui suffit d'évoquer le stroboscope pour se convaincre
que la prolifération accélérée des formes en Occident équivaut
à l'uniformité figée du réalisme socialiste : « Une véritable
conjuration de l'éthique protestante du capitalisme et de la
morale contristée du communisme se nouera dans les années
20 pour supprimer de la terre cette anomalie vestigielle, ce
scandale moral que l'art représente[119]. »

L'*image* du stroboscope fait toute la démonstration. Bien
que peu de choses contrastent autant que la diversité de la
création formelle d'un côté, la monotonie académique de
l'autre, l'anti-moderne y voit, à l'Est comme à l'Ouest, « les
deux aspects, inversés mais symétriques, d'un seul et même
phénomène, [...] instruments d'ordre et non de désordre [...]
dont la destinée [...] est forclose, prédéterminée qu'elle est par
une seule et même caste de technocrates » (*ibid.,* p. 80). Ce qui
s'appuie sur la coïncidence suivante : en 1947, Jdanov publie
Sur la littérature, la philosophie et la musique ; en 1946, est
nommé au musée d'Art Moderne de New York un directeur
des expositions itinérantes, afin de démontrer que New York
est devenu la capitale de l'expressionnisme abstrait, et que ce
dernier était « le seul mouvement d'importance qui fût né
après guerre » (*ibid.,* p. 82). Un après-guerre nouveau-né en
1946.

Bien qu'il y ait peu en commun entre la Terreur physique à
l'Est et cette géo-politique de l'art, sans oublier la guerre

---

117. *Considérations sur l'état des Beaux-Arts,* p. 77.
118. Je renvoie à l'étude que j'en ai faite dans *Les États de la poétique,* p. 240-
259.
119. *Considérations sur l'état des Beaux-Arts,* p. 97.

froide, l'équivalence — fictive — est obtenue en mêlant le discrédit de la figuration, l'abstraction « art officiel », avec l'opération New York-fin-de-l'Europe. Mais le discrédit de la figuration n'a pas attendu le *diktat* (*ibid., p.* 83) de New York, ni l'après-guerre. Il est pris selon une causalité sociale directe, la culturalisation de l'art. Qui feint d'oublier qu'il y a une histoire *interne* de la peinture. Comme Saussure parlait de linguistique interne. L'effet de mode et de fascination exercé par les grands abstraits n'est pas assimilable à un « dirigisme » (*ibid., p.* 93).

Les distorsions de dates et la causalité directe ne suffisant pas au « parallélisme des deux situations » (*ibid., p.* 83), la dernière touche est apportée par un placage de Max Weber : il y aurait une affinité entre « l'esthétique abstraite américaine » et « l'étendue des pays protestants », de la Suède aux Pays-Bas, à la Suisse (alémanique) et à l'Allemagne : « Si calvinisme et capitalisme sont liés, liées aussi l'éthique protestante et l'esthétique abstraite » (*ibid., p.* 92). Mais c'était aussi l'étendue de l'expressionnisme. Il est vrai qu'il est protestation, sinon protestant... La « réaction passéiste », depuis, en Allemagne, faisant paraître le « modèle avant-gardiste international » comme un « cache-misère » (*ibid., p.* 93). Toute cette construction ne tient que d'analogies et de confusions, mobilisées par un mythe.

Il s'agit toujours d'une relation directe sinon causale, entre l'art, la littérature et la société, pour l'avant-garde au sens de la solidarité des révolutions. De même, dans la notion marxiste de reflet. Là est la différence fondamentale entre l'avant-garde et la modernité. Leur radicale opposition.

Elle tient dans le combat moderne pour la spécificité. Notion socialement vulnérable, que les socialismes du XIXe siècle et d'après ont systématiquement travestie, et méconnue sous les appellations successives de l'art pour l'art et de l'autonomie.

C'est ce procès en spécificité qui est en jeu quand « les auteurs " modernes " au sens le plus général (Baudelaire, Mallarmé, Rilke, Proust, Gide, Joyce par exemple) rejettent toute perspective historique et politique comme étant parfaitement étrangère et inadéquate à la création d'un ordre esthétique », alors que « les écrivains d'avant-garde, quant à

eux, prétendent que leurs œuvres ont une portée sociale précise et même, dans certains cas, un sens politique »[120]. Aucun
débat sur la relation entre l'art et la société n'a peut-être été
plus mal engagé, et n'a eu de conséquences aussi graves. Où
Victor Hugo — généralement peu revendiqué parmi les modernes — tient justement, il me semble, à sa manière, ce qui
manque le plus à la vision avant-gardiste comme à ceux qui la
condamnent, le sens d'une solidarité interne entre le poème,
l'éthique et l'histoire.

Car le sens, qu'il soit poétique, éthique, politique n'est pas
et ne peut pas être, dans l'ordre de la spécificité des œuvres, ni
du causal ni du délibéré. À quoi se ramène le débat de l'utilité
sociale. Où l'intention, bonne, serait aussi externe qu'un mot
d'ordre. De ce point de vue, l'avant-gardisme est une méconnaissance volontariste. L'exemple classique du « sens
politique » de l'œuvre de Balzac, différent de celui de l'individu Balzac, règle la question. Baudelaire a raison. La formule
de l'*art pour l'art,* que déjà Hugo ne comprenait pas, est typiquement une déformation tendancieuse, comparable, pour sa
nocivité, au travestissement que Marx fait de l'anarchisme en
individualisme.

Dans la réalité, beaucoup plus nuancée que cette réduction,
une fois de plus, au dualisme, les œuvres des « modernes » ont
des rapports variés avec, par exemple, l'anarchisme ou le nihilisme. Même quand il y a activisme, il n'est pas comparable
chez Fénéon, Marinetti ou Khlebnikov. Et s'il s'agit de
« régénération de la culture »[121], pourquoi écarter Dos-
toïevski ou Tolstoï ?

Le postulat, et l'efficacité, des avant-gardes étaient récusés
par la critique marxiste. Trotski, dans *Littérature et révolution,*
oppose le « nihilisme de la bohème » au « révolutionnaire
prolétarien ». L'avant-garde, pour Trotski, est l'individualisme bourgeois qui croit s'opposer à la bourgeoisie. Les analyses de Sartre dans le tome 3 de *L'Idiot de la famille,* et dans
son *Mallarmé,* ne disent pas autrement. Il y a hétérogénéité
entre la socialité politique et la socialité de l'invention artistique et littéraire. Cette hétérogénéité est telle qu'il n'y a, non

120. Charles Russell, « La réalisation critique de l'avant-garde », *Les
Avant-gardes littéraires au XXᵉ siècle,* t. 2, p. 1124.
121. Ch. Russell, déjà cité, p. 1124.

plus, aucune pertinence à rappeler que Marx avait, en art, un goût conservateur. Le goût de Marx ne prouve rien contre l'art.

Même, et autre, hétérogénéité avec la psychanalyse. Freud aussi a un goût traditionnel. Il n'a, non plus, aucune prétention. Ne cherche pas dans le fonctionnement de l'inconscient une analogie archéologique avec la « philosophie de Winckelmann »[122]. Cette analogie tient dans le jeu de langage, la métaphore : « la dynamique de l'enfouissement » (ibid.). Mais on ne saurait comparer, ou additionner, ici, Marx et Freud, sous prétexte qu'ils partagent (seul Marx légifère sur fond de logique hégélienne, pas Freud) une ignorance de l'art qui leur est contemporain.

D'autres anti-avant-gardes encore présupposent l'identité de l'avant-garde et du moderne. Julien Benda a eu la poétique de son éthique. La défense des valeurs universelles, éternelles, abstraites ne pouvait que rejeter les valeurs du moderne. Jean Paulhan, opposant avec ambiguïté la Terreur et la Rhétorique, réduisant subtilement la Terreur elle-même à une rhétorique, à un formalisme de la chasse au cliché, et enfin à une erreur sur le langage, exerçait lui aussi une forme d'anti-moderne.

Les artistes du XIXe siècle sont plutôt des « indépendants »[123]. Avant-garde signifie groupe, et chefferie. Agressivité organisée. Qui ne prend pas seulement l'aspect de l'« expédition punitive » futuriste, mais plus encore celui de l'action publicitaire. Le groupe est groupe de pression. Ce mérite particulier ne peut se contester à Marinetti. Agression, aliénation : le groupe est isolé. André Chastel y met des nuances : « L'aliénation est souvent subie, elle peut aussi être recherchée : Van Gogh, Gauguin ; mimée : Picasso ; moquée : Lautrec. Autant de notions à affiner[124]. » Sans entrer dans le détail des cas particuliers, il y a lieu de distinguer entre une asocialité non délibérée, irréductible, et le volontarisme tactique de certains groupes. Où certains, devant l'absence de « critères du contemporain », poétiquement, voient, en pragmatiques, le critère de la modernité dans la « décision de groupe, ou de gang »[125].

122. J. Clair, Considérations sur l'état des Beaux-Arts, p. 40.
123. Comme le rappelle Pierre Vaisse, dans « L'esthétique XIXe siècle : de la légende aux hypothèses », Le Débat no 44, p. 95.
124. A. Chastel, « Nouveaux regards sur le siècle passé », déjà cité, p. 79.
125. J. Roubaud, « Poésie, et l'extrême contemporain », déjà cité, p. 42.

Ce n'est pas seulement un homme du XIXe siècle qui parle dans : « Il ne peut y avoir de progrès (vrai, c'est-à-dire moral) que dans l'individu et par l'individu lui-même. Mais le monde est fait de gens qui ne peuvent penser qu'en commun, en bandes. [...] Le vrai héros s'amuse seul[126]. » Fragment d'une éthique du poème. De même quand Apollinaire écrit, en s'écartant de Marinetti : « Je suis cependant d'une époque où mes camarades et moi nous n'aimions point nous ranger ni à la suite de quelqu'un ni en groupes arrivistes[127]. » Une certaine modernité s'est compromise, poétiquement, en faisant intervenir le pouvoir sur l'opinion parmi les critères du moderne. Mêlant le mondain à l'art. Bénéficiaires du moment. Ne voyant pas qu'ils prennent l'actuel pour le moderne. Ces petits pouvoirs font les grands oublis.

D'ailleurs, particularité très française. Rivarol pas mort. Qui s'universalise, en identifiant l'avant-garde et la modernité.

Les Allemands sont loin de faire ainsi. Conséquence de la définition sociologique par le groupe[128]. Donc Kafka, Ernst Bloch, Brecht, Kraus, Musil, ayant mené des aventures isolées, ne sont pas d'avant-garde. Walter Benjamin, dans son projet d'une « histoire primitive de la modernité » (*Urgeschichte der Moderne*)[129], partant de Baudelaire, subordonne l'avant-garde à la modernité. La modernité est pour lui la découverte d'un fonctionnement : celui de l'origine dans le quotidien. Chez Klee, et Kafka, en lequel Benjamin voit « un des très rares points de jonction entre l'expressionnisme et le surréalisme »[130].

L'expressionnisme, comme refus d'unité, rejette la définition de l'avant-garde. Un texte de 1913 dit : « *Wir sind Einzelne, die sich hier in gleichem Streben zusammentun, um doch Einzelne zu bleiben* — Nous sommes des individus, qui ici dans un même effort nous rassemblons, pour rester quand même des

126. Baudelaire, *Mon cœur mis à nu*, IX.

127. G. Apollinaire, *Les Soirées de Paris*, 15 juin 1914.

128. Où se tient Peter Bürger, dans *Theorie der Avantgarde*, Francfort, Suhrkamp Verlag, 1974, p. 44, 123.

129. Je crois qu'il vaut mieux éviter de dire « archéologie du moderne », pour ne pas fausser Benjamin en le lisant à travers un terme, une notion marqués par Michel Foucault. Ce que fait, malgré ses précautions, Marc Sagnol dans « Walter Benjamin entre une théorie de l'avant-garde et une archéologie de la modernité », *Weimar et l'explosion de la modernité*, déjà cité, p. 252.

130. Marc Sagnol, *op. cit.*, p. 247.

individus[131]. » L'expressionnisme lui-même ne paraît pas à Ulrich Weisstein un dénominateur commun suffisant pour *Der Sturm* et *Die Aktion*.

Ce refus, d'où provient la difficulté à se définir qui, du point de vue unitaire de l'avant-garde, paraît si caractéristique de l'expressionnisme, est ce qui, paradoxalement, l'éloigne de l'avant-garde pour le rapprocher de la modernité.

C'est sans doute un des éléments qui, en plus de l'hétérogénéité des avant-gardes entre elles, peut rendre compte du silence français, en particulier des surréalistes, sur l'expressionnisme « allemand ».

Selon la représentation mythique-unitaire de l'avant-garde, celle-ci est née du « rapport nouveau à la durée que l'abandon du présent comme référent avait créé »[132]. Abandon du présent *pour le futur.* D'où l'« art » serait (*ibid., p. 37*) « condamné à osciller sans fin entre les ombres du passé et les chimères du futur ».

Ce qui est à la fois le produit d'une généralisation du futurisme, et d'une extrapolation à partir de Mondrian, Malevitch, Kandinsky. Ce n'est vrai ni de Dada, ni de l'expressionnisme, ni du surréalisme, ou du cubisme. Catégorisation non seulement chimérique, mais inconsistante, puisque dès que les peintres « sont les plus grands », elle les laisse échapper en admettant qu'ils « se renfermeront dans le moment présent ».

On ne peut pas mieux séparer, involontairement, l'avant-garde et la modernité. Car la temporalité mythique de l'avant-garde consiste dans l'opposition du passé au futur, du « recul » et de l'« avancée ». Son temps est linéaire. Or les masques africains d'Apollinaire et de Derain ne sont pas un recul, mais un ailleurs. Le temps de la modernité est le présent.

Subversion, expérience des limites, ces expressions si rebattues par lesquelles l'avant-garde se désignait elle-même comme le mouvement par lequel la modernité progresse sans s'arrêter, ne disent, en plus de leur suffisance, que le battement

131. Rudolf Leonhardt, « Über Gruppenbildung in der literatur » [Sur la formation de groupes en littérature], *Das neue Pathos* I, 1913, p. 31 — cité par Ulrich Weisstein, « L'expressionnisme allemand », dans *Les Avant-gardes littéraires au XXe siècle*, p. 226.

132. J. Clair, *Considérations sur l'état des Beaux-Arts,* p. 36.

du dualisme : l'ancien, et le nouveau. Le classique (quelque peu indifférencié de l'académisme), et le moderne. Sans voir que cette opposition même est une vieillerie. Jusqu'au moment où le moderne, rattrapé à son tour, est relégué au passé par le post-moderne.

Le classique et le moderne

La représentation bloquée par excellence de la modernité est dans cette dualité. Dont l'avant-gardisme se poursuit jusque dans le post-moderne.

Lyotard définit le classique comme le respect des règles de la répartition en « genres de discours »[133]. Et le moderne comme l'infraction. Comme ce qui multiplie les « infractions », aux règles de la poétique et de la rhétorique classiques. Le paradigme *traditionnel* de la *norme* et de l'*écart*. Le moderne — la surprise. Le classique, donc, serait ce qui a cessé de surprendre... Cette définition couplée suppose qu'il y aurait *deux* types d'œuvres : celles de l'accomplissement des règles, celles de l'infraction des règles ou de l'invention de règles nouvelles.

Confusion complète du classique et de l'académisme. Car cette définition du classique est intenable. Les formalistes russes, analysant les effets d'étrangeté (*ostranenie*), les opposaient au langage ordinaire, et ne faisaient pas cette erreur. Ni Apollinaire avec sa définition de la « surprise ».

Car la poétique des œuvres est telle qu'une œuvre n'existe que si elle invente ses propres règles. Trouvez-moi un exemple du contraire. Au regard, à la lecture de les découvrir. La preuve la plus banale en est bien qu'il n'y a pas deux œuvres semblables. Sinon dans la répétition socialisée de « règles » éprouvées ailleurs, par quoi se définit l'académisme, et qui interdit de le confondre avec le classique. Curieusement, la

133. J. Fr. Lyotard, *Le Postmoderne expliqué aux enfants,* déjà cité, p. 72.

définition de Lyotard est typiquement *néo-classique*. Et répète en même temps les idées de l'avant-garde des années 60.

Le moderne, « l'infraction moderne », redoublant son sens comme essence de l'infraction et caractère du contemporain, amène à un superlatif implicite : l'infraction est le moderne par excellence.

Ce caractère est transhistorique : « Avec Auerbach, je classerais Augustin parmi les modernes, à côté de Rabelais, Montaigne, Shakespeare, Sterne, Joyce ou Gertrude Stein[134]. » Où se produit l'effet de sens connu — la compréhension diminue à mesure que l'extension s'accroît. Il s'ensuit une dilution du sens. Telle, que le vague se pose en stratégie de fuite. Le dualisme, dans le tournis des notions. Définition postmoderne[135].

Définition que sous-tend le mythe de l'opposition entre l'ordre, et le chaos ou désordre. Qu'on trouve aussi chez Rosenberg : l'esprit moderne « tend à briser l'ordre, même l'ordre expressif »[136]. Le paradoxe de cette définition du mouvement est la fixité du schéma qui organise la représentation.

Si la théorie traditionnelle est dans le dualisme du signe, et ses effets, une théorie critique du langage, et de la société, suppose celle du dualisme. Suppose dans la modernité une critique du signe. Une pensée qui le déborde. Comme à tout moment le langage, l'empirique le débordent. Mais le signe est vieux. Il ne voit ni n'entend plus guère. Que lui-même.

Les grands modernes sont donc ceux qui lui échappent. Qui ne se laissent pas réduire. C'est Benveniste, dont la théorie du langage n'est ni formelle, ni mentaliste, et qui tient ensemble, en les renouvelant l'une par l'autre, la philologie et la linguistique générale — qui presque partout ailleurs se séparent en deux, chacune fermée à l'autre, jusqu'à l'ignorance dogmatique.

---

134. J. Fr. Lyotard, *op. cit.,* p. 72.

135. Comme point de comparaison, je citerai une définition plus classique du classique, celle que donne Gianni Vattimo comme « un des concepts centraux de l'herméneutique gadamérienne » : « L'œuvre d'art classique est en fait celle dont la qualité esthétique est reconnue comme historiquement fondatrice », par son effet sur le goût, le langage, « et donc finalement sur les cadres d'existence des générations à venir ». Dans Gianni Vattimo, *La Fin de la modernité, Nihilisme et herméneutique dans la culture post-moderne,* Paris, Éd. du Seuil, 1987, p. 128 (éd. italienne, Garzanti, 1985).

136. H. Rosenberg, *La Tradition du nouveau,* p. 52.

Le moderne pris comme paradigme du chaos opposé à l'ordre fait, naturellement, la difficulté d'admettre qu'il peut y avoir des modernes de l'ordre, du « camp de l'Ordre »[137]. T. S. Eliot. Ou Claudel. Il y a une incompatibilité constitutionnelle entre un traditionnalisme et la modernité, qui empêche de concevoir qu'il peut seulement en faire partie.

La modernité n'est pas l'enfer, comme disait Walter Benjamin. L'enfer, c'est le signe. Il manque terriblement de rythme. Il ne connaît que le schéma, le binaire : une métrique du temps, du social, du langage. Sans sujet. Le moderne, c'est le rythme. Par quoi le sujet de la modernité, le sujet de l'historicité sont le même.

Le pluriel et le sériel

Contre l'opposition duelle de l'art et de la vie, de la raison et de la déraison, de la prose et de la poésie, l'hétérogénéité qui les sépare ou leur unité interne, la modernité a inventé des techniques de brouillage, de mixage. La modernité fait apparaître la non-unité de l'unité.

Le collage, le montage sont spécifiquement modernes. Michel Décaudin définit le collage : « l'introduction ponctuelle d'un ou de plusieurs éléments extérieurs dans un texte »[138], et le montage : « ensemble de collages formant une structure autonome ». Diversement, du moderne au postmoderne, ces pratiques continuent. Non sans poser le problème de la répétition des avant-gardes par les néo-avant-gardes.

La modernité des années 1910-1920 est inséparable de cette transformation du visuel. Transformation des rapports entre le visible et le lisible. Extraits de journaux, publicités, dans les tableaux comme dans les textes. Les cubistes disaient « papiers collés ». Cette époque peut difficilement ne pas nous apparaître comme l'âge épique de la modernité, puisqu'elle a inventé la plupart des formes dans lesquelles nous vivons.

En poésie avec le poème-conversation, l'inclusion de « l'universel reportage » et la fragmentation, la pluralité interne du texte qui en résulte, d'Apollinaire à William Carlos

---

138. Michel Décaudin, « Collage, montage et citation en poésie », dans *Collage et montage au théâtre et dans les autres arts durant les années vingt*, La Cité-L'Âge d'Homme, 1978, p. 33.

Williams. Dans le récit, les textes de Döblin et de Dos Passos. En philosophie, dans la discontinuité de la citation chez Walter Benjamin, dans le *Passagen-Werk* — il est vrai, œuvre interrompue — qui fait une poétique de l'histoire comme déchet, décomposition. Et, loin d'être le bricolage que certains y voient, serait plutôt ce qu'Ernst Bloch, à propos de *Sens unique*, appelait un « surréalisme philosophique », une « pensée en forme de passage », un « montage photographique »[139]. Ce travail avait commencé dans les parodies invisibles de Lautréamont. Il se poursuivait dans l'inversion de textes de Valéry par Breton et Éluard dans *Notes sur la poésie*. Le rejet de l'intrigue, du héros, dans le roman. Le montage « vise à délier le roman de l'idéologie bourgeoise »[140].

Il y a eu la nouveauté de ces techniques. De l'ironie de l'urinoir de Duchamp. Le problème, depuis, est la répétition de l'ironie. On a structuralisé, grammaticalisé le collage, le montage, l'anti-art. Les techniques sont devenues des procédés, au lieu d'être des moyens, au sens de Reverdy. C'est-à-dire des éléments dans le système d'une œuvre. Où les techniques n'apparaissent pas dans leur uniformité, mais dans leur variété : « Le montage de Poudovkine est très différent du montage d'Eisenstein, lequel est très différent du montage de Dziga Vertov[141]. »

Ailleurs, une continuité entre des ordres jusque-là discontinus : entre le langage et la peinture. Le continu du rythme, contre le discontinu des signes. La modernité est une redécouverte du continu. C'était déjà le *suggérer* de Mallarmé. L'effet du primat consonantique dans l'écriture de Gerard Manley Hopkins, Khlebnikov, Claudel — qui en fait la théorie. Et prépare la reconnaissance de la signifiance dans le discours.

Y voir un irrationnel, opposé au rationnel du signe, serait précisément ne pas sortir du signe, voir le langage et les rythmes du point de vue du signe. Il s'agit, au contraire, d'une

---

139. Cité par Josef Fürnkäs, « *La Voie à sens unique* weimarienne de Walter Benjamin », dans *Weimar ou l'explosion de la modernité*, p. 255.

140. Jean-Pierre Morel, « Montage, collage et discours romanesque dans les années vingt et trente », dans *Collage et montage...*, p. 68.

141. Jean Mitry, « Problèmes fondamentaux du montage au cinéma dans les années vingt », *ibid.*, p. 81.

critique de la raison du signe, par et vers une raison du rythme.

Le structuralisme appliqué au collage a produit une écriture sérielle. Tout ce que la structure implique d'élimination du sujet y est reporté. Les ruses de la combinatoire fabriquent un golem du sens. Et refont, à leur insu, l'opposition ancienne entre la déraison et la raison.

Nul n'est sûr d'être moderne. De le rester. De seulement savoir ce que c'est. Nous ne faisons que tourner autour. Nous cherchons des garants. Baudelaire est le premier.

Mais ce qu'on en tire ne lui ressemble plus beaucoup. La modernité a déjà une histoire. Tant d'homonymes traversent le mot de modernité. Qui disent tout autre chose que Baudelaire. Alors, pourquoi encore Baudelaire ?

Le texte de lui qu'on cite toujours est si connu. Une familiarité partielle et illusoire a établi un consensus qui empêche de revoir avec précision ce que dit Baudelaire. Et cette précision est indispensable, non seulement pour ce que lire veut dire, mais pour notre propre sens, le sens de notre modernité.

On répète que Baudelaire est le premier chez qui, comme écrit Habermas, « l'expérience *esthétique* et l'expérience *historique* de la modernité se fondent »[142]. Mais on ne prend pas garde que *modernité* n'a pas le même sens chez Baudelaire, et dans la confusion actuelle qui sert de vulgate.

Chez Habermas, le terme n'a rien à voir avec celui de Baudelaire. J'y viens plus loin. L'hommage se trouble quand Habermas ajoute que le sens du temps qui « fonde l'*affinité* du *moderne* avec la *mode* » chez Baudelaire est « encore une fois radicalisé dans le surréalisme » (*ibid.*, p. 18). C'est chez Baudelaire que la relation est la plus intense. Dans le surréalisme, la modernité a d'autres ingrédients.

Aragon, dans son « Introduction à 1930 » ne prenait à

---

142. J. Habermas, *Der philosophische Diskurs der Moderne*, déjà cité, p. 17.

Baudelaire qu'un point de départ, « cette inquiétante et frivole histoire des chapeaux changeants »[143] pour reconnaître les symboles d'une époque, la « tendance créatrice de mythes » (p. 61), chercher un « élément commun » à la pensée contemporaine et aux « objets du modernisme » (p. 63). Il le trouvait dans « un certain machinal », qui le menait au « déterminisme social ». C'est la modernité de la *vie moderne* qu'il veut comprendre. Où il trouve « le secret du moderne et de son évolution » (p. 63). Il ne s'agit nullement de la modernité dans l'art.

La modernité Baudelaire est-elle encore moderne ? A-t-elle, comme dit Michel Leiris, cessé d'être moderne ? Reste-t-elle en nous comme un des éléments qui nous composent ? La rupture, le nouveau ont peu de rapports avec elle. L'avant-garde, encore moins.

En tirant de Baudelaire, pour intituler une exposition récente, les quatre termes « l'époque, la mode, la morale, la passion », on a procédé comme si le sens était une propriété des mots, en oubliant la signification, les contextes[144]. On a déshistoricisé le sens.

Inversement, en rappelant que ces mots viennent de Baudelaire, on ramène Baudelaire à l'*esprit du temps*, à Taine : « Il y a, en effet, comme chez Hippolyte Taine, la croyance un peu entêtée que chaque siècle, chaque peuple, chaque lieu sécrètent, comme inéluctablement, l'expression de leur beauté et de leur morale. Il y aurait donc un esprit du temps[145] ! » La métaphore végétale, biologique *(sécréter)* est tout à fait dans le biologisme de Taine. Rien de cela chez Baudelaire, qui parle au contraire de l'effort de l'artiste. Rien non plus du dogmatisme (et du racisme) du discours « scientifique » de Taine. Baudelaire déteste l'application de la science sur l'art. Ce qui lui épargne — ces sciences de l'homme étant *naturelles* — de naturaliser l'art. Biologiser l'histoire. Baudelaire a seulement, d'intuition, et au contraire de Taine, le sens de l'historicité de la vie, et de l'art. L'autre a l'historicisme.

143. *La Révolution surréaliste* nº 12, 15 décembre 1929, p. 57.

144. Dont l'importance est connue-méconnue : le mot *contexte* apparaît quatre fois (p. 21), cinq fois (p. 23). Mais il s'agit des situations sociales, non du langage. (Référence à la note suivante.)

145. Bernard Ceysson, dans *L'Époque, la mode, la morale, la passion, Aspects de l'art d'aujourd'hui 1977-1987*, Éd. du Centre Pompidou, 1987, p. 16.

La modernité Baudelaire

notion stimulante mais caduque que je
renonce à mettre en avant, la modernité
— hors jeu en ces temps haïssables où pareille
façon de voir s'avère luxe passé de mode ou
note fausse qui ne fait que blesser l'oreille,
tant il faudrait d'étourderie pour lire selon
une grille de cette espèce (l'actuel et ses
ensorcellements, l'inactuel sans éclat) un
monde que nos moyens massifs d'information
montrent décidément chargé d'horreur et
prêtant à l'écœurement jusqu'à l'éblouisse-
ment — n'a-t-elle pas, camouflet à son nom
même, cessé d'être moderne ?

MICHEL LEIRIS, « Modernité,
modernité », *La NRF*, n° 345, 1er
octobre 1981, p. 31.

On fait dire à Baudelaire, on fait dire à Rimbaud, sur la
modernité, ce qu'ils n'ont pas dit. La modernité est syncrétique. Elle brasse ses définitions successives comme si elles
étaient toutes à la fois contemporaines et compatibles. S'il y a
une historicité du moderne, elle sera plus intéressée à les différencier qu'à les confondre. Elle est directement intéressée à
relire Baudelaire.

Baudelaire ne parle pas d'abord de l'art. Il parle de la vie.
S'il y a une historicité de la beauté, c'est que d'abord il y a une
historicité de la vie.

En 1846, il intitule « De l'héroïsme de la vie moderne » la

section XVIII du *Salon* où il évoque le « côté épique de la vie moderne », pour « affirmer que puisque tous les siècles et tous les peuples ont eu leur beauté, nous avons inévitablement la nôtre. Cela est dans l'ordre »[146]. Dès 1846 Baudelaire a sa théorie du beau, sa modernité, et déjà un développement ironique sur l'habit, « cet habit tant victimé », l'habit noir et la redingote. Il continue, au même endroit : « Toutes les beautés contiennent, comme tous les phénomènes possibles, quelque chose d'éternel et quelque chose de transitoire — d'absolu et de particulier. La beauté absolue et éternelle n'existe pas, ou plutôt elle n'est qu'une abstraction écrémée à la surface générale des beautés diverses. »

Ce ne serait rien d'autre que le couple aristotélicien du général et du particulier. Une pensée toute classique. Mais ce qui est nouveau, c'est qu'elle soit portée sur le devenir de la vie. Le mot *moderne*, chez Baudelaire, désigne d'abord et dans la plupart de ses emplois les « sujets modernes » : « Le spectacle de la vie élégante et des milliers d'existences flottantes qui circulent dans les souterrains d'une grande ville — criminels et filles entretenues — la *Gazette des Tribunaux* et le *Moniteur* nous prouvent que nous n'avons qu'à ouvrir les yeux pour connaître notre héroïsme. [...] Il y a donc une beauté et un héroïsme modernes[147] ! » Beauté de la vie. Non de l'art.

L'art est mis au défi de la *comprendre* : « Il y a donc des artistes plus ou moins propres à comprendre la beauté moderne. » Qu'il définit comme invisible à travers le visible : « La vie parisienne est féconde en sujets poétiques et merveilleux. Le merveilleux nous enveloppe et nous abreuve comme l'atmosphère ; mais nous ne le voyons pas [...] mais il y a un élément nouveau, qui est la beauté moderne » (*ibid.*, p. 302). Beauté qui n'est pas de l'ordre de l'aspect, mais morale. André Breton, dans le premier *Manifeste*, écrivait : « Baudelaire est surréaliste dans la morale. » Son héros, « le plus romantique et le plus poétique » de ses propres personnages, est Balzac.

Quand *moderne*, dans le *Salon de 1846*, en vient à qualifier la peinture, le mot a une valeur double — celle de contemporain

146. Je cite les textes de Baudelaire dans l'édition des *Œuvres complètes* dirigée par S. de Sacy, Paris, Le Club du Meilleur livre, 1955, 2 vol. Ici, t. 1, p. 299.
147. *Salon de 1846*, XVIII (t. 1, p. 301).

et celle de romantique, qui se rejoignent jusqu'à se confondre, puisque le contemporain, alors, *est* le romantique : « Qui dit romantisme dit art moderne, c'est-à-dire intimité, spiritualité, couleur, aspiration vers l'infini, exprimées par tous les moyens que contiennent les arts » (II, p. 221). Delacroix est le « chef de l'école moderne » (IV, p. 227). Même valeur en littérature : dans son article « *Madame Bovary* par Gustave Flaubert », tel épisode est « véritablement *moderne* » (V, t. 2, p. 60).

Quand la valeur chronologique est la plus forte, ou la seule, *moderne*, chez Baudelaire, est chargé de tout son rejet de l'époque. C'est un terme *péjoratif*. Emploi qui domine dans la première section du *Salon de 1855* intitulée « Méthode de critique. De l'idée moderne du progrès appliquée aux Beaux-Arts. Déplacement de la vitalité ». La proximité avec *progrès* suffit à changer la valeur du mot : « Une erreur fort à la mode, de laquelle je veux me garder comme de l'enfer. Je veux parler de l'idée du progrès. [...] cette lanterne moderne jette des ténèbres sur tous les objets de la connaissance » (I, t. I, p. 484). Et encore : « Idée grotesque, qui a fleuri sur le terrain pourri de la fatuité moderne » (*ibid.*).

Dans le contexte, la mode est incluse dans le rejet. La métaphore éclairante des Lumières est inversée, ce binarisme moral de l'ombre et de la clarté qui oppose, selon une coutume linéaire, l'obscurantisme des temps sombres du Moyen Âge à la clarté du rationalisme — la clarté *française*[148].

Le moderne s'inverse en *décadence* : « Cette infatuation est le diagnostic d'une décadence déjà trop visible » (*ibid.*, p. 485). C'est que le progrès, purement matériel, « la vapeur, l'électricité et l'éclairage au gaz », entraîne une confusion entre « l'ordre matériel » et « l'ordre spirituel ». Le « tout bon Français » qui y croit est « tellement américanisé par ses philosophes zoocrates et industriels qu'il a perdu la notion des différences qui caractérisent les phénomènes du monde physique et du monde moral, du naturel et du surnaturel » (*ibid.*).

Contre l'application de l'idée de progrès à « l'ordre de l'imagination », Baudelaire pose : « L'artiste ne relève que de lui-même » (p. 486).

---

148. Il est vrai que l'illuminisme, qui est contemporain des Lumières, jette des lueurs fuligineuses... Proche du *soleil noir* de Nerval.

Dès qu'il s'agit de la description des œuvres, *moderne* entre dans un autre jeu d'oppositions : il a son emploi classique, c'est-à-dire ici ancien, qui le définit par l'opposition à l'antique. Valeur double, donc : de chronologie, et de caractère. Parlant de « M. Ingres », il y voit « quelque chose d'analogue à l'idéal antique, auquel il a ajouté les curiosités et les minuties de l'art moderne » (II, p. 491). Valeur nullement propre à Baudelaire. Elle revient quand l'opposition revient. Comme dans « Richard Wagner et Tannhäuser » (IV, t. 2, p. 463-464), en 1861 : « Une ambition idéale préside, il est vrai, à toutes ses compositions ; mais si, par le choix de ses sujets et sa méthode dramatique, Wagner se rapproche de l'Antiquité, par l'énergie passionnée de son expression il est actuellement le représentant le plus vrai de la nature moderne. »

Dans le *Salon de 1855*, venant à Delacroix, pour répondre à une prétendue « laideur des femmes de Delacroix », *moderne* s'éloigne et du péjoratif et du binaire. *Moderne* ne retient de l'époque que la vie, résumée dans la femme, qui concentre l'historicité de la beauté : « M. Delacroix me paraît être l'artiste le mieux doué pour exprimer la femme moderne, surtout la femme moderne dans sa manifestation héroïque, dans le sens infernal ou divin. Ces femmes ont même la beauté physique moderne, l'air de rêverie, mais la gorge abondante, avec une poitrine un peu étroite, le bassin ample, et des bras et des jambes charmants » (III, p. 500).

Dans le *Salon de 1859*, le point de départ est la valeur péjorative de *moderne*. Non le rejet de l'époque : le rejet, spécifiquement, de l'*art* de cette époque ; rejet de « L'artiste moderne », titre de la première section. Où, dans « Le tempérament français moderne » (t. 2, p. 112), les deux termes de *français* et de *moderne* multiplient leur médiocrité — leur péjoration — l'un par l'autre. Plus loin Baudelaire écrit : « Je considère ces horreurs comme une grâce spéciale attribuée à la race française » (p. 120). L'époque, mais à travers l'artiste : « L'artiste, aujourd'hui et depuis de nombreuses années, est malgré son absence de mérite, un simple *enfant gâté* » (p. 115). Voilà pour l'institution, l'École, les prix, les commandes officielles[149] :

149. Cette sociologie de l'art au XIXᵉ siècle que notre modernité nous avait fait oublier, et que des études récentes d'historiens (ou des expositions : « La

« Que d'honneurs, que d'argent prodigués à des hommes sans âme et sans instruction ! » L'argent joue ici un rôle que notre modernité, sans rapport avec celle de Baudelaire, a amplifié. La « bêtise contemporaine » (p. 116) passe par l'argent « quand, à la même époque où un ravissant tableau de Delacroix trouvait difficilement acheteur à mille francs, les figures imperceptibles de Meissonnier se faisaient payer dix fois et vingt fois plus » (p. 116).

Le moderne contemporain en art est défini par Baudelaire : « Discrédit de l'imagination, mépris du grand, amour (non, ce mot est trop beau), pratique exclusive du métier » *(ibid.)*. Cela pour les nostalgiques du métier perdu. L'« abaissement » de l'art, c'est « l'artiste moderne », « l'artiste à la mode » (p. 117), qui « bouche son âme » au point que « par sa bêtise et son habileté il mérite le suffrage et l'argent du public ».

Le complément de l'artiste moderne est le *public moderne*, où le rejet du moderne rejoint le motif du progrès technique appliqué à l'art : la deuxième section s'intitule « Le public moderne et la photographie ». Complémentarité menée à son terme par Baudelaire. Inverse logique du *divorce* entre l'art, conçu autrement, et le public : « Si l'artiste abêtit le public, celui-ci le lui rend bien. Ils sont deux termes corrélatifs qui agissent l'un sur l'autre avec une égale puissance. Aussi admirons avec quelle rapidité nous nous enfonçons dans la voie du progrès (j'entends par progrès la domination progressive de la matière), et quelle diffusion merveilleuse se fait tous les jours de l'habileté commune, de celle qui peut s'acquérir par la patience » (p. 120). Occasion d'une charge contre « l'industrie photographique », « refuge de tous les peintres manqués » (p. 122). Le paradoxe de « l'industrie, faisant irruption dans l'art » (p. 123) est de renforcer l'idolâtrie de la *nature*. L'art « se prosterne devant la réalité extérieure » (p. 124). Par la « reproduction exacte de la nature » (p. 121). Le public moderne, « dans ces jours déplorables », est une « foule idolâtre », « la sottise de la multitude », des « insensés », « l'engouement du monde » où le « beau monde » rejoint

sculpture française au XIXe siècle », avril-juillet 1986) nous font redécouvrir. Mais en cherchant aussi à réhabiliter l'académisme et le néo-classique. Que rejetait Baudelaire.

l'« écrivain démocrate », unis dans la « Fatuité moderne »
(p. 122-123).

En contraste à ce diptyque, contre le moderne tout en extériorité, vient, avec la section sur l'imagination, la poétique de
Baudelaire. C'est une théorie du sujet : « L'artiste, le vrai
artiste, le vrai poète, ne doit peindre que selon ce qu'il voit et
qu'il sent. Il doit être *réellement* fidèle à sa propre nature » (III,
p. 125). La logique de la poétique étant celle du « *possible* »,
Baudelaire, énonçant que l'imagination est « positivement
apparentée avec l'infini » (p. 126), énonce implicitement que
le *sujet est apparenté avec l'infini*. Le raisonnement par lequel
Baudelaire y inclut l'esprit critique continue de confondre la
raison. Quand il écrit : « L'imagination, grâce à sa nature sup-
pléante, contient l'esprit critique » (p. 128). C'est hors de
tout critère d'époque, nécessairement fini, qu'il situe la critique. Il institue une extériorité entre la critique et le contemporain. Et comme c'est par l'imagination que Delacroix
« produit la sensation de nouveauté » (V, p. 143), qu'il
exprime « l'intime du cerveau », « l'infini dans le fini »,
il implique également, et corrélativement, que la subjectivité en
art, et la faculté critique, participent de l'infini.

L'époque, à la fois adversaire et adversité du sujet, fait aussi
la condition historique de ce retrait, qui a été lu, généralement, de manière banale, comme un individualisme, ou un
subjectivisme. Mais une *lectio difficilior*, plus féconde, y restitue l'éthique du sujet, que Baudelaire dit avec ses mots :
« Un artiste, un homme vraiment digne de ce grand nom, doit
posséder quelque chose d'essentiellement *sui generis*, par la
grâce de quoi il est *lui* et non un autre[150]. » C'est précisément
l'époque moderne — celle qui lui est contemporaine — qui
pousse Baudelaire à une conception aristocratique du sujet.
Parlant des eaux-fortes de Méryon : « C'est vraiment un genre
trop *personnel*, et conséquemment trop *aristocratique*, pour
enchanter d'autres personnes que celles qui sont naturellement artistes, très-amoureuses dès lors de toute personnalité
vive[151]. » Baudelaire a une conception héroïque du sujet.
Dans *Mon cœur mis à nu* (IX) : « Le vrai héros s'amuse tout
seul. »

150. Dans « Richard Wagner et Tannhäuser », IV (éd. citée, t. 2, p. 463).
151. Dans « Peintres et aquafortistes » (1862), t. 2, p. 583.

Hors de ce moment théorique qu'est le *Salon de 1859*, et avant d'en venir au *Peintre de la vie moderne*, on peut s'assurer que dans les autres contextes où apparaît *moderne*, il ne désigne, communément, que le contemporain : « Le vent du siècle est à la folie ; le baromètre de la raison moderne marque la tempête[152]. » Dans son article sur Banville en 1861, où la synonymie est patente, par superposition des deux termes : « Si l'on jette un coup d'œil sur la poésie contemporaine, et sur ses meilleurs représentants » et trois lignes plus bas : « La poésie moderne tient à la fois de la peinture, de la musique, de la statuaire, de l'art arabesque, de la philosophie railleuse, de l'esprit analytique, et, si heureusement, si habilement agencée qu'elle soit, elle se présente avec les signes visibles d'une subtilité empruntée à divers arts » (t. 2, p. 515-516). Un peu plus loin, il est question de Beethoven, Maturin, Poe et Musset. Baudelaire s'y inclut implicitement : « L'art moderne a une tendance essentiellement démoniaque » (p. 516).

Le moderne contemporain est celui aussi du rapport à l'histoire et au mythe. C'est la valeur de *moderne* dans l'étude sur *La Légende des siècles*, en 1861. Baudelaire parle d'une « connaissance absolue de tout le possible de la poésie moderne » chez Hugo, et il ajoute : « Ensuite, voulant créer le poëme tirant son origine ou plutôt son prétexte de l'histoire, il s'est bien gardé d'emprunter à l'histoire autre chose que ce qu'elle peut prêter à la poésie : je veux dire la légende, le mythe, la fable, qui sont comme des concentrations de vie nationale, comme des réservoirs profonds où dorment le sang et les larmes des peuples » (t. 2, p. 486).

Un contemporain, une histoire eux-mêmes situés dans le cycle mythique des âges de l'humanité calqué sur celui des âges de l'individu[153]. Ce moderne-là est le temps d'un déclin. En 1862 : « Depuis l'époque climatique où les arts et la littérature ont fait en France une explosion simultanée, le sens du beau, du fort et même du pittoresque a été diminuant et se

152. Dans « Théophile Gautier » (III), en 1859 (t. 2, p. 96).
153. « Mais il ne faut jamais oublier que les nations, vastes êtres collectifs, sont soumises aux mêmes lois que les individus. Comme l'enfance, elles vagissent, balbutient, grossissent, grandissent. Comme la jeunesse et la maturité, elles produisent des œuvres sages et hardies. Comme la vieillesse, elles s'endorment sur une richesse acquise », *Exposition universelle* — 1855, *Beaux-Arts*, I (éd. citée, t. 1, p. 486).

dégradant » (t. 2, p. 578). En 1863, dans « L'œuvre et la vie d'Eugène Delacroix » : « Ne savons-nous pas que la saison des Michel-Ange, des Raphaël, des Léonard de Vinci, disons même des Reynolds, est depuis longtemps passée, et que le niveau intellectuel général des artistes a singulièrement baissé ? » (*ibid.*, p. 649). Dans *Fusées* (XV), un passage commence par : « Le monde va finir[154]. »

Le peintre de la vie moderne[155] commence par l'opposition entre les anciens et les modernes, sur le thème « moderne » (au sens de la Querelle) que Bossuet et Racine, Titien et Raphaël n'épuisent pas l'art. Mais Baudelaire déplace l'opposition banale en voyant dans « les poëtes et les artistes classiques » une « beauté générale ». Sa position n'est pas celle de Perrault. Non seulement elle n'est plus le contraste du présent au passé, mais elle n'est plus non plus celle de la supériorité des modernes.

Baudelaire passe du mode majeur au *mode mineur*. Il cherche à montrer que « tout n'est pas dans Raphaël, que tout n'est pas dans Racine, que les *poetae minores* ont du bon, du solide et du délicieux » (t. 2, p. 585). Il veut réhabiliter le « *second ordre* ». C'est pourquoi il ajoute : « Pour tant aimer la beauté générale qui est exprimée par les poëtes et les artistes classiques, on n'en a pas moins tort de négliger la beauté particulière, la beauté de circonstance et le trait de mœurs » (*ibid.*). Opposition des grands et des *petits maîtres*. Il s'agit de *peinture de genre*. Ce que le premier titre envisagé montrait — en minorant le projet lui-même.

Baudelaire ne cherche pas à renverser la hiérarchie. Mais il la déstabilise quand même, en reconnaissant, dans ce genre réputé mineur, le seul, en somme, à représenter le sentiment du temps. Puisqu'il s'agit de « la peinture des mœurs du présent ». Point de vue d'abord documentaire. C'est le présent du passé que montrent « les artistes pour qui il était le

154. Il me semble que c'est dans ce contexte, personnel et mythique à la fois, qu'il y a lieu de situer l'expression de Baudelaire à Manet, « vous êtes le premier dans la décrépitude de votre art », souvent citée comme un argument contre l'impressionnisme.

155. Paru en 1863, a dû être écrit de novembre 1859 à février 1860, donc peu de temps après le *Salon de 1859* — dans la suite du mouvement de théorisation. On sait que le titre a oscillé, de « M. Guys, peintre de mœurs » en 1859, à « Le peintre de la Modernité ».

présent ». Ce qui inverse d'avance le présent — « Il en est de
même du présent » — en passé futur. Dans le présent, Baudelaire est en train de découvrir le sujet : « Le plaisir que nous
retirons de la représentation du présent tient non seulement à
la beauté dont il peut être revêtu, mais aussi à sa qualité essentielle de présent » (p. 586). C'est-à-dire de passage du sujet.
Quoi d'autre, qui d'autre, passe, dans le présent ?

Baudelaire déplace la dualité initiale, mais il ne s'en défait
pas. À peine disloquée, elle se reforme autrement. Dans les
« gravures de modes » de la Révolution et du Consulat qui lui
fournissent le support de sa réflexion — et qui ne sont donc
même pas des œuvres mineures — le charme qu'il trouve est
« double, artistique et historique ». Dédoublement qui est
aussi celui de la « morale et l'esthétique du temps », prête à
virer « en beau et en laid ; en laid, elles deviennent des
caricatures ; en beau, des statues antiques » (p. 586). Où se
prépare la double postulation de l'éternel et du transitoire. La
« variété » ici est incluse dans une « composition double ».
Dans *L'Exposition universelle* de 1855 (I), il y avait seulement
« cette grâce divine du cosmopolitisme » solidaire de
« l'immense clavier des *correspondances* », le « beau
multiforme » qui « se meut dans les spirales infinies de la
vie », et qui s'oppose à « l'unité monotone et impersonnelle,
immense comme l'ennui et le néant » de l'art académique des
« professeurs-jurés » (t. I, p. 480-482).

De cette situation particulière, créée par le lien entre les gravures de mode et le sentiment du temps, sort l'historicité du
beau — « belle occasion, en vérité, pour établir une théorie
rationnelle et historique du beau, en opposition avec la théorie
du beau unique et absolu » (t. 2, p. 587). La logique classique
d'un schéma binaire organise le multiple (« la difficulté de dis-
cerner les éléments variables », « la nécessité de la variété ») et
l'unité (« beau unique et absolu », « bien que l'impression
qu'il produit soit une », « l'unité de l'impression ») dans
l'universel du double : « Le beau est toujours, inévitablement, d'une composition double. » L'historicité est-elle dans
la hiérarchie de l'ensemble, ou dans l'élément variable seul ?

Ici la phrase fameuse, qu'on sort de son contexte : « Le beau
est fait d'un élément éternel, invariable, dont la quantité est
excessivement difficile à déterminer, et d'un élément relatif,
circonstanciel, qui sera, si l'on veut, tour à tour ou tout

ensemble, l'époque, la mode, la morale, la passion. » C'est parce que la mode représente le plus transitoire, qu'elle porte, fragilisant ce que l'époque a de passager, la temporalité du beau. Mais cette temporalité n'est pas encore son historicité. Elle ne dit rien du sujet. Il y a, ou il peut y avoir, de la statue antique dans l'éternel. De la caricature, dans le transitoire.

On peut remarquer que le titre de l'exposition « L'époque, la mode, la morale, la passion », pour la période 1977-1987, voulant présenter la diversité de l'art contemporain, n'a retenu que le second élément, l'élément relatif du beau. Une moitié de la définition.

Baudelaire ajoutait : « Sans ce second élément, qui est l'enveloppe amusante, titillante, apéritive, du divin gâteau, le premier élément serait indigestible, inappréciable, non adapté et non approprié à la nature humaine. Je défie qu'on découvre un échantillon quelconque de beauté qui ne contienne pas ces deux éléments. » Qu'advient-il s'il manque le premier ?

Retenir le second seul, c'est retenir uniquement l'élément transitoire, de telle manière qu'on risque d'avoir l'historicisme sans l'historicité. L'historicité supposant la faculté de passer d'époque en époque, comme l'énonciation d'un texte qui dure implique une réénonciation indéfinie.

Le transitoire seul est le sociologisme. Soit du présent. Soit du passé. Tendance qui s'esquisse dans la muséographie contemporaine. La déperdition des critères spécifiques de l'art illustre la coupure en deux de la définition de Baudelaire.

Le musée parisien du XIXe siècle et l'exposition 1977-1987 font la même chose. Une documentation. L'absence du premier élément met sur le même plan les peintres pompiers et Delacroix. Donc les pompiers reprennent *plus* d'importance que Delacroix : *sociologiquement*. Inversement, cette absence retire à la production contemporaine un élément essentiel de la modernité Baudelaire. Il lui reste d'être seulement contemporaine.

Accessoirement — effet involontaire, donc comique — la référence à Baudelaire, et ainsi tronquée, met tout cet art contemporain dans la peinture de genre, œuvres mineures, du « second ordre ». Ce que ne méritent certainement pas les meilleurs.

L'effacement, aujourd'hui, du premier élément dans la définition de Baudelaire, n'est pas fortuit. Qui signerait encore, tel quel, cet « élément éternel, invariable » ? Notre musée mental s'est trop diversifié pour qu'on n'introduise pas du changeant dans l'éternel, de la diversité dans l'invariable. Rendant cet élément encore plus « difficile à déterminer ».

Baudelaire nous apparaît rattrapé par la statue antique. Immobilisé. Et cette statue est grecque, mais aussi c'est une Croix. Une dualité traditionnelle, plus puissante que son intuition de l'historicité : « La dualité de l'art est une conséquence fatale de la dualité de l'homme. Considérez, si cela vous plaît, la partie éternellement subsistante comme l'âme de l'art, et l'élément variable comme son corps » (p. 588). Théologie et anthropologie chrétiennes, modèle culturel, historique lui-même, que Baudelaire prend pour un universel, pour une nature, parce qu'il est dedans.

« Le beau, la mode et le bonheur » — titre de la première section du *Peintre de la vie moderne* — se termine en s'opposant à Stendhal : « Stendhal, esprit impertinent, taquin, répugnant même, mais dont les impertinences provoquent utilement la méditation, s'est rapproché de la vérité, plus que beaucoup d'autres, en disant que *le Beau n'est que la promesse du bonheur* » (p. 588). Baudelaire, qui identifie sa propre vision à la vérité, reproche à la phrase de Stendhal de *privilégier le second élément* : « Sans doute cette définition dépasse le but ; elle soumet beaucoup trop le beau à l'idéal infiniment variable du bonheur ; elle dépouille trop lestement le beau de son caractère aristocratique ; mais elle a le grand mérite de s'éloigner décidément de l'erreur des académiciens. » Le bonheur serait plus historique, plus variable que la beauté. C'est peut-être un effet de théorie du dualisme théo-anthropologique. Baudelaire tire vers le premier élément, qualifié d'« aristocratique ». Mais qui est aussi « l'erreur des académiciens ». Il n'avait pas cette restriction dans le *Salon de 1846* (II) où il renvoyait à Stendhal : « Il y a autant de beautés qu'il y a de manières habituelles de chercher le bonheur » (t. 1, p. 221). En 1859, il s'éloigne de Stendhal, il va vers la statue. Mais il ne s'agit, dans ce contexte, que du beau. Pas de la modernité.

Dans *Le Peintre de la vie moderne*, la vie est moderne. Pas le peintre. Ni l'art. Dans la seconde section, intitulée « Le croquis de mœurs », c'est « la vie triviale », « la vie moderne », en paradigme. Les gravures qui les représentent sont « cet immense dictionnaire de la vie moderne disséminé dans les bibliothèques, dans les cartons des amateurs et derrière les vitres des plus vulgaires boutiques » (t. 2, p. 589). Il y a opposition de motifs avec les « choses éternelles, ou du moins plus durables », « choses héroïques et religieuses ». Dans le « génie de l'artiste peintre de mœurs », Baudelaire voit « une bonne partie d'esprit littéraire ». Où se métaphorisent à tour de rôle les termes de poète, romancier, moraliste, peintre.

Il est remarquable que Baudelaire fasse un emploi *littéraire*, métaphorique, du mot *peintre* dans *Le Peintre de la vie moderne*, à propos de Constantin Guys, qui était dessinateur plus que peintre. Dans le cours de cette étude, il est surtout question de « dessins », non de peinture. La métaphore contribue à la théorie : elle insiste sur l'intériorité de la perception du temps. Et, débordant la peinture proprement dite, elle fait un *universel de modernité*. C'est qu'en faisant le portrait de celui par qui a lieu la modernité, Baudelaire parlait de lui-même. Il en était le sujet.

Si Baudelaire rapproche Gavarni, Daumier et Balzac, il met aussi ensemble les grands talents et les petits, « même Trimolet et Traviès, ces chroniqueurs de la pauvreté et de la petite vie » (p. 589). Preuve que son critère n'est pas *esthétique*. C'est vers la vie, la *petite* vie, qu'est tournée la phrase : « Il est le peintre de la circonstance et de tout ce qu'elle suggère d'éternel. »

Évoquant « l'artiste, homme du monde, homme des foules et enfant » (III), Baudelaire achève de mettre en place les conditions de la modernité : il y faut, le mot *artiste* ayant « un sens très-restreint », celui d'« *homme du monde* dans un sens très étendu » (p. 591) — « c'est-à-dire homme du monde entier » (p. 592) ; l'enfant : « l'enfant voit tout en *nouveauté* ; il est toujours *ivre* » (p. 593) — métaphore, et mythe fameux : « le génie n'est que l'*enfance retrouvée* à volonté » ; le *dandy* ; le flâneur : « *épouser la foule* » (p. 594) ; « l'amateur de la vie fait du monde sa famille » (p. 594), et « regarde couler le fleuve de la vitalité » ; enfin les « paysages de la grande ville » (p. 595). Ce sont les conditions qui définissent la *perception* de la modernité.

Baudelaire compose ce qu'il appelle la *modernité* — d'un sujet, d'une activité et d'un objet. Dont aucun n'est séparable des autres. Le sujet, fait de toutes les qualités qui viennent d'être énumérées dans la section III, est « ce solitaire doué d'une imagination active, toujours voyageant à travers *le grand désert d'hommes* » (p. 597). L'activité et l'objet : « Il cherche ce quelque chose qu'on nous permettra d'appeler la *modernité* ; car il ne se présente pas de meilleur mot pour exprimer l'idée en question. Il s'agit, pour lui, de dégager de la mode ce qu'elle peut contenir de poétique dans l'historique, de tirer l'éternel du transitoire. » Mais cet objet, qu'il faut tant de conditions pour percevoir et se représenter, n'existe pas dans les choses, il est *créé par cette activité*.

Ce dont l'illustration immédiate est fournie par la phrase suivante : « Si nous jetons un coup d'œil sur nos expositions de tableaux modernes, nous sommes frappés de la tendance générale des artistes à habiller tous les sujets de costumes anciens. » Dans « tableaux modernes », *moderne* a le sens chronologique de *contemporain*, à peu près interchangeable avec *actuel*. Quelques lignes plus bas : « Les peintres actuels, choisissant des sujets d'une nature générale applicable à toutes les époques, s'obstinent à les affubler des costumes du Moyen Âge, de la Renaissance ou de l'Orient. »

Ainsi, paradoxalement, pour Baudelaire, *modernité* et *moderne* n'ont plus entre eux un rapport immédiat et simple. Ils se séparent. Ils sont même, ici, radicalement opposés l'un à l'autre. La *modernité* est celle de la *vie* présente : le peintre dont il parle — c'est la clausule du texte —, « a cherché partout la beauté passagère, fugace, de la vie présente, le caractère de ce que le lecteur nous a permis d'appeler la *modernité*. Souvent bizarre, violent, excessif, mais toujours poétique, il a su concentrer dans ses dessins la saveur amère ou capiteuse du vin de la Vie ».

Ce n'est plus tout à fait le substantif de l'adjectif *moderne*. Le mot dit tout autre chose. Une chose qui est manquée, occultée par *moderne*, quand *moderne* équivaut à *actuel* et qualifie l'art contemporain qui ne sait pas dégager cette beauté. Baudelaire, en créant un concept nouveau de la modernité — « Créer un poncif, c'est le génie » (*Fusées,* XIII) — a créé une contradiction.

Mais il me semble aussi qu'il y a chez Baudelaire une autre contradiction, à la fois évidente et inapparente, entre les deux définitions successives qu'il donne de la modernité.

Dans la première, « tirer l'éternel du transitoire », l'éternel et le transitoire sont tous deux des composantes de la modernité, *l'éternel en fait donc partie*. Ce que disait déjà « la circonstance et tout ce qu'elle suggère d'éternel » (II, p. 589) et qu'exprime le verbe *extraire*, deux fois. À propos du costume contemporain : « S'appliquer à en extraire la beauté mystérieuse qui y peut être contenue » (p. 598), et : « En un mot, pour que toute *modernité* soit digne de devenir antiquité, il faut que la beauté mystérieuse que la vie humaine y met involontairement en ait été extraite » (p. 599). Et plus loin « M.G. » s'est « imposé la tâche de chercher et d'expliquer la beauté dans la *modernité* » (XII, p. 623). C'est *dans* que je soulignerais.

Dans la seconde définition, la modernité n'est plus un tout qui contient l'éternel et le transitoire. Elle n'est plus que le transitoire. L'éternel est un autre élément. Tous deux ensemble font l'art : « La modernité, c'est le transitoire, le fugitif, le contingent, la moitié de l'art, dont l'autre moitié est l'éternel et l'immuable » (p. 598).

Les deux définitions ont l'air de vouloir dire la même chose. Mais elles ne disent pas la même chose. La modernité était un tout, elle n'est plus qu'une partie, une « moitié ». C'est que dans la première définition, la modernité seule était définie. Dans la seconde, il s'agit de l'art. Et cette dernière reprend, en changeant les termes, la définition du *beau* au début du texte, qui juxtapose un « élément éternel », un « élément relatif ». Juxtaposition qui fait et maintient une dualité.

La première définition ne se met pas dans cette dualité : en tirant, en extrayant l'éternel *du* transitoire, elle fait de la modernité un tout indissociable, une contradiction tenue, un éclair qui dure. La possibilité même de l'historicité comme transhistoricité, l'énonciation comme transénonciation. Le moderne qui *reste* moderne. La double et inséparable historicité de la vie et de l'art.

La seconde définition, en faisant de la modernité seulement le transitoire, seulement une « moitié de l'art », rend concevable et possible leur séparation, et le dualisme traditionnel se reforme. La modernité, alors, peut n'être plus que la *vie présente*, ou le document. Non plus l'historicité, mais l'historique. Le « il y a eu une modernité ».

Ce dédoublement de la modernité apparaît bien dans les exemples de Baudelaire. Il ne montre pas Baudelaire pris en faute. Ou si c'en est une, elle le rend plus proche de nous encore, en ayant l'air de l'éloigner. Car ce n'est pas par la statue qu'il s'est laissé ici rattraper. Mais par la « petite vie ».

Ce que montre ce dédoublement, c'est *l'instabilité du concept de modernité* au moment même de son invention, et de son analyse.

Le document l'emporte dans la suite de l'étude, où le peintre est présenté comme « archiviste de la vie » (IV, p. 604) — « dans peu d'années, les dessins de M.G. deviendront des archives précieuses de la vie civilisée » (XIII, p. 629). Les catégories de la description sont des catégories sociales, des types, des rôles : le militaire, le dandy, la femme. Vus comme objets. Sur le même plan que les voitures (XIII). Leur caractère fait dire à Baudelaire qu'il y a un « idiotisme de beauté particulier à chaque époque » (VIII). Il parle du « tableau de la vie » (X) où la femme et la robe font « une totalité indivisible ». D'où « Éloge du maquillage » (XI), qui appartient à *La Pompe de la vie* (VIII). Mais aussi la « trivialité » de la vie (XII), la « beauté interlope », celle qui a « la beauté particulière du mal ».

À travers les « beaux portraits qui nous restent des temps antérieurs » apparaît l'historicité de la vie. Non du costume seulement, ce qui serait banal, mais des visages : « chaque époque a son port, son regard et son sourire ». Leur harmonie vient de ce qu'ils « forment un tout d'une complète vitalité » (IV. p. 598). Cette historicité du corps, Baudelaire est peut-être le premier à la dire ainsi : « Tel nez, telle bouche, tel front remplissent l'intervalle d'une durée » (p. 599). C'est la « vie extérieure d'un siècle » (p. 600), mais aussi « l'aspect vital » des « créatures ». Baudelaire revient fréquemment sur le « fantastique réel de la vie » (p. 600), la « beauté mystérieuse ». Le paradoxe de cette fascination, c'est qu'elle ne dit quelque chose de l'art qu'en fonction de sa représentation de la vie. La modernité de l'art est seulement alors de présenter le transitoire. Elle est elle-même du transitoire, promis à « devenir antiquité ». Cette modernité-là est tout autre que celle de ce qui *reste* moderne.

À vrai dire, je crois que Baudelaire ne fait que traverser l'art, et qu'il ne s'intéresse qu'à la vie. Le patronage qu'on va chercher en lui ne tient que d'amalgames avec d'autres moments de sa pensée, de ses poèmes. Il en résulte un malentendu sur lequel on se fonde pour réclamer son autorité, mais qui en même temps écrase la vulnérabilité du concept qu'il invente, et qui paraît ne subsister que comme un perpétuel état naissant.

Nous avons détourné la modernité de la vie pour ne vouloir que celle de l'art. C'est pourquoi le nouveau a pris cette place dans le moderne. Et, dernier paradoxe, il brouille ce qui faisait la force de Baudelaire, la modernité mise dans le sujet créateur et dans le regard.

Un slogan pour la modernité, c'est ce qu'a été le « il faut être absolument moderne » de Rimbaud, repris d'innombrables fois comme une injonction au dérèglement de tous les sens dont parle la lettre dite du Voyant : « Parole pénible à entendre dans sa vérité cinglante[156]. » Prophétisme d'une « religion de la modernité. Ce " il faut être absolument moderne " lancé par Arthur Rimbaud un jour d'ivresse ou de génie, mais qui, repris depuis, sans nuances, par tout ce que la France compte de jobards et de crétins, a fini par devenir l'une de nos pires idées reçues »[157]. Ou l'on confond la modernité poétique et la modernité totalitaire pour les rejeter ensemble. Qu'ils la suivent, la plupart, ou la récusent, tous s'entendent pour prendre cette phrase comme une « ultime injonction oraculaire »[158].

Un amalgame de Baudelaire et de Rimbaud inaugure cette tradition, indiscutée : « Nous devons à Baudelaire [...] la première approche, plus intuitive encore que théorique, de ce qui allait devenir après lui la vocation de *modernité* inhérente à toute entreprise artistique » (*ibid.,* p. 9-10). Être moderne,

156. Jude Stefan, « La question de l'avant-garde », article cité, p. 135.
157. Bernard-Henri Lévy, *Éloge des intellectuels*, Grasset, 1987, p. 107.
158. Claude Esteban commence par là « Inactuel et modernité », dans *Critique de la raison poétique*, Flammarion, 1987, p. 9. Un certain nietzschéisme dans la critique littéraire a contribué à y faire lire un appel, où la modernité est rabattue sur le nouveau et la rupture. Comme chez Paul de Man, dans *Blindness and Insight, Essays in the Rhetoric of Contemporary Criticism*, Londres, Methuen, 1983, p. 147 (1re édition : 1971, New York, Oxford U.P.).

c'est faire le travail du Voyant, « aggraver en soi jusqu'à l'hyperesthésie, jusqu'à la réceptivité panique, cette pulsion et cette compulsion de l'instantané » (*ibid.,* p. 11). Les « correspondances » de Baudelaire et le « *nouveau* », dernier mot des *Fleurs du mal*, préparent l'« alchimie du verbe ». Une involution poétique implicitement admise fait le progrès linéaire de l'histoire de la modernité écrite par elle-même, et menant jusqu'à elle : « La voix qui parle chez Rimbaud fomente une modernité à laquelle nous nous référons encore » (*ibid.,* p. 12).

La critique même de cette « adhésion à l'immédiateté du vécu », de ce vouloir « *achronique* » (*ibid.,* p. 12) sans rapport avec le « temps des autres », avec la « *ligne de vie* » (p. 13), critique des « griseries » (p. 16) de l'instant et des « artifices, quelque peu maniéristes, d'une modernité d'écriture » (p. 32) qui en sont l'effet, ne remet pas en cause le sens du slogan fondateur — dans l'analyse de la « constitution culturelle de cette modernité » (p. 13) : les « musées d'''art moderne '', sans relâche *actualisés* avec l'apport de l'immédiat » et qui oublient qu'« il ne peut y avoir de culture qui se fonde sur le critère unique de la simple contemporanéité » (p. 15).

Comme il est poétiquement incontestable qu'à Rimbaud, entre autres, « remonte dans notre poésie et dans notre expression du monde le vrai langage de la modernité » (p. 18) — « de notre modernité déclinante » (p. 39) — l'écriture de Rimbaud, son aventure, paraissent mettre hors de doute que la modernité avait, de naissance, son mot d'ordre le plus représentatif dans « il faut être absolument moderne ».

Il me semble bien, pourtant, qu'il y a eu un malentendu. Rimbaud n'a pas écrit « il faut être absolument moderne ». Au sens où on l'a pris. D'Adorno à René Char.

« Il faut être absolument moderne »,
un slogan en moins pour la modernité

> Il y a des mots qui possèdent pendant un temps variable une puissance incantatoire.
>
> Aragon, « Introduction à 1930 », *La Révolution surréaliste* n° 12, 15 décembre 1929, p. 57.

Phrase-drapeau, combien de fois agitée. Manifeste en raccourci du modernisme. Brève. Isolable, isolée.

Justement. On n'a pas pris garde que la valeur du mot *moderne* est péjorative, chez Rimbaud. Dans l'inclination même selon laquelle la modernité se penche sur elle-même, elle n'a pu choisir, dans l'ambivalence du terme, que la valeur laudative, placée sur l'esthétique.

Mais le *moderne* de Rimbaud vient au contraire, *dans le poème*, sonner la *fin* de la *saison* : « Oui, l'heure nouvelle est au moins très sévère[159]. » Fin des « paroles païennes » qui commençaient *Une saison en enfer* dans « Mauvais sang » (*ibid.*, p. 95). Le « sauvé » (p. 96) est le perdu, le « Maintenant je suis maudit » (p. 96) est celui qui est sauvé, poétiquement. Pour *nous*. Et qui écrit, prophétie privée, l'histoire de l'autre, « Les femmes soignent ces féroces infirmes retour des pays chauds » (p. 96), mêlée au programme en rêve : « Je reviendrai, avec des membres de fer, la peau sombre, l'œil furieux : sur mon masque, on me jugera d'une race forte. J'aurai de l'or : je serai

---

159. « Adieu », dans *Une saison en enfer*, Éd. de la Pléiade, p. 116.

oisif et brutal. Les femmes soignent ces féroces infirmes retour
des pays chauds. Je serai mêlé aux affaires politiques. Sauvé »
(p. 96).

Moderne, chez Rimbaud, pas plus que chez Baudelaire, n'a
une valeur d'exaltation, ni du présent ni de l'avenir. *Alchimie
du verbe* commence, à la troisième phrase, sur : « Depuis longtemps, je me vantais de posséder tous les paysages possibles, et
trouvais dérisoires les célébrités de la peinture et de la poésie
moderne » (p. 106). Compagnonnage sans équivoque, dans un
même rejet, dit et redit, qui oppose, comme dans
« L'impossible », l'Occident à l'Orient, les « souffrances
modernes » à la « patrie primitive » — « Pourquoi un monde
moderne, si de pareils poisons s'inventent ! » (p. 113).

Du côté du moderne, dans « Mauvais sang », c'est « la
nation et la science » (p. 95), « Le progrès. Le monde
marche ! Pourquoi ne tournerait-il pas ? » Dérision-rejet :
« La vie est la farce à mener par tous » et la clausule, où *français*, dans ce monde, a la valeur péjorative déjà chez
Baudelaire : « Ce serait la vie française, le sentier de
l'honneur ! » Dans toutes les poésies de Rimbaud, *moderne*
apparaît une seule fois, contexte et emploi de dérision, dans
« Les douaniers », v. 9 : « Ils signalent aux lois modernes les
faunesses. »

Moderne est du côté de la « Société », dans la première
« lettre du Voyant »[160], et s'oppose radicalement au
« *Voyant* ». *Moderne* est du côté du « français, c'est-à-dire
haïssable au suprême degré »[161].

Là où Rimbaud parle de ce que nous, aujourd'hui, nous
désignons du mot de *moderne* pour la poésie, il emploie le mot
d'*inconnu*, qui sort des catégories contemporaines : « Il s'agit
d'arriver à l'inconnu par le dérèglement de *tous les sens* »
(p. 249). *L'autre* de « Je est un autre » est du côté de
l'inconnu. Le « Poète » devient « entre tous le grand malade,
le grand criminel, le grand maudit — et le suprême Savant ! —
car il arrive à l'*inconnu* ! » (p. 251), dernière phrase que Rimbaud répète une ligne plus loin. Et « le poète définirait la
quantité d'inconnu s'éveillant en son temps dans l'âme

160. Lettre à Izambart du 13 mai 1871, éd. citée, p. 248.
161. Lettre à Demeny du 15 mai 1871, *ibid.*, p. 253. Deuxième « Lettre du
Voyant ».

universelle », « la femme trouvera de l'inconnu » (p. 252) et pour finir : « Les inventions d'inconnu réclament des formes nouvelles » (p. 254).

Cet inconnu est plus que le *nouveau*, qui peut en être une préparation, mais aussi un détournement, une contrefaçon : « En attendant, demandons aux *poètes* du *nouveau* — idées et formes. Tous les habiles croiraient bientôt avoir satisfait à cette demande. — Ce n'est pas cela » (p. 252-253).

Le « il faut être absolument moderne » se trouve dans « Adieu », poème clausule d'*Une saison en enfer*, juste après « Matin » : « Je crois avoir fini la relation de mon enfer » (p. 115). Après des évocations, « j'ai essayé d'inventer de nouvelles fleurs, de nouveaux astres, de nouvelles chairs, de nouvelles langues » (p. 116), qui mènent au constat : « Eh bien ! je dois enterrer mon imagination et mes souvenirs ! Une belle gloire d'artiste et de conteur emportée ! [...] je suis rendu au sol, avec un devoir à chercher, et la réalité rugueuse à étreindre ! Paysan ! » *Paysan* qui reprend les imprécations de « Mauvais sang » : « Maîtres et ouvriers, tous paysans, ignobles » (p. 94).

« Il faut être absolument moderne » est une phrase impersonnelle qui s'oppose, comme valeur du discours, aux emplois du *je*. Dans « Adieu », les *je* jouent un rôle actif, ils sont les créateurs de la vision, dite au passé continu du sujet (le « passé composé ») : « J'ai créé toutes les fêtes, tous les triomphes, tous les drames. J'ai essayé d'inventer [...], j'ai cru acquérir des pouvoirs surnaturels » (p. 116). Le *je* est associé à la poésie, à la vision. À la révolte — même impuissante : « Damnés, si je me vengeais ! », qui précède immédiatement, avec la pause rythmique d'un passage à un autre paragraphe, le « Il faut être absolument moderne ». Les *il faut*, dans *Une saison en enfer*, sont, comme la grammaire élémentaire le leur reconnaît, l'expression d'une obligation impersonnelle qui contraint le sujet, le subordonne à l'impératif en question. Cinq fois, cette phrase étant la dernière : « Je brûle comme il faut », dans « Nuit de l'enfer » (p. 100) ; « La vraie vie est absente. Nous ne sommes pas au monde. Je vais où il va [le « compagnon d'enfer »], il le faut », dans « Délires I, Vierge folle — L'époux infernal » (p. 103) ; « Je le suivais, il le faut » (*ibid.*, p. 104) et « il faut que je sache » (*ibid.*, p. 106). Le *il faut* signale que l'action se mène à partir d'un en dehors du sujet. Ici, un dehors qui écrase le sujet.

Le dehors de l'*enfer*. Sortie symétrique inverse du réveil de
« Mauvais sang » : « On ne part pas » (p. 96). La sortie du
« combat spirituel » (p. 117) est marquée par la fin des visions :
« Tous les souvenirs immondes s'effacent. Mes derniers regrets
détalent — des jalousies pour les mendiants, les brigands, les
amis de la mort, les arriérés de toutes sortes » (p. 116).

C'était la poésie, celle qui constitue par son récit même *Une
saison en enfer*. Par quoi « Adieu » dit un adieu à la poésie. Ce
qui fait du « Damnés, si je me vengeais ! » le dernier sursaut
de l'*enfer*. Après quoi « Il faut être absolument moderne » se
situe de ce côté-*ci* de l'enfer.

Dans, ou vers, le monde moderne. La société moderne.
L'enfer moderne. Envers de l'autre. L'enfer *réel*. Du côté de la
« punition » finale dont parlait « Mauvais sang », le côté du
« temps », du « Je m'y habituerai. Ce serait la vie française, le
sentier de l'honneur ! » (p. 99). Phrase-programme immédiatement suivie de « Point de cantiques : tenir le pas gagné »
(p. 117), au début du paragraphe où « je n'ai rien derrière moi,
que cet horrible arbrisseau », peut-être, évoque la situation du
prophète Jona, et qui se termine sur : « mais la vision de la justice est le plaisir de Dieu seul. » Le côté de la « veille », de la
patience, dans ce que celle-ci implique de passivité et de souffrance, de *passion* : « Et à l'aurore, armés d'une ardente
patience, nous entrerons aux splendides villes » (p. 117).

Les villes au passé étaient une part de la vision : « Dans les
villes la boue m'apparaissait soudainement rouge et noire
[...] » (p. 97). Les villes au présent sont encore dans la vision,
vers le début d'« Adieu » : « Notre barque élevée dans les
brumes immobiles tourne vers le port de la misère, la cité
énorme au ciel taché de feu et de boue » (p. 116). Les villes au
futur, « nous entrerons aux splendides villes » sont situées
hors du temps du poème.

Et « Il faut être absolument moderne » est une phrase pivotale, qui bascule vers le monde réel : « Recevons tous les
influx de vigueur et de tendresse réelle » (p. 117), sous le signe
d'une acceptation qui déplace la beauté, non sans quelque
volontarisme.

Acceptation corrélative de l'*adieu* à la poésie comme écriture
de la vision, que dit le poème, et qui est aussi écriture de la vie.

Aussi, contre l'opinion reçue et l'emploi glorieux communément fait de la phrase « Il faut être absolument moderne »,

préalablement isolée, et d'autant plus magnifiée qu'elle est isolée, contexte oublié, loin qu'elle claironne une proclamation de modernisme poétique, elle dit la dérision. Qu'accentue alors ironiquement le « absolument », en même temps qu'elle fait le jeu de langage du réalisme. L'acceptation, amère, du monde moderne.

Pur anachronisme, et effet du *sens des mots* seuls, y avoir vu ce que nous y projetons. Contre la signification, contextuelle-subjective. Non une déclaration conquérante, mais le jeu de langage de la contradiction qui, à tout moment, dans le rapport des forces inégal entre la vision et la « réalité rugueuse » du monde moderne, inverse le sens des intentions, le *sauvé* et le *perdu*, le « Car je puis dire que la victoire m'est acquise » (p. 116) en constat de défaite.

Mais la beauté, toute d'effet proche, effet du texte sur le sens des mots, beauté fragile de cette phrase fameuse, est d'autant plus forte, poétique mais tout autre, que celle d'un slogan, simplificateur et simplifié, maladie infantile de la modernité, mis dans la bouche du plus juvénile de ses héros.

Par quoi le moderne scientiste, optimiste, dans son syncrétisme naïf, en s'identifiant à l'avenir, s'adjoignait la poésie. La modernité célébrant son propre culte.

Le travail contre le moderne, leur contemporain, mené par Baudelaire et Rimbaud, a été réinvesti dans une modernité culturelle qui s'est approprié leur critique en la tournant à son avantage.

Signe distinctif : l'autodésignation, si fréquente dans les avant-gardes. Si être moderne, aujourd'hui, c'est se savoir et se vouloir à la fois ce qui fait l'actualité et ce qui la dépasse, réunir les avantages du présent et du passé et de l'avenir, Baudelaire, Rimbaud ne savaient pas qu'ils étaient modernes. Ce n'est pas étranger au fait qu'ils le sont, et le restent.

Il y a de l'insaisissable dans les termes qui disent ce rapport du pouvoir et du temps, cette labilité avec laquelle ils échangent leur valeur. Indice que ce sont des indicateurs de subjectivité. L'actuel repousse, mais suppose, l'inactuel, l'intempestif, qui ne se mesure pas et ne se contient pas, dans la mesure d'un temps. Négation objective : une absence. Négation subjective : une opposition. Un antiprésent.

Michel Foucault posait la question : « Qu'est-ce que c'est que notre actualité[162] ? » sans distinguer entre actuel et présent, et contemporain. Plus ou moins largement, ils partagent l'immédiateté du sujet. Mais actuel est ce qui fait le présent, et peut lui-même être présent ou passé. Le « parfait » grammatical, résultat présent d'une action passée. Terme réaliste.

Contemporain, objectivement chronologique, c'est-à-dire

---

162. Cours de Michel Foucault (1983), *Magazine littéraire* n° 207, mai 1984, p. 39.

non marqué[163], est débordé par ses acceptions subjectives, et marquées.

Celle d'un partage de valeurs qui ne sont pas du même temps, mais que le partage rend présentes pour un sujet. Elle donne lieu à un double jeu de langage, positif et négatif : en ce sens, « nos contemporains ne sont pas toujours ceux qu'on croit », et « Restif de la Bretonne est mon contemporain »[164]. Mais Baudelaire ne l'est pas de George Sand.

Celle d'une représentation de l'époque par excellence. Elle peut être laudative, désigner la création vivante du présent. Ou dépréciative. Menant à une contradiction avec la valeur chronologique et avec celle d'actualité subjective. Ainsi Jacques Réda écrit : « L'écrivain le *plus* contemporain est sans doute celui qui l'est *le moins*[165]. » Être inactuel, ou méconnu de son temps, pour être du présent de l'avenir. Ce que visait Stendhal.

Il y a des contemporains par l'affinité. Des contemporains par la haine. Hugo en est un bon exemple.

Pas plus qu'il ne suffit d'être contemporain pour partager des valeurs, il ne suffit d'être de la *même génération*. Notion qui à elle seule fait le retour de Sainte-Beuve : elle confond les individus et les œuvres. C'est l'âge des œuvres qui compte. Pourtant, on est les seuls à être vivants ensemble. Ce n'est manifestement pas une valeur[166]. Notion prête pour le conformisme. L'individu est le contemporain. Le sujet est le moderne.

Certains ont imaginé la notion d'*extrême contemporain*, sans doute pour mettre hors d'elle-même la notion de contemporain. Ce qui est très moderne : le moderne a un penchant pour l'extrême.

Jude Stéfan définit l'extrême contemporain, à la différence de l'avant-garde (« éclaireurs de la Littérature »), comme du

163. Jacques Réda observe, dans une lettre au *Français aujourd'hui* nº 75, sept. 1986, qu'en ce sens, le mot est « hostile par nature à l'emploi de comparatifs », p. 97.

164. Jean Ristat, *Qui sont Les Contemporains*, Gallimard, 1975, p. 89.

165. *Le Français aujourd'hui*, nº cité, p. 97.

166. Harold Rosenberg écrivait : « Le sentiment d'appartenir à une génération est une forme inférieure de la solidarité. Se prononcer en faveur de quelqu'un, penser ou agir comme lui parce qu'il est votre contemporain à une ou deux décennies près, a moins de valeur que prendre sa carte à la Ligue des Rouquins », *La Tradition du nouveau*, p. 242.

moderne entendu selon Baudelaire, « comme la part d'éternel qui affleure dans le *passage* ». L'actuel étant « la littérature usuelle, commerciale ». Ce serait l'inactuel, qui n'est lu « que de quelques-uns », mais qui est amené, plus tard, à être reconnu « la réelle écriture d'une époque »[167]. Rejoignant le contemporain, dans la dernière acception que j'ai notée.

Extrême est une valorisation de « séduction »[168], qui n'est pas dénuée d'un esprit ludique très contemporain. Joue l'exacerbation, le paroxysme — la surenchère. Risquant de reproduire le ton avantageux de l'avant-garde. Les simili-délires.

Mais Michel Chaillou désignait par là des « proses » qui soient « vers le chemin du concept et de l'image », et les « faisant trembler ». Il voulait montrer, par cette « notion fuyante », qu'on n'a affaire qu'à des « concepts qui tremblent, pas encore atteints » (*ibid.*, p. 17).

Et c'est bien à une saisie de l'insaisissable, de l'indéfinissable qu'on a affaire. Seuls le dogmatisme, et l'éclectisme, traitent avec des concepts tout faits. Pour la poétique de la modernité, oui les concepts « tremblent ». Ce sont des états naissants de concepts, ou des états finissants. Tous instables. Se transformant.

C'est pourquoi ce qui se passe en art et en littérature compte au-delà des « spécialistes ». Faisant partie de ce qui transforme le présent. L'inconnu, en ce moment même.

167. Jude Stéfan, « D'un 'extrême contemporain' ? », *Le Français aujourd'hui*, n° cité, p. 104.

168. Notait Michel Vinaver dans *Po&sie* n° 41 « L'extrême contemporain », déjà cité, p. 57.

Le moderne et le contemporain, aujourd'hui

> Garde ce qu'il faut d'ectoplasme pour paraître « leur » contemporain.
>
> Henri Michaux, *Poteaux d'angle*, Gallimard, 1981, p. 17.

La fin du siècle entasse et précipite les surenchères sur le moderne et le contemporain. Les moyens publicitaires amplifient une frénésie du moderne. Où se réalise la fusion de la mode et du moderne. Dans un paroxysme partagé par quelques-uns. Ce vertige momentané qu'on n'a jamais été plus moderne. L'ancien est ancien. Le XIXᵉ siècle, convaincu de bêtise. Aucun autre siècle que le XXᵉ n'a eu autant les preuves de sa propre modernité. Le moderne et le contemporain ne sont pas des notions objectives de datation, mais combattantes. Et non interchangeables. Même, antagonistes.

Pour innover, la Pléiade était antiquaire. Opposée aux formes médiévales, par déplacement. La querelle des Anciens et des Modernes, qui n'est plus apparemment qu'un moment fini d'histoire littéraire, a laissé, à travers son oubli même, ce qu'il faut de mythique pour mobiliser. La victoire des Modernes a produit une subtile déshistoricisation, séparant ce que les grands du XVIᵉ siècle (Rabelais, Montaigne, d'Aubigné) et encore du XVIIᵉ (Racine, La Fontaine, La Bruyère) avaient uni en eux : le continu du savoir, le discontinu de l'invention. Cette séparation a fait un militantisme de l'actualité. Actif dans l'*Encyclopédie*. Mais l'anti-classicisme a profité à une idée rationaliste de la langue française qui vient de là et dure encore. Le mythe moderniste et le mythe rationaliste se sont trouvés solidaires. Cette fable de la clarté française a émis une notion de la langue française dénuée de poésie qui n'a pas été sans effet sur les notions et les pratiques de la poésie. Ses ravages ne sont pas seulement de l'histoire ancienne (l'anti-symbolisme, l'anti-vers libre). Elle est devenue comme un caractère de la langue. Et la modernité qui a mis l'écriture directement dans la langue ne sait pas combien elle lui doit.

Aujourd'hui la modernité n'échappe pas plus que les autres à l'illusion du point de vue que l'histoire mène jusqu'à nous. Ne prend son sens que par nous. L'invention devient clôture. Les trente premières années du siècle ont presque tout créé. Au point que le présent est ressenti, chez certains, comme un tarissement, un déclin. Un chaos. Qui accompagne la mise en ordre du passé. Quand ce passé n'était pas encore un passé, lui aussi semblait aux contemporains un chaos.

La chronologie du xxᵉ siècle est particulière. Troublée, et trouble. Il commence après son début. Il finit avant sa fin. Chronologie courte, mais vague. Ce siècle a deux commencements et trois fins. Il part, futuriste cubiste nègre, vers 1908-1909. Comme il repart avec les années vingt. Follement. Mais il a déjà eu la fin d'un monde en 14-18. Une autre en 1938, qui a duré sept ans. Maintenant la fin du siècle se réalise pour certains en épuisement très fin-de-siècle.

Sans doute ces finalistes confondent les mouvements des années soixante — déjà des néo-avant-gardes — avec leur propre jeunesse. Et leur vieillissement, avec le vieillissement du siècle. Le *siècle* est traité par eux selon le réalisme langagier et la métaphore organiciste qui voient en lui une jeunesse, une maturité et une fin. Comme jadis pour les peuples et pour les langues. Cette analogie qui fait une mythologie. Et que déjà dénonçait Humboldt.

Il y a eu *Tel Quel*, il y a eu le Nouveau Roman. Voici venu le temps, le tour d'une réaction « s'opérant vers la vieillerie, normale en fin de siècle — catastrophismes, relents religieux, lyrisme narcissique »[169]. Ce qu'écrivait déjà Huysmans, dans

---

169. Jude Stéfan, « Du contemporain », *Bulletin de l'ADILC* (Association pour la Défense et Illustration de la Littérature Contemporaine), nᵒ 4, février 1986, p. 30.

Là-bas, sur les « queues de siècle » : « Toutes vacillent et sont troubles. » Et comme la fin du siècle est aussi la fin du millénaire, une fin poussant l'autre, toutes deux nourrissent un irrationalisme répertorié. Cette météorologie du social. L'histoire aussi a des vents.

Poétiquement, la vieillerie n'a pas d'âge. Est de tout temps. Comme la renaissance. Il ne se vérifie pas, dans la littérature et dans l'art, que les fins de siècle marquent un vieillissement, que la « vieillerie poétique », comme dit Rimbaud, préfère les fins de siècle. Pseudo-constatation morose, qui transpose dans la littérature une philosophie de l'histoire, le grand tour cycliste du destin. Il confirme pour lui-même un marasme présent par le rappel des décadents du siècle dernier. Pour dissiper ce mirage, revenir à la réalité empirique, il suffit de compter sur ses doigts, et pour la France seulement : Du Bartas, Sponde, Montaigne et Agrippa d'Aubigné vers la fin du XVIᵉ siècle ; Mme de Lafayette, La Fontaine, La Bruyère, Mme de Sévigné, Racine, Bossuet, Fénelon, les contes de Perrault et le dictionnaire critique de Bayle — fin du XVIIᵉ, tonique avec sa querelle des Anciens et des Modernes ; Rousseau, Voltaire, Diderot, Buffon, Chénier, — fin du XVIIIᵉ ; Laforgue, Maupassant, Verlaine, Mallarmé, Zola, — fin du XIXᵉ.

Mais cette énumération naïve ne convaincra pas ceux que le mythe a choisis parce qu'il veut les perdre. Ceux qui ont choisi de perdre l'empirique plutôt que de perdre le mythe.

Ni linéaire, ni cyclique, l'histoire n'est pas grecque. N'est pas *historia*. Bien plutôt elle est visionnée par l'hébraïsme de *toldot*, la succession indéfinie des renaissances, des recommencements. Leur discontinu.

Le contemporain est une notion fortement discontinue, mais qui joue au continu. Cumulative achronique. Éclectique, en somme. Elle juxtapose Proust, Céline, Beckett. Apollinaire et les surréalistes. Les morts comme les vivants. Elle mêle les lieux et les langues. Ubiquité inattentive aux non-passages de la traduction. Et en même temps son effet passe les langues. Joyce est aussi un effet Joyce en français.

La recherche d'une cohérence d'époque à travers des aventures contemporaines dans des arts différents apparaît comme une tentation récurrente. Succès inégal. Si être contemporains tient de cette cohérence, même à l'intérieur d'un art il n'y a pas de contemporains. Pas plus que de synonymes vrais dans le discours. Encore moins d'un art à l'autre. Car la temporalité de l'aventure est solidaire de sa matière. La temporalité dans le langage, la matière rythmique d'un sujet, y tient trop de l'histoire du sujet, de sa situation dans son savoir et sa recherche, pour être répétable, et partagée.

Ici on retrouve la compulsion de convergence. La raison est le désir de l'unité. La modernité est sa déception.

Moderne, contemporain, sont des notions du discours, non de l'histoire. Des notions points de vue. Les effets d'une énonciation. Non d'un énoncé. Étant nécessairement l'auto-référence d'un sujet dont la situation et la temporalité ne sont jamais explicites, et qui s'arroge ce droit, aussi arrogant que transitoire, selon lequel s'institue non un fait, mais une valeur, et dont il est le critère. Non plus une simultanéité, mais un caractère. Le représentatif. Une excellence.

D'où un retournement interne. La sociologie de la lecture. Les moyens plus ou moins manipulés d'en rendre compte. Diverses sortes de lisible. Lire aussi pluriel qu'écrire. Le lisible n'est pas nécessairement contemporain d'un écrire ou des écrits qui s'aventurent ignorés dans un temps qui est socialement le même et n'est pas identique, par cette asocialité provisoire, nécessaire de l'écriture. Quand l'écriture transforme l'écriture. Donc la lecture. Mais dans son temps à elle.

Le traduire est aussi une mesure du lisible. Non par les quantités, les relevés de vente et distributions de prix, mais comme une prise indirecte, et qualitative, sur les stases et les transformations de ce qu'on croit qu'on peut ou ne peut pas dire, et qu'on donne à lire. L'épreuve de la traduction, et de la modernité, est l'oralité.

Comme André Breton distinguait un humour d'émission et un humour de réception, il y a à reconnaître que le moderne, le contemporain se font et se défont sans cesse de ces deux composantes, imprévisiblement jointes ou disjointes.

Par quoi écrire et lire ne sont pas contemporains. Cette banalité, renforcée par l'idéologie moderniste de la rupture, qu'il y a deux littératures. Celle qui est contemporaine de sa lecture, immédiatement. Celle qui la trouve peu à peu, dans le petit nombre : Stendhal, Mallarmé. Leur répartition ne recouvre pas simplement, ni toujours, celle de la mauvaise et de la bonne littérature. La bonne qu'on ne lit pas, l'autre qu'on lit beaucoup, comme disait Paulhan. Mais elle suffit à rendre inséparables une histoire de l'écriture et une histoire de la lecture. Des intermittences de l'écriture. Des intermittences de la lecture.

C'est la lecture qui écrit l'histoire. Bien que ce soit l'écriture qui la fait. Les effets ou illusions de réel sont les disparitions ou résurgences d'écritures qui ne paraissent considérables qu'après coup. Shakespeare, comme on sait, après deux siècles d'oubli, n'a reparu, définitivement, que par Voltaire, en France. Un critique anglais, Alan Boase, qui aimait la poésie métaphysique anglaise postulait, comme Le Verrier Neptune, qu'il ne pouvait pas ne pas y avoir eu l'équivalent en France, et découvre Sponde en 1930. D'autres résurgences, sur des disparitions plus longues encore, et matérielles : la *Chanson de Roland* ne rentre dans le culturel qu'à sa redécouverte par Francisque Michel qui la publie en 1837. Comme le *Slovo o polku Igoreve* (le « Dit de la bataille d'Igor ») ne redevient un texte du XIIe siècle russe qu'en 1800. Le Moyen Âge, création romantique, est contemporain du romantisme. Exemples et effets constitutifs de modernité, et du contemporain. Comme l'Extrême-Orient, en France, est de la fin du siècle dernier. Le contemporain est ahistorique.

On est contemporain de ce qu'on lit et on n'est pas contemporain de ce qu'on lit. Jude Stéfan se sent contemporain de Sponde : « Partager une même mort, un même isolement, un même dégoût fait communiquer avec le temps poétique de Perse, Khayyam, Sponde. [...] Je reste davantage contemporain des élégiaques latins, métaphysiques anglais, et surtout expressionnistes allemands que de la poésie française, peu baroque, peu engagée hors de l'esthétique[170]. » C'est qu'ils nous parlent, comme on dit.

Mais les textes du passé — ceux qui continuent de passer, pas ceux qui y sont restés — nous arrivent avec leur distance. Qui n'est pas une patine, le vieillissement de la langue faisant comme le noir qui s'est mis sur les tableaux. Cette distance fait partie de leur dire. De leur faire, plus que de ce qu'ils disent. Feindre de l'oublier (par exemple dans leur rythmique et leur ponctuation même), ce serait n'en retenir qu'une abstraction. Comme le traducteur qui élimine la distance langue, culture, histoire pour faire comme si le texte venait d'être écrit dans la

---

170. Jude Stéfan, article cité, p. 31.

langue d'arrivée pour son lecteur en traduction. Pseudo-pragmatisme, qui manque toute la littérature. Quelque chose qui déborde le signe traverse les langues, les époques, inexplicablement. Le passé a de l'avenir, imprévisiblement.

Le contemporain est une rencontre. Mais pas comme la rencontre de son voisin ou de son éditeur. Qui a l'air d'être la seule tangible : celle des individus. Justement le moderne ne met pas en rapport des individus, mais des sujets. Étant une forme-sujet, le moderne n'a plus rien à voir avec la confusion entre l'individu et le sujet. Le moderne recommence indéfiniment le *Contre Sainte-Beuve* de Proust. Tandis que, communément, le contemporain vous tape sur l'épaule. Le contemporain est, chaque jour, le retour de Sainte-Beuve. La vie courante s'en satisfait. Le geste premier du moderne est de se détourner du contemporain.

Il est vrai que Rimbaud et Lautréamont ont vécu dans un même temps. Il est vrai aussi qu'ils ne sont pas contemporains. Parce que leur temps-sujet à chacun est fermé sur lui-même. Pas parce qu'ils ne se sont pas rencontrés dans la rue. Ou qu'ils n'ont pas lu les écrits l'un de l'autre. Il ne suffit pas de se croiser, ni même de se lire, pour partager avec un autre son propre temps. Certains de ceux qui nous paraissent, après coup, les plus modernes, ont été les plus isolés. Emily Dickinson, Gerard Manley Hopkins, ou Marina Tsvetaïeva n'ont vraiment été les contemporains de presque personne.

Cette solitude du moderne jure avec sa socialisation-mode, son effet musée, où l'éternel après-coup tente de rattraper le dernier cri, le goût du jour. Du moins, si la convivialité des contemporains vous glisse entre les doigts, reste-t-il au sujet, on pourrait croire, d'être contemporain de soi-même. Cela non plus n'est pas donné au sujet. N'est pas un donné. Le sujet, qui n'est sujet que par le travail en cours, ne sait pas encore de quoi il est contemporain. S'il est en retard sur lui-même, en avance sur lui-même. Une frange mouvante coïncide, qui assure sa continuité. Alors l'œuvre lui reste présente. Cette coïncidence à lui-même fait son activité sur d'autres sujets. Mais la plupart ne sont même pas contemporains d'eux-mêmes.

Parce que, socialement, pour le monde, pour une place dans le monde, ils sont précisément dans le contemporain. Ils sont avec. Individus ou semi-individus regardant vers le groupe.

C'est-à-dire vers une part de pouvoir. Mais pas vers le sujet. C'est le plan où la notion de contemporain s'épanouit, le plan mondain des compromis, des pressions. Le contemporain pratique l'amalgame. Notion et nécessité pressante, mais extérieure à l'activité de l'œuvre.

Le contemporain d'émission, le contemporain de réception ne sont donc ni les mêmes, ni pour les mêmes. Aux auto-proclamations des avant-gardes et des néo- s'oppose l'infime, l'imperceptible du moment. Le présent occupé à la fois par le musée et par les amuseurs. À travers les déplacements de l'actuel domine le successif et l'identique du présent passé. Toujours les mêmes qui reviennent dans la sacralisation après coup. Le présent à venir n'est perceptible que de quelques-uns. Ainsi, dans le contemporain, il y a du passé et encore du passé. Peu de présent. Aujourd'hui y est surtout un aujour-d'hier.

Entre la modernité Baudelaire, l'inconnu Rimbaud, la modernité de l'art et de la littérature modernes, la modernité-raison, la modernité-critique-de-la-raison, la modernité technique, celle des rejets de la technique, certaines aussi distantes entre elles par leur sens que par leur périodisation, il y a un rapport, étroit, vital. Ce rapport est le sujet.

Et qu'on ne vienne pas dire qu'il y a un vague vitalisme à parler de la vie. Comme font les abstracteurs qui opposent le langage à la vie, croyant sans doute faire du langage matière à concepts ou à science, alors qu'ils n'en font, comme disait Humboldt, qu'un squelette mort.

La « petite vie », dit Baudelaire, fait toute la modernité. D'ailleurs, ni la vie, ni la modernité ne sont des concepts. Mais une condition empirique. Les jeux de langage sont des jeux avec la vie. C'est par là que la critique de la raison tient au sujet. À sa modernité.

La raison du moderne

À travers le conflit du passé et du présent, de la tradition et du nouveau, de l'unité et de la pluralité, le paradigme du dualisme mène le jeu. Celui de la raison du signe, et de la déraison. Paradigme poétique, et politique.

La modernité est ce conflit, dont nous sommes faits. La critique de la modernité est constitutive de la modernité. Les jeux de sens de ce terme y passent et repassent. Ils sont l'aventure du sujet.

Son arpentage. C'est pourquoi il est significatif que le rejet de l'opposition entre les Anciens et les Modernes, par Kant, soit, comme l'exposait Foucault dans son cours de 1983, le départ d'une modernité de la raison. À compter du texte de Kant sur l'*Aufklärung* en 1784, et sur la Révolution en 1798 : l'inauguration de « la modernité européenne »[171]. L'auto-désignation de l'*Aufklärung* (les « Lumières »), sur laquelle insiste Foucault, dans son commentaire de *Was ist Aufklärung* (« Ce que sont les Lumières »). Désignation de « sa propre actualité discursive » (*ibid.,* p. 35). Dont Foucault extrait que « la philosophie comme problématisation d'une actualité [...] pourrait bien caractériser la philosophie comme discours de la modernité, et sur la modernité » (p. 36).

La modernité comme réflexion de l'actualité sur elle-même : « Quelle est mon actualité ? Quel est le sens de cette actualité ? Et qu'est-ce que je fais lorsque je parle de cette actualité ? C'est cela, me semble-t-il, en quoi consiste cette

---

171. Michel Foucault, le *Magazine littéraire* n° 207, mai 1984, p. 39.

interrogation nouvelle sur la modernité » *(ibid.)*. Le texte de 1784 et celui de 1798 constituant « les deux formes sous lesquelles Kant a posé la question de sa propre actualité » *(ibid., p. 39)*. Dont l'effet de généralisation est « la question de l'historicité de la pensée de l'universel » *(ibid.)*. Deux options en sortent, selon Foucault, et qui s'excluent l'une l'autre — une « philosophie analytique de la vérité en général » et une « ontologie de nous-mêmes », une « ontologie de l'actualité » *(ibid.)*. Où, après Hegel, Nietzsche, Max Weber, l'École de Francfort, Foucault se situait lui-même. Paradoxe, ou retournement apparent, après la disparition structuraliste du sujet.

C'est la contradiction qu'y voit Habermas. Entre le Foucault reconnaissant que Kant est « le *premier* philosophe » qui ouvre « le discours de la modernité », et la « critique inflexible que Foucault fait de la modernité »[172]. D'un côté, la tradition de l'*Aufklärung* comme « forme de savoir de la modernité ». Liberté, progrès, raison. De l'autre, « la raillerie du Foucault théoricien du pouvoir » *(ibid.)*, « le regard cynique du généalogiste Foucault ». Sur les sciences humaines, issues de Kant, « celles-là mêmes dans lesquelles Foucault voit à l'œuvre un pouvoir disciplinaire sournois » (p. 798).

Foucault contre Foucault. Jeu de langage d'une certaine raison. Mais il n'y a pas de contradiction. Même « productive ». Habermas dit bien que « Foucault s'en prend aux penseurs de l'ordre qui se rattachent à la problématique épistémologique kantienne » (p. 798). C'est qu'il pose « la question de l'historicité de la pensée de l'universel »[173]. Habermas, de même, en s'assignant comme tâche de « s'interroger sur les mobiles historiques particuliers qui triomphent et se cachent dans la pensée universaliste depuis la fin du xixᵉ siècle » (p. 798). Mais à la modernité-Kant se sont opposés les « penseurs de la subversion », dont Foucault, qui, soudain, « revendique cette tradition pour son propre compte » (p. 799). L'adversaire devenu sectateur. L'une des « contradictions productives » cultivées par l'un des

172. Jürgen Habermas, « Une flèche dans le cœur du temps présent », dans *Critique* nº 471-472, août-septembre 1986, « Michel Foucault : du monde entier », p. 797.

173. M. Foucault, Cours de 1983, déjà cité, p. 39.

« chroniqueurs philosophiques (attachés au temps qui est le leur) de [sa] génération ». Voilà comment Habermas voit Foucault *remis* « dans les eaux territoriales du discours philosophique de la modernité desquelles il avait pourtant voulu s'évader » (p. 799). Foucault contradictoire, et récupéré.

Mais la modernité de Kant, telle que la considère Foucault, est celle d'une question. La modernité que critiquait Foucault consiste dans les effets de savoir et de pouvoir propres à l'histoire de la raison. Particulièrement son histoire contemporaine. La modernité de Foucault était de critiquer cette modernité-là. La modernité de ses moyens est encore autre chose. Mais il n'y a pas de contradiction, un Foucault I, un Foucault II. Opération qu'affectionnent les philosophes : Horkheimer I, Horkheimer II ; écrits de « jeunesse » qui permettent de séparer un Hegel d'un autre, un Marx d'un autre.

Pour Habermas, la critique de la modernité que faisait Foucault est une négation du sujet, une « forme autocontradictoire et anthropocentrique de savoir »[174]. Mais la modernité, au sens de l'époque moderne, le xxᵉ siècle, est tout entière, depuis la psychanalyse, une critique du sujet unitaire traditionnel de la raison. Foucault lui-même disait se fonder plutôt d'une part sur Blanchot et Bataille, de l'autre sur Dumézil et Lévi-Strauss.

Ainsi la modernité comme critique de la raison se substitue à la raison comme modernité. Jeu de rôles, et de sens. La critique de la modernité est *notre* modernité.

Le « point de convergence de la critique de la modernité »[175] entre *La Dialectique de la raison* d'Adorno et Horkheimer, et Foucault, est analysé plus en nuances par Alex Honneth que par Habermas. Mais pour mieux marquer les différences au détriment de Foucault. L'éloignement de la phénoménologie est mal vu à l'allemande.

De part et d'autre, une « théorie de la modernité reposant sur une critique de la raison » (*ibid.*, p. 801). Mais le structuralisme exclut le sujet hors du sens par la structure, dont le

---

174. Jürgen Habermas, « Les sciences humaines démasquées par la critique de la raison : Foucault », *Le Débat* nº 41, sept.-novembre 1986, p. 88 (trad. du chap. ix de *Der Philosophische Diskurs der Moderne*.

175. Axel Honneth, « Foucault et Adorno. Deux formes d'une critique de la modernité », *Critique* nº 471-472, déjà cité, p. 800.

nouveau roman est pris comme une figure. À quoi Honneth oppose la phénoménologie, et une autre modernité qui « va de Kafka à Beckett » (p. 806). L'extériorité de la structure au sujet réunit, selon Honneth, les études de Foucault sur la littérature et ses études sur l'histoire du savoir, et du pouvoir, comme forces d'écrasement du sujet. La critique des techniques de domination et de répression faisant le point de convergence avec Adorno et Horkheimer.

Critique de la « rationalisation technique et instrumentale » et « lecture marxiste de Weber » chez Adorno ; critique du « contrôle social » et « interprétation nietzschéenne de Weber » (p. 807) chez Foucault. En commun, l'analyse de la « destruction des espaces de liberté corporelle » (p. 808).

Et comme il ne s'agit plus de la même modernité que chez Habermas, la datation n'est plus la même. C'est « autour de 1800 » qu'Adorno et Foucault placent « les bouleversements intellectuels et politiques qui constituent selon eux les racines véritables de la société moderne » (p. 809).

L'universalisme de la raison rendu responsable des techniques coercitives exercées en son nom, c'est une critique estimée « totalisante » (p. 810) par Habermas et Honneth. Partiale, cette image de la modernité qui ne rendrait pas justice au « contenu de raison existant dans le processus moderne de rationalisation ».

On voit mal alors comment la « perfection administrative » reconnue au « processus civilisateur », telle que « les sociétés modernes sont dans le principe des sociétés totalitaires » (p. 810), serait le fait d'une théorie qui sombre dans une « aporie », aporie d'une « critique totalisante de la raison », disqualifiée par là même, chez Adorno et Foucault, alors qu'il y aurait des « critiques convaincantes » ailleurs[176].

Différences entre des objets : la liberté, le marché capitaliste, les *mass media* chez Adorno ; les sciences humaines et les institutions chez Foucault. L'analyse des différences dans la conception de la subjectivité est moins nette.

Les « disciplines corporelles » supposeraient du behaviorisme chez Foucault : « Des êtres informes, susceptibles d'être conditionnés » (p. 811). Chez Adorno, les manipulations

176. Axel Honneth renvoie à A. Giddens, *A Contemporary Critique of historical Materialism*, vol. 1, Londres et Basingstoke, 1981, p. 171 et suiv.

d'opinion supposeraient seulement que dans « l'ère post-libérale du capitalisme » les sujets ont « perdu la force psychique de s'auto-déterminer pratiquement » (p. 812). Deux envers de la critique, qui lui échapperaient à elle-même, par cette présupposition en effet d'un état antérieur.

Et il est certain qu'Adorno fait seulement une critique de la civilisation, qui a « amputé » le sujet de « ses dimensions pulsionnelles et imaginaires ». A-t-on vu ce sujet avant son amputation ? Alors que Foucault « attaque, à travers la modernité, l'idée de subjectivité humaine en général » (p. 812). Observation qui efface la critique précédente d'un état fictif antérieur.

L'état de la « philosophie du langage », chez Foucault, présente des difficultés nombreuses, qu'Axel Honneth n'effleure même pas.

Adorno, lui, est censé se fonder sur une « philosophie de l'histoire ». Mais il a aussi une philosophie du langage. Et ce sont les effets de théorie l'un sur l'autre, concernant le langage et l'histoire, comme chez Habermas, et chez quiconque, qui font la différence entre les diverses stratégies de discours sur la modernité.

Autant la critique du structuralisme est claire, chez Axel Honneth, mais déjà banale, tout en restant sommaire, autant reste floue la « formation harmonieuse du moi », chez Adorno, le « concept esthétique d'identité du moi qui est manifestement issu d'une singulière réunion de Nietzsche, Freud et Klages » (p. 813). Un flou apparemment admis tel quel comme « l'étalon d'une critique de la subjectivité moderne » (p. 814). Bien que la philosophie de l'histoire, chez Adorno, soit finalement déclarée « problématique ». Mais sa théorie de la modernité chez Foucault « doit se rabougrir en une version réduite, systématique, de *La Dialectique de la raison* » (p. 815).

La raison, la modernité, leur critique, la critique de leur critique, ne sont pas les mêmes de ce côté-ci de la phénoménologie, et de l'autre. Mais prétendent à l'universalité. À travers une partialité culturelle ostensible.

Pendant que les questions demeurent, qui justement font notre modernité : que reste-t-il d'Adorno ? Que reste-t-il de Foucault ? Que reste-t-il d'une raison qui prend son hégémonie pour son universalité ?

Conciliatrice provinciale, par rapport à la mondialisation analysée par d'autres, la modernité raisonnable de la raison présentée par Habermas semble toute organisée comme philosophie et politique du consensus. Son succès et son pragmatisme se confirment l'un l'autre. Produisant un consensus. Renforçant ce que Horkheimer avait appelé la « théorie traditionnelle ». Un maintien de l'ordre. L'ordre d'une raison qui se donne pour la seule raison.

Cette modernité aurait le charme des choses désuètes si elle ne jouait un double rôle, trompeur. Philosophie de la séparation régionale entre l'art-l'esthétique, la morale-le droit, la science-la technique (infidèle en cela au projet de l'École de Francfort dont elle laisse dire qu'elle est héritière) qui se fait passer pour une théorie d'ensemble de la société, de l'action, du langage. Mais elle remplace le langage par la communication. Modification significative. Philosophie du conformisme qui se fait passer pour la synthèse de la modernité. Philosophie de la discussion où, selon le mode habituel des groupes, la discussion est seulement interne. Elle illustre le dogmatisme de la pensée libérale qui feint la souplesse par l'éclectisme de ses emprunts. Non rythme, mais schéma.

La séparation propre à ce schéma de la raison entre la science, la morale et l'esthétique est exactement ce qui suscite le heurt le plus violent avec la postulation et l'expérience éthiques de l'art, chez tous les modernes.

Du point de vue du rapport entre l'art et la société, cette séparation est un fossile théorique, et un obstacle : elle ne peut guère aider à comprendre l'art contemporain. La catégorie même d'esthétique en est compromise.

L'ineptie du schéma apparaît dans l'assimilation de l'art à « l'expressif »[177], la réduction de la morale au « normatif », la dénomination de la technique comme « performativité ». Terme mis à la mode par la linguistique, mais employé hors de son sens technique justement, pour dire l'efficacité et le rendement.

La science récente, en génétique, a suscité assez de difficultés éthiques et juridiques jamais vues qui montrent qu'il ne suffit pas d'associer ce qu'on suppose originellement hétérogène, comme on fait du son et du sens dans le modèle du signe, en des mariages qui ne sont qu'une hésitation prolongée.

Contre cette raison du signe, le post-moderne prend le rôle de l'irrationnel, jouant les jeux de l'éclectisme, du refus de consensus. D'universalisable.

Le consensus comme fin de la modernité est la figure par excellence de la raison. D'où le débat, en termes sociologiques, de l'anomie et du conformisme : « Les critiques de la société moderne ne dénoncent pas moins passionnément celui-ci que celle-là[178]. » Raymond Aron demandait : « Où tracer la frontière entre *conformisme* et *consensus*, celui-ci indispensable à une société, celui-là méprisé par les intellectuels ? » (*ibid.*, p. 292). Remises en question partielles ou radicales. Mais « anomie et conformisme guettent à la fois toutes les sociétés de notre temps » (*ibid.*, p. 293). Le post-moderne joue à l'anomie. On verra plus loin comment.

Le consensus représente l'universalité. Réelle ou supposée L'ordre des représentations, des sentiments, des individus dans le groupe. Ordre du signe. Par quoi il tient au statut du langage. À sa théorie. Forme désacralisée d'un signifié transcendantal. Achèvement même de sa logique. Il est une limite qui ne se dit pas comme limite. C'est sa contradiction, force sociale, faiblesse théorique. Il ne dit pas qu'il est seulement historique. Il se suppose naturel ou intemporel. Vrai. Par là il cache que l'historicité est inachevable, inachevée. Recherche du sens. Ou de la vérité. Mais le consensus est instrumenta-

177. Gérard Raulet, « Modernes et post-modernes », *Weimar ou l'explosion de la modernité*, p. 319.
178. R. Aron, *Les Désillusions du progrès*, déjà cité, p. 290.

liste. Il se sert du sens. Celui qui est reçu. Pour se légitimer. Alors il est un maintien des pouvoirs.

Une théorie de la science qui n'a que le consensus comme critère doit admettre qu'elle n'est que sociologique, et appartient à l'histoire, non à la science. Aussi, critiquer cette notion du consensus n'est pas en soi critiquer l'universalisable, mais critiquer l'opération qui masque l'historicité de la raison, et du sens. Leur inachevable.

En quoi la défense du moderne
est-elle moderne ?

En quoi la défense du moderne par Habermas est-elle moderne ? Le constat initial de Habermas, dans « La modernité : un projet inachevé »[179], est : post-moderne, c'est anti-moderne. On n'oublie pas que moderne, c'est la raison des Lumières, pour Habermas. Un chapitre de l'histoire du rationnel contre l'irrationnel.

Habermas dédie à Adorno, penseur de la modernité (mais dans un sens double, ou triple, qui n'est pas seulement celui de Habermas — s'y ajoute la modernité de l'art, et celle de la critique), une analyse du « nouveau conservatisme » — « l'héritage des réactions que la modernité culturelle a dressées contre elle depuis le milieu du XIXᵉ siècle » (p. 951).

Mais il commence par s'éloigner d'Adorno, qui situe les débuts de la modernité vers 1850. C'est la Renaissance « qui marque *pour nous* le début des temps modernes ». Habermas s'appuie sur l'étude de Jauss pour rappeler que pourtant, on pensait aussi être moderne au temps de Charlemagne, au XIIᵉ siècle et à l'époque des Lumières, « c'est-à-dire chaque fois qu'un rapport renouvelé à l'Antiquité a fait naître en Europe la conscience d'une époque nouvelle » (p. 951).

Sur le romantisme, « conscience radicalisée de la modernité », deux traits discutables : cette conscience serait « dégagée de toute référence historique » et ne conserverait

---

179. « La modernité : un projet inachevé » (discours pour la remise du prix Adorno à Francfort, en 1981), *Critique* nº 413, octobre 1981, « Vingt ans de pensée allemande ». Je ne donnerai que les indications des pages.

« de son rapport à la tradition qu'une opposition abstraite à l'histoire dans son ensemble ». Mais le romantisme invente une historiographie et une philologie nouvelles, en découvrant le Moyen Âge. Il rejette le néo-classicisme, non la tradition — à moins d'admettre que le néo-classicisme académique est la tradition. Le développement romantique de l'esprit national mêlé au début du cosmopolitisme, aux exotismes, ne fait pas une déshistoricisation, mais une universalisation.

Ici Habermas reprend Baudelaire, et le rabat sur l'opposition du classique et du moderne : « Depuis toujours on a tenu pour classique ce qui survit aux époques qui passent » (p. 952). Sens banal, non ce que dit Baudelaire. Et ce n'est pas Jauss, mais Baudelaire, qui dégage de l'éphémère que la saisie de son authenticité fait sa permanence. Habermas décrit le passage de la modernité Baudelaire aux courants d'avant-garde, tel le surréalisme, comme un *épanouissement*, l'exacerbation d'une *même* conscience du présent, « glorification d'une actualité » (p. 952).

Cette description ne tient pas devant la séparation radicale qu'il s'impose de faire entre la modernité Baudelaire, telle que je l'ai analysée, et l'avant-garde. Laquelle à son tour n'a pas le même sens selon qu'il s'agit du futurisme italien ou de Dada. La « glorification d'une actualité » est d'ailleurs plutôt celle d'un futur dans plusieurs de ces mouvements. Pas dans tous. Une « opposition abstraite à l'histoire » (p. 953) conviendrait à l'avant-garde futuriste, mais le « sauvage et primitif » n'irait pas avec le culte du progrès machiniste. À vrai dire, même l'« opposition abstraite à l'histoire » est une simplification fondée sur des phrases hors contexte prises dans les manifestes seuls.

C'est la représentation d'Adorno, que suit Habermas, sans rien y retoucher. Elle ne supporte pas l'examen, dans sa confusion de la modernité et de l'avant-garde. L'autre cliché, reconnu déjà, étant l'idée reprise à Octavio Paz, de l'avant-garde comme « mouvement qui se nie lui-même » (p. 953).

Chez Baudelaire, non chez Dada ou Marinetti, Walter Benjamin a pris le sens du présent, du *Jetztzeit* qui réécrit le passé, dans son texte de 1940 « Sur le concept d'histoire ».

Le modernisme, dont Habermas dit qu'il « ne trouve plus guère d'écho aujourd'hui » (p. 954), est ainsi la confusion des notions de modernité et d'avant-garde. Qui prête à cet enterrement à la hégélienne. La modernité se meurt puisque les avant-gardes sont mortes. L'argument d'autorité aidant, Habermas n'en veut pour preuve que ce qu'écrit Octavio Paz, « un des sectateurs de la modernité », qu'il cite : « L'avant-garde de 1967 répète les faits et gestes de 1917. Nous assistons au déclin de l'idée de l'art moderne » (p. 954).

Où se saisit sur le vif l'urgence de distinguer modernité et avant-garde. Car la répétition de l'effet Duchamp est bien un problème de l'avant-garde. Non un problème de la modernité. Il peut y avoir des imitateurs de telle ou telle avant-garde. Il ne saurait y avoir d'imitateur de la modernité. Pour la bonne raison que personne ne sait ce qu'elle est. Et si on essaie de la regarder, elle ne vous renvoie que votre image.

Le modernisme dont parle Habermas, d'après les analyses de Daniel Bell sur la société post-industrielle, l'« échec » du surréalisme et la « post-avant-garde », est présenté contradictoirement à la fois comme un danger, « le grand corrupteur », et comme une énergie « épuisée », « à bout de souffle ». Si elle est épuisée, elle n'est plus un danger. Ce modernisme consiste dans une opposition simplifiée de l'individu au social. La notion d'individu y est chargée d'un mélange d'individualisme, de subjectivisme, bref d'hédonisme opposé à la rationalité. Aucune place pour le sujet. Et encore l'identification du moderne et de l'avant-garde. Deux éléments qui me semblent compromettre l'analyse d'« un des plus brillants néo-conservateurs américains » (p. 954). La notion de « rupture entre la culture et la société », une *rupture-corruption* opposée à la *norme*, comme le libertinage à l'éthique, y témoigne davantage du puritanisme américain que d'une théorie historique de la culture. Témoigne aussi d'une stratégie éprouvée : présenter toute critique comme un dangereux extrémisme. Pour la rejeter.

Habermas cherche à déplacer l'argumentation du néoconservatisme, qui attribue à la culture les problèmes sociaux de la modernisation dus au « consumérisme » (p. 956). Alors que la culture n'y intervient que « d'une façon tout à fait indirecte ». Mais contre l'agression, la démarche de Habermas est elle-même indirecte. Ne dit rien de la moralisation puritaine. Implicitement, la maintient. Puisqu'elle en appelle à la raison contre la déraison : « La place laissée vide par des causes qui ne sont pas analysées, ce sont dès lors les intellectuels demeurant fidèles au projet de la modernité qui doivent l'occuper » (p. 956).

La réponse de Habermas au néo-conservatisme est le conservatisme. La conceptualisation des temps modernes, de l'*Aufklärung* à travers Max Weber, comme une « spécification des sphères de valeurs propres à la science, à la morale et l'art » (p. 957). Les problèmes culturels deviennent « l'affaire de spécialistes ».

Le « projet de la modernité », celui des philosophes des Lumières, consiste dans cette *tripartition*, dans l'*universalisation* de « lois propres » à chaque domaine, et l'*autonomie* de chaque domaine. On voit que le marxisme en prend la suite. Et la conviction que par là une connaissance plus grande contribuera au « bonheur des hommes » (p. 958).

La « désagrégation » qui a, depuis, atteint ce projet ne paraît toucher que l'optimisme. Il est vrai que la tripartition s'est réalisée en formes « éclatées ». Effets de spécialisation. Popper est indifférent à l'art. Adorno ésotérise l'art. Mais Habermas maintient la modernité comme séparation entre la science, le droit et la morale, l'art. Séparation qui produit une rupture avec l'« herméneutique de la pratique quotidienne » (p. 959).

Il y a un purisme de la raison chez Habermas. Kant en représente la forme pure. Parce qu'elle est inaugurale : « Avec Kant s'ouvre l'âge de la modernité »[180], « ce seuil de la modernité que représentent la philosophie kantienne et les sciences humaines naissantes » (*ibid., p. 74*). Mais malgré son désir d'une continuité avec l'*Aufklärung*, Habermas reconnaît que la modernisation sociale, le « moderne culturel apparemment devenu obsolète », ont entraîné un décalage depuis sa forme première. Il rappelle la formule d'Arnold Gehlen : « Les prémisses de l'*Aufklärung* sont mortes, seules ses conséquences courent encore[181]. »

Deux problèmes apparaissent, par le rapport à la raison de la « spécificité de l'esthétique ». Le premier est de périodisation. Ce n'est plus à la fin du XVIIIe siècle, c'est à la Renaissance que Habermas voit se constituer un « domaine objectif qui relève exclusivement des catégories du Beau » (p. 959). Décalage de dates, décalage entre l'art et l'esthétique. Pour rejoindre le projet des Lumières, Habermas est entraîné à deux

180. « Les sciences humaines démasquées par la critique de la raison : Foucault », *Le Débat*, n° 41, p. 88.
181. *Der Philosophische Diskurs der Moderne*, p. 11.

distorsions : supposer un « progrès constant vers l'autonomie », une linéarité progressive jusqu'à Kant, qui fait bon marché des formes spécifiques à chaque époque, et de leur discontinuité ; passer par-dessus une autre histoire jusqu'à ce qu'on a nommé *l'art pour l'art*. « C'est alors que la spécificité de l'esthétique peut devenir un projet » dit Habermas. Un *alors* qui se situe « vers le milieu du xixᵉ siècle ». Le moment de Kant est doublement débordé, par l'avant et par l'après.

Le deuxième problème apparaît en filigrane, si je peux dire. Celui de la mainmise subtile de la philosophie sur l'art, à travers la fixation par Kant d'une esthétique. Il se concrétise dans la place donnée à « *la critique de l'art* » (p. 959). Dédoublement subreptice de l'autonomie de l'art : autonomie de l'art, autonomie de l'esthétique. Plus exactement, une relative subordination de l'art à l'esthétique, telle que le plaisir esthétique « passe par l'intermédiaire de la critique » (p. 960). Les critiques étant moins des « avocats du public » que des « interprètes pris eux-mêmes dans la démarche de la production artistique ». Ce que Habermas entend confirmer en citant la première phrase de la *Théorie esthétique* d'Adorno qui dit que rien « ne va plus de soi » dans l'art, « pas même son droit à l'existence » (p. 961).

Si c'est là un trait de la modernité de la raison, c'est une dérivée ambiguë. Car la « subjectivité décentrée », décrite comme « conscience de la modernité », est celle du sujet par qui l'art se réalise. Non celle du philosophe ou du critique. Comme si ce dernier était la conscience de la pratique exercée par l'artiste. Dérive de légitimation d'un discours parasitaire, placage culturel dont la première tâche de l'art, chaque fois, est de le faire sauter. L'histoire réelle de la critique ne confirme pas ce fantasme de la raison. On attend les exemples. Mais cette dérive toute de désir n'a plus guère de rapport avec Kant. Elle mène à s'interroger sur l'ambiguïté du lien entre Habermas et Kant. Habermas est à la fois dedans et dehors.

C'est que le projet de la modernité au sens des Lumières est mené selon la logique hégélienne du dépassement : « Le programme de l'*Aufklärung* a pu devenir celui de l'*Aufhebung* » (p. 962).

Habermas, selon son propre discours, fait et dit le *vrai*, le *dépassement*, le *vrai dépassement*. L'avant-gardisme, particulièrement le surréalisme français, a donné un exemple de « faux dépassement » (p. 961). Hegel est le « premier pour qui le moderne est devenu un problème »[182]. Hegel indique la « dialectique de l'*Aufklärung* » (*ibid.*, p. 65). Faisant partir de Kant la modernité, c'est Hegel que suit Habermas. Hegel, qui désigne le temps qui commence avec l'*Aufklärung* et la Révolution française comme le temps « le plus nouveau », *die neueste Zeit* (par rapport à *die neue Zeit*), c'est-à-dire le commencement du présent, le « magnifique lever de soleil » et « le dernier stade de l'histoire » (cité *ibid.*, p. 15). D'où suit un « *renouvellement continu* » (*ibid.*, p. 15). Continuité capitale d'une « *autofondation* du moderne » (*Selbstvergewisserung der Moderne* – *ibid.*, p. 26). Habermas se veut le continuateur de Hegel qui n'a pu suivre les « traces d'une raison communicative » (*den Spuren einer kommunikativen Vernunft* – *ibid.*, p. 43) qui sont dans ses « écrits de jeunesse ». Hegel, conciliateur du croire et du savoir. Habermas, conciliateur de la tradition herméneutique et de l'École de Francfort.

Ici quelques difficultés avec la promesse de bonheur. Je ne sais pas où il est dit qu'elle tiendrait à une « relation au tout ». Mais Baudelaire la prend à Stendhal, pas à Schiller. Il ne la reprend pas à son compte non plus, comme écrit Habermas. Il la rejette partiellement.

Comment prétendre que « l'art s'éloigne de la vie » quand il entre « en révolte » ? (p. 961). La révolte est la forme exacte que prend le rapport étroit de l'art à la vie. Le seul qui soit son éthique propre. Non une esthétique de l'« autonomie accomplie » qui se rend, par ce concept même, l'art moderne incompréhensible. C'est ce qui date la constitution d'une esthétique séparée d'*avant* la modernité en art et en littérature. Qui commence à la requête d'une éthique qui leur soit intérieure.

Habermas suit ici Adorno qui, selon lui, « saisit avec beaucoup de justesse pourquoi le programme surréaliste " nie l'art sans pouvoir vraiment s'en débarrasser " » (p. 961). Mais Adorno, à l'inverse de Walter Benjamin, n'a rien compris au surréalisme. Comme le montre son essai de 1956, « Le surréalisme : une étude rétrospective »[183]. N'y apparaît qu'un souvenir du programme, mention des *Manifestes* de Breton, et

182. *Ibid.*, p. 57.
183. Dans *Notes sur la littérature*, Paris, Flammarion, 1984.

des peintures de Max Ernst et de Dali. Les « images » de la poésie surréaliste sont ramenées au montage, ce qui manque l'essentiel de leur définition. Des généralités, aucune philologie. Quand Adorno est confronté à des textes poétiques, même allemands, comme dans « Parataxe » ou dans « Discours sur la poésie lyrique et la société », il oscille entre des métaphores musicales et de la paraphrase, il se retranche derrière des négations qui retirent le poème à l'analyse. Adorno ne semble donc pas savoir grand-chose du surréalisme. Il écrit : « Il est peu probable qu'aucun des surréalistes ait connu la *Phénoménologie* de Hegel » (*Notes...*, p. 68). Le second *Manifeste*, de 1930, cite la *Philosophie du droit* et la *Phénoménologie de l'esprit*. Et Aragon, dans « Philosophie des paratonnerres », en 1927, dans la *Révolution surréaliste*, semblait aussi l'avoir lu. Mais en 1956, Adorno n'a qu'une réaction de rejet envers le surréalisme, qu'il déclare « démodé » (*ibid.*, p. 67), « obsolète » (p. 69). L'époque portait à ce rejet.

Aujourd'hui, on peut voir le surréalisme autrement. Et Habermas est autrement *intéressé* à *l'échec* surréaliste : « L'échec de la révolte surréaliste scelle la double erreur d'un faux dépassement » (*Critique*, nº cité, p. 962). Puisqu'il est, lui, le vrai dépassement. Dans la généalogie philosophique telle que Habermas la pratique, dans *Connaissance et intérêt* et ailleurs, seule la dernière position, la sienne, surmonte et dépasse les autres. Ce que faisait Hegel. Ce que faisait Husserl.

Mais que signifie *échec* ? Que signifie *dépassement* ? L'échec dans le travail surréaliste sur le langage : « En brisant les contenants [...] on laisse échapper les contenus : le sens désublimé et la forme déstructurée ne laissent rien derrière eux, ils n'ont aucun effet libérateur » (p. 962).

Tant de méconnaissance requiert quelque malveillance, ou surdité. Des débuts d'Éluard dans *Proverbe* en passant par les *152 proverbes mis au goût du jour*, d'Éluard et Péret, *Rrose Sélavy* de Desnos, *Traité du style* et *Le Paysan de Paris* d'Aragon, ou les écrits de Michel Leiris, entre tant d'exemples, il y a eu une « critique de la poésie » qui a eu et a encore un « effet libérateur ». Ce qu'attesterait même son mésusage scolaire : on en fait faire aux enfants. La lecture de la poésie à l'école, en tout cas, en a été transformée. Soutenir qu'il n'en reste rien montre une étrange partialité. Ou ignorance.

La « seconde erreur » du surréalisme consisterait à croire

sauver la « vie quotidienne » par l'ouverture d'un seul « domaine culturel », l'art. Mais il y a quelque duplicité à parler d'échec. C'est se mettre à la fois au-dedans et au-dehors du surréalisme. Du dedans de sa visée spirituelle, nécessairement idéale, seul le surréalisme aurait le droit de parler d'échec. De l'extérieur, et de l'après, il n'y a aucun sens à parler d'échec, car le surréalisme n'est rien d'autre que la somme réelle de ses accomplissements. De même, seul Kafka pouvait parler de son propre échec. Une indécence répandue tient ce discours à sa place. Sans voir qu'il est tout autant dénué de sens. Puisque « Kafka » est coextensif à son œuvre, et à ses effets. Il est difficile d'apprécier la socialisation du surréalisme. Quelque chose en est passé, vulgarisé, à travers les chansons de Prévert, et surtout le cinéma de Buñuel, avec son anticléricalisme. Mais l'exigence éthique des plus beaux textes surréalistes, beaux de cette exigence justement, met en œuvre une autre notion de l'art que celle à laquelle se tient Habermas. C'est déjà une ouverture plus grande que l'arrogance avec laquelle il distribue l'échec et l'erreur au nom d'une esthétique que ces textes mêmes récusent.

Quant à la philosophie, « les conséquences du dogmatisme et du rigorisme moral témoignent en ce domaine de la même erreur que sur le terrain esthétique » (p. 963). Entendez : la théorie de Habermas est un double vrai dépassement, du surréalisme et du marxisme. La théorie de l'action communicative, théorie d'ensemble de la société et du langage, doit permettre de tenir ensemble la théorie et la pratique, reconduire les « intentions » (p. 963) de l'*Aufklärung*, combattre les extrémismes de droite et de gauche, ceux qui font de la raison une rationalisation carcérale, ceux qui assimilent les « forces subversives » à des « activités terroristes ».

Tirant la « leçon » des « égarements » qui ont marqué le projet de la modernité, des « erreurs commises par d'abusifs programmes de dépassement » (p. 963) Habermas suggère « un moyen d'échapper aux apories de la modernité culturelle ». Ce moyen est des plus étranges.

Il consiste, « sur l'exemple de la réception de l'art » (p. 963), à instituer un rapport entre la vie — la « pratique vécue » (p. 965) — et « l'expert de la vie quotidienne » (p. 964), qui serait analogue à celui que l'esthétique installe entre l'art et le critique d'art. Qui postulerait une continuité entre les deux, puisque le critique d'art revendique « un rôle de complément productif de l'œuvre d'art », et se veut « le porte-parole du besoin d'interprétations qui est celui du grand public » (p. 964).

Tout le passage de la pratique à la théorie, et de la vie au sens-de-la-vie, se fait dans et par un mot. Celui de *spécialiste* ou d'*expert*. Glissement fiduciaire qui suppose — jeu de langage — la question résolue : « Il est clair que le contenu sémantique de la production artistique ne peut que s'appauvrir lorsqu'elle n'est pas pratiquée par des spécialistes traitant des problèmes spécifiques qui sont l'affaire d'experts et ne tiennent aucun compte de besoins exotériques » (p. 964).

Il y a ici une pétition de principe et une contradiction. La pétition de principe est que ce n'est pas l'art, l'œuvre, qui ferait son sens, et son effet, mais l'herméneute — « l'expert de la vie quotidienne » (p. 964). C'est-à-dire la théorie de l'action communicative. Et « on peut tenir un raisonnement semblable sur les sphères de la science et de la morale » (p. 965). La contradiction est que la sociologie (qui est ici autant une sociologie de la domination qu'une domination de la sociologie) se met imprudemment sous la dépendance de ce que vaudra sa théorie de l'art, de la littérature, du langage.

L'épreuve en est donc bien de vérifier les moyens théoriques capables de réaliser l'« *appropriation de la culture des experts dans la perspective du monde vécu* » (p. 965), autrement qu'à travers un roman (résumé p. 964-965). Cet expert, ce *panopticien* de la culture, est le philosophe, dans le rôle que Kant lui a conféré, de « juge suprême, rôle qui s'étend d'ailleurs à l'ensemble de la culture »[184].

Mais il y a une autre condition. Encore faut-il, ajoute Habermas, que la « modernisation sociale » s'oriente dans des « directions *différentes* et non capitalistes » (*Critique*, p. 965). Par quoi Habermas, qui espère sauver « quelque chose des intentions de la vaine révolte surréaliste et plus encore des considérations développées par Brecht, ou même par Walter Benjamin » (p. 965) propose une construction de l'esprit doublement utopique et inconsistante.

184. Jürgen Habermas, *Morale et communication, Conscience morale et activité communicationnelle.* (« Moralbewusstsein und kommunikatives Handeln », 1983), Paris, Cerf, 1986, p. 24.

Le rôle qu'il attribue à l'*expert de la vie quotidienne* suppose gratuitement un continu entre le sujet dont la transformation interne, transformation du social, produit une œuvre, et le spécialiste d'un savoir qui ne peut qu'être antérieur à cette transformation. C'est toute la distance entre les spécialistes de littérature et « ma spécialité à moi, c'est la vie », de Marina Tsvétaïeva.

Ce rôle, qui suppose contradictoirement la séparation « esthétique » de l'art et un continu entre l'art et l'expert d'un *autre* savoir, désigne aussitôt l'inconsistance de la théorie du langage chez Habermas, faite d'un bricolage cumulatif de modernités mises bout à bout[185]. La modernité n'est pas l'addition des modernités, successives, et incompatibles. C'est pourtant ce que semble croire Habermas.

Faire dépendre le « rétablissement réfléchi des liens entre la culture moderne et une pratique vécue » (p. 965) d'une hypothétique réorientation de la modernisation sociale hors du capitalisme est non seulement utopique, et diffère peut-être indéfiniment la réalisation de la promesse, bien que la théorie semble déjà, sans attendre, occuper le terrain, mais c'est aussi étrangement douter du pouvoir de transformation d'une théorie de la société sur cette société.

Ce « projet inachevé » débouche sur un diagnostic. Habermas espère qu'il pourra « rendre des services pour l'analyse des débats intellectuels et politiques d'aujourd'hui » (p. 967). Trois catégories de conservateurs : jeunes, vieux, et néo-. Qui supposent que hors de Habermas, il n'y a que des conservateurs.

Les *vieux conservateurs*, clairement, rejettent la « modernité culturelle », souhaitent un « retour à des positions *antérieures* à la modernité » (p. 966). Un néo-aristotélisme. Léo Strauss.

Les *néo-conservateurs* se « félicitent du développement de la science moderne » (p. 966). Ils séparent la science, la politique, la morale. Comme Habermas. Mais l'art n'aurait pour eux qu'une « valeur utopique », ne concernerait que la « vie privée » : le « premier » Wittgenstein, le « dernier » Gottfried Benn. Ce serait ce qui subsisterait de la modernité culturelle « une fois rejeté le projet de la modernité ».

---

185. Je l'ai analysé dans *Critique de la Théorie critique, Langage et histoire*. Je n'y reviens pas.

Mais si ce « projet » est une idéalisation chimérique sans les moyens conceptuels dont il se prétend l'unique détenteur, où est la différence ?

Les *jeunes conservateurs* (terminologie qui vient de Marx et qui, comme l'histoire, ici, paraît se répéter en farce) sont une catégorie hétéroclite. Définie d'abord comme modernisme : « subjectivité décentrée » et rejet du « monde moderne », rejet de la technique et de la science, postulation d'un « fonds archaïque lointain » et hostilité « manichéenne » à la « raison instrumentale » (p. 966). Habermas ne prend d'exemples qu'en France. Tendance qui « va de Georges Bataille à Derrida en passant par Foucault. Chez tous ses représentants souffle bien évidemment l'esprit de Nietzsche, redécouvert dans les années soixante-dix ». Heidegger, qui y est enraciné pourtant, n'est pas nommé. Mais, outre les différences entre Bataille, Foucault, Derrida, si une critique de la raison les réunit, en quoi cette critique en fait-elle des conservateurs ?

Plus tard, en 1983-1984, Habermas a modifié son diagnostic. Dans *Der philosophische Diskurs der Moderne* il n'y a plus que deux catégories, les néo-conservateurs (A. Gehlen) et les anarchistes. Le rejet anarchiste du moderne, « la force subversive d'une critique *à la* Heidegger ou Bataille » (p. 12) constitue une « complicité avec une tradition vénérable d'anti-*Aufklärung* » (p. 13), qui se fait passer pour une après-*Aufklärung*. Habermas y met ensemble anti-*Aufklärung* et anti-*Aufhebung*.

Tout le projet de Habermas consiste à se réclamer de la Théorie critique tout en voulant préserver la raison des critiques qui lui ont été portées. Pourtant il reconnaît que la modernité est un conflit avec la raison. Mais il préfère dire qu'elle est conflit *avec elle-même*, écrivant, à propos de Hegel, qu'il « explicite la théorie de la modernité qui n'était qu'ébauchée dans le concept kantien de raison, en la développant sous forme d'une critique des divisions produites par une modernité en conflit avec elle-même »[186].

Sauver l'*Aufklärung* en faisant son *Aufhebung*, c'est la procédure d'Habermas. Du point de vue de ce qu'apporte au sujet, au social, la poétique des œuvres modernes, c'est un projet archaïsant et conservateur. Il a l'ambition totalisante des

186. *Morale et communication*, p. 27.

grandes constructions unifiées du XIXᵉ siècle, dont un dernier essai était l'œuvre de Sartre.

Le syncrétisme passant pour une synthèse. C'est bien une philosophie d'aujourd'hui. D'autres poussent à la dispersion. Cette philosophie rassemble, réconcilie, rassure. Elle tient le présent par le passé. Elle représente donc la continuité. Mais en plus elle veut être moderne. Elle veut même être seule toute la modernité.

« Ce thème, contesté et riche en facettes, ne m'a plus lâché[187]. » Habermas, pour le constituer en thème philosophique, veut expressément laisser hors du philosophique l'art et la littérature. Position contradictoire et impossible. Il est contraint d'y faire sans cesse allusion. Et comment traiter de ce qui « touche et croise de multiples façons l'esthétique » en écartant l'art et la littérature ? Si la théorie de la société reconnaît une place majeure au langage, encore faut-il que la modernité soit aussi celle de la théorie du langage. Or la séparation entre la littérature et le langage est spécifiquement traditionnelle. Non critique. Non moderne. Quel effet sur la philosophie ? Sur la sociologie ?

Et c'est *dans les termes de Baudelaire* que Habermas décrit le discours du moderne chez Hegel. Portant « l'histoire contemporaine à un rang philosophique », Hegel a « en même temps mis en contact l'éternel et le transitoire, l'atemporel et l'actuel et par là changé le caractère de la philosophie d'une manière inouïe » (*ibid.,* p. 65).

L'opération est doublement intéressante. Habermas *reporte* sur Hegel l'invention conceptuelle de Baudelaire. Par là, il la lui retire. Et l'enlève à l'art. Et il obtient l'antériorité et la mainmise du philosophique, donc du sens, sur la littérature. Simple jeu de langage.

Le problème majeur pour Habermas est celui du « rapport *interne* entre modernité et rationalité » (*ibid.,* p. 13), ce qui passe par le « *mode de rationalité de l'histoire* » (*Vernunftbezug der Geschichte – ibid.,* p. 69, n. 4). Celui-ci, qui inclut la modernisation, la sécularisation étudiées par Max Weber, reste le principe ternaire de la subjectivité chez Hegel, dont les « événements clés » sont la Réforme, l'*Aufklärung*, la *Révolu-*

187. *Der philosophische Diskurs der Moderne,* préface, p. 7.

tion française (*ibid.*, p. 27). Habermas a la modernité de sa rationalité.

Nietzsche est la « véritable provocation » (*ibid.*, p. 93) pour le discours du moderne. Habermas s'emploie à montrer qu'il ne constitue pas une sortie sérieuse. Nietzsche « *donne congé* à la dialectique de l'*Aufklärung* » (p. 106) par un appel au mythe, à l'archaïque, dont l'art moderne devient un « medium » (p. 108). Le « chaos originel » — « l'autre de la raison ». L'esthétique comme « autre de la raison » (p. 120). Ici, Nietzsche est rabattu sur le romantisme. Sa « métaphysique d'artiste » (p. 118) hésite entre deux stratégies. Celle du « savant sceptique » et de la « vision artiste du monde », « antimétaphysique, anti-romantique, pessimiste », où l'histoire doit servir la volonté de puissance. Habermas, parmi les « suiveurs », met Bataille et Lacan. Et la stratégie d'une « critique de la métaphysique », qui « suit l'origine de la philosophie du sujet jusqu'aux commencements présocratiques » (p. 120). Suivent : Heidegger, Derrida. Du caractère négatif de cet « autre de la raison », Habermas conclut qu'aucune de ces stratégies ne réussit sa sortie. En effet, l'irrationnel ne sort pas du couple de la raison et de la déraison. Mais la *victoire* logique de Habermas est celle du conformisme sur la modernité. Pas de quoi se réjouir.

Au passage (p. 122), il remarque la fermeture de Heidegger à l'art d'avant-garde, comparée à l'attitude de Walter Benjamin. Remarque intéressante. Il n'y a pas nécessairement unité, et intercompréhension, de l'irrationnel. Il n'y a peut-être pas non plus cette unité dans la raison. Le corollaire de cette remarque impliquant aussi, sans le dire, qu'il est normal que la rationalité en question n'entende rien non plus à l'art d'avant-garde.

Au terme du *Discours philosophique du moderne*, Habermas a décrit et vaincu les faiblesses des critiques contre la raison. Mais la conclusion a du vague : « Certes la théorie du monde administré et la théorie du pouvoir de Foucault sont plus productives, simplement en apprennent plus que les déclarations de Heidegger ou Derrida sur la technique comme cadre (*Gestell*) ou l'essence totalitaire du politique. Mais toutes sont insensibles au contenu hautement *ambivalent* du moderne culturel et social » (p. 392).

Il ne s'agit pas seulement d'une « réhabilitation » (p. 395), liant l'action communicative à la « raison communicative » (*kommunikative Vernunft*), il s'agit d'établir le « contenu normatif du moderne » (p. 390). Ce contenu se compose de consensus, de légitimation. Il est réglé par la *reproduction culturelle* » (p. 398), aidé de l'« *intégration sociale* » et de la « socialisation ». Et parmi toutes ces abstractions qui dansent, des « identités personnelles » donnent la main à des « solidarités ». Elles dansent sur un air scientifique, joué par la linguistique : les constituants « illocutionnaires » (p. 397) jouent le rôle de « description théorique » (p. 398). Le tout mimant une « reproduction du monde de la vie » (*Lebenswelt*, p. 398).

L'abus sociologique de termes empruntés aux techniques de description du langage, et particulièrement à la pragmatique, est révélateur de l'ambition totalisante. Ce n'est pas un hasard que les termes de *performatif* ou d'*illocutionnaire* y soient privilégiés. Mais leur précision, qui fait leur prix, et leur limite (désignant la propriété de certains verbes d'accomplir ce qu'ils disent dans l'acte même de leur énonciation) est débordée par l'extension qu'ils subissent. La linguistique n'y est plus qu'une caution illusoire. Jeu de langage sur le pragmatisme, théorie de l'efficacité.

La naïveté linguistique réelle de l'entreprise éclate quand l'existence des pronoms personnels est présentée comme une garantie de compréhension irénique, et un moyen d'individuation : « Avec le système des pronoms personnels est installée une force sévère d'individuation dans l'emploi du langage de l'interaction socialisatrice orienté vers la compréhension – *Mit dem System der Personalpronomina ist in den verständigungsorientierten Sprachgebrauch der sozialisatorischen Interaktion ein unnachsichtiger Zwang zum Individuierung eingebaut* » (p. 401-402). Depuis quand les pronoms personnels ont-ils contribué à la paix des foyers ? Cette notion de compréhension n'a elle-même rien compris au langage. Il lui conviendrait de faire un détour par Humboldt. C'est de ce genre d'explication par le langage, chez Proudhon, que Marx se moquait.

Si c'est tout ce que la raison comprend au langage, on peut s'inquiéter de ce qu'elle comprend à la société. Et au moderne.

Cette « projection idéalisée » (p. 399) semble avoir le même âge, et la même puissance théorique que la « séparation de la forme et du contenu » (p. 400) qu'elle déclare être. Qu'est-ce que le « macro-sujet social » (p. 400), et que peut être sa « *Selbstreflexion* » ? A-t-elle lieu dans un macro-cerveau, a-t-elle un inconscient collectif ? En faisant de la société entière un « macro-sujet », quitte à y remettre, comme dans la psychanalyse, une fente ou fissure — « il est *gespalten* » (p. 403) — Habermas répète Marx en *Roman de la rose*.

Normative — en quoi sa théorie du consensus et sa théorie du langage sont une même théorie — la raison du moderne suppose un individu qui ne semble avoir à dire que « oui ou non » (p. 401). Et il vaut mieux dire oui. Il n'est plus qu'une figure d'une méta-rhétorique où « la réflexion sur soi (*Selbstreflexion*) devrait, sortant unie de la subjectivité, cherchant à s'élancer par-dessus ses bornes, faire ses preuves comme pouvoir de réconciliation » (p. 402).

C'est le vieux couple du normal et du pathologique. Le corps social a des « pathologies sociales » (p. 403). De même, la communication a une « pathologie de la communication ». L'anthropologie binaire est réactionnaire au nom de l'hygiène. Il est remarquable que cette métaphore médicale, qui attend elle-même son médecin, se substitue au concept ancien de lutte des classes.

Une vieillerie après l'autre, la raison sort de sa poche la comparaison du langage avec la circulation de l'argent. Sous l'autorité de Parsons (p. 405-406). Cette fausse monnaie circule encore[188].

Habermas oppose les « traditions *propres* » (p. 425) de l'Europe à la confusion culturelle issue de l'abandon des « vieilles valeurs », au moment où la « deuxième révolution américaine » pousse à une rechute « dans les illusions du début du modernisme » (p. 424). Mais cet appel à l'avenir n'a que le discours du passé. Les bonnes intentions, pas la méthode. Sa modernité est lâchée par sa théorie du langage. La société se brise à sa littérature.

188. Je renvoie à l'analyse que j'en ai faite dans *Le Signe et le poème*, Gallimard, 1975, p. 273-274.

LE MUSÉE DU XXᵉ SIÈCLE

Habermas ne voit autour de lui que des conservateurs. Il a presque raison. La modernité devient conservatrice. Pas seulement de son passé. Mais immédiatement, de son présent. La modernité devient son propre musée. Un siècle musée.

Ce sont les musées d'art moderne qui ont mis le musée à la mode. Parce que l'art moderne, d'abord, a fait redécouvrir le musée, et ensuite l'a modernisé. La muséographie est un art. Certains la prennent même pour l'art.

Puis un glissement a été observé, par l'entrée au musée de l'art de plus en plus contemporain, la concurrence du musée et de la galerie. De conservateur, le musée est en train de devenir créateur. On peut lire : « Depuis Documenta V [en 1972], le musée réhabilité permet l'invention de l'art contemporain, conçu et perçu comme une valeur qui se substitue peu ou prou à la notion d'avant-garde[189]. » Et la simultanéité de grandes expositions à Paris, Cassel, Munich est interprétée comme le signe d'un « phénomène irrésistible, l'institutionnalisation de l'art », l'effet social étant indémêlablement « d'interroger, de déranger, de documenter, de promouvoir ou de légiférer » (*ibid.*, p. 50).

Le musée fait la sociologie de la modernité en art. Il était passéiste. Il est de plus en plus interventionniste. Mais il est d'abord un effet de l'art : « En situant chaque geste créateur dans la perspective de la taxinomie récapitulative de l'histoire de l'art, la production d'avant-garde suscite la muséification et

---

189. Alain Cueff, dans *Beaux-Arts* nº 48, juill.-août 1987, p. 49.

implique une croissance exponentielle du musée[190]. » Les
effets annexes sont propres au marché de l'art comme
marchandise : « L'avant-garde appelle le musée comme alternative au marché » et « dote le musée comme institution d'un
pouvoir de consécration considérable à l'égard du marché de
l'avenir » (*ibid.*, p. 1068). Cet effet du musée dans la culture
est lié sans doute à la reproductibilité de l'œuvre d'art. Qu'a
développée en généralisations culturelles l'histoire de l'art
selon Malraux.

Le musée est historiciste. D'où sa double, et récente, transformation. Et deux sortes d'adversaires.

Sa vocation se dédouble : l'art, et le goût. Les œuvres, et
l'époque. André Chastel, résumant les transformations du
musée depuis 1950, note : « La curiosité se tournait vers les
" pompiers " perversement remis en honneur par le
surréalisme[191]. » Les raisons d'aujourd'hui ne sont plus celles
des surréalistes, dans le rassemblement du xixᵉ siècle (à partir
de 1850) au musée d'Orsay. Elles ne sont d'ailleurs pas exclusivement documentaires. Leur sociologisme est avoué : montrer que l'art académique au xixᵉ siècle prenait plus de place
que l'autre, et que « l'idée d'une " modernité " conçue
comme une succession de victoires remportées par des individus contre des institutions est une fable complaisante »[192].
La démonstration est parfaite. Elle montre, comme écrit Soulages, « ce qui était le goût dominant de la bourgeoisie Napo-
léon III et IIIᵉ République. Ce musée est fidèle à ce goût mais
la véritable création est mise en quelque sorte entre parenthèses. Entre parenthèses aussi les Impressionnistes, Cézanne,
etc. C'était bien cela, ils étaient des marginaux »[193].

Le même point de vue qui privilégie le xixᵉ siècle voit dans
le musée d'art moderne la fin de l'art — « conséquence pratique inattendue » du « *lamento* hégélien » ![194], la création des
grands musées à partir d'environ 1920. Le fait que ce furent

190. Jacques Leenhardt, « Vers une sociologie des mouvements d'avant-
garde », *Les Avant-gardes littéraires au XXᵉ siècle*, t. 2, p. 1067.

191. A. Chastel, « Nouveaux regards sur le siècle passé », *Le Débat* nº 44,
mars-mai 1987, p. 77.

192. Jean Clair, « Le puits et le pendule », *Le Débat* nº 44, p. 122.

193. Pierre Soulages, « La création entre parenthèses », le *Nouvel Observateur*, 16 janvier 1987, nº 1158, p. 98-99.

194. Jean Clair, *Considérations sur l'état des Beaux-Arts*, p. 53.

des « lieux distincts des musées qui existaient déjà » est interprété comme la reconnaissance que « la nature de l'art moderne est radicalement différente de celle de tout l'art qui l'a précédé » (*ibid.,* p. 54).

Argumentation non empirique. On pourrait énumérer bien des contre-exemples, de la Tate Gallery au musée des Beaux-Arts Pouchkine à Moscou, de la Fondation Gulbenkian à Lisbonne au musée de Tel-Aviv. Mais on a affaire au raisonnement du mythe, qui tient peu compte des réalités. *Moderne,* dans « musée d'art moderne », n'y est pas pris comme une catégorie chronologique, mais désignant la spécificité d'objets « dont la qualité serait aussi différente de ceux exposés dans la grande Galerie du Louvre que le seraient ceux d'un musée d'art chinois, africain ou toltèque » (*ibid.*). La diversification des musées suit assez banalement celle des connaissances. Et la nécessité de la monographie, outre d'autres raisons, rencontre celle des Fondations consacrées à un peintre seul : Klee, Miró, Picasso. Mais la conséquence pour le mythe est : « L'art moderne se referma sur lui-même » (*ibid.*). Paradoxe pour une époque où la diversité n'a jamais été aussi grande.

Le mythe anti-moderne du musée n'est aussi peu en rapport avec les aventures individuelles des peintres que parce que, comme le critique d'art chez Habermas, il se préfère à l'art. Il s'identifie à son sens. C'est pourquoi il le présuppose.

Le musée réalise l'esthétique de la raison. Il a, lui, l'autonomie, que l'art n'a que du point de vue de l'esthétique. Mais à la différence de l'esthétique, il est histoire, et historicisé, autant qu'il historicise. Il est inexact de le présenter comme un lieu abstrait uniquement, « le lieu où se concentre la qualité esthétique comprise de cette manière abstraite et déracinée »[195], en l'opposant à la « collection d'art princière » qui, elle, « était encore la manifestation d'un certain goût » (*ibid.*). Comme les collections particulières, qui se sont multipliées plus encore que les musées, et qui accompagnent le développement de la bourgeoisie depuis le XIXᵉ siècle, les musées sont tout autant les témoins, ou les prisonniers, du goût. Du regard de l'époque sur son passé et sur son présent. Le musée d'Orsay le montre. Et les transformations mêmes de la muséographie.

195. G. Vattimo, *La Fin de la modernité,* p. 126.

L'analogisme du mythe anti-moderne, devant « les varia-tions sur l'invisible et sur le presque rien »[196] des derniers peintres abstraits, et la glose qui s'enfle « en proportion inverse de son objet » et de l'accroissement des musées, ren-contre une comparaison scientifique : « Comme en physique fondamentale, on construit des machines de plus en plus grandes pour observer des phénomènes de plus en plus minuscules » (*ibid.,* p. 20). C'est l'arroseur arrosé.

Le rapport entre l'observateur et ses conditions d'observa-tion n'est pas propre au moderne. Ni à la « physique fondamentale ». Lévi-Strauss, dans *Race et histoire,* l'a montré pour les sciences humaines. Ce qui fait le caractère illusoire de la remarque : « Il ne serait plus possible de se faire une image de l'objet artistique, mais seulement une image des rapports que nous entretenons avec lui. Cette situation nouvelle, qui exprime la condition de la modernité, une boutade de Duchamp l'avait parfaitement résumée : " Ce sont les regar-deurs qui font les tableaux " » (*ibid.,* p. 21). Une idée fausse dans une idée vraie : que cette intervention de l'observateur « constitue déjà une telle modification de la nature de l'objet qu'il devient impossible d'espérer l'appréhender en soi. »

Car il n'y a jamais eu d'appréhension en soi hors d'un obser-vateur. L'image de l'objet a nécessairement et de tout temps été une « image des rapports que nous entretenons avec lui ». Par quoi l'histoire de l'art n'est autre que l'histoire des regards sur l'art, à part celle des œuvres et des auteurs. De cette belle découverte, le mythe conclut à la « fin de l'idée d'art mo-derne » (*ibid.*)[197].

Comme, nouvelle analogie, les écomusées sont le signe de la « disparition des derniers paysans » (*ibid.,* p. 23). Comme l'ethnologue nourrit « sa science de l'agonie des tribus lointaines ». Dans cette suite de glissements de sens et de situations, tactique confusionnelle, le dernier paralogisme à la mode est la neutralisation des différences que réaliserait le musée « fourre-tout » en faisant voir « d'un même regard le triptyque de Rubens, l'araire en bois, le pot-pourri en faïence et le châle normand » (*ibid.,* p. 25).

196. Jean Clair, *Considérations sur l'état des Beaux-Arts,* p. 12.
197. La formule est en réalité d'Octavio Paz. Je cite plus loin le passage en entier.

L'histoire moderne du primitivisme remet à leur place, tels qu'ils ont eu lieu, les rapports entre l'art et les objets utilitaires. Entre le musée et les artistes. Il n'y a pas eu cette confusion des rôles. Mais une succession d'interactions.

Le discours anti-moderne est le discours héroïque d'un défenseur. Mais en se donnant le beau rôle, il ne s'aperçoit pas qu'il tient celui du néo-classique de toujours. Le rôle de la joue, où Théophile Gautier, le jour du gilet rouge, appliquait la claque.

Modernité de la fin

Depuis que les anti-modernes déclarent la fin de la modernité, les déclarations de fin sont devenues à la mode. Il est vrai que les modernes avaient commencé. Après la mort de Dieu, précédée par la fin de l'art et de la poésie, par l'annonce aussi du dépérissement de l'État, à venir, une eschatologie galopante et laïque accumula les fins du Livre, sous plusieurs formes, de Mallarmé à Blanchot, et Mac Luhan, la fin de l'Homme — c'est-à-dire de l'humanisme abstrait, maintenant la fin de la culture. Et pour achever, la fin du siècle.

Berdiaev avait commencé ce siècle par la fin, prévoyant dès 1915 « la fin de l'Europe »[198] au profit de l'Extrême-Occident (l'Amérique) et de l'Extrême-Orient (le Japon et la Chine) — « L'" histoire moderne " prend fin et une époque historique inconnue commence, qui n'a pas encore de nom » (*ibid.,* p. 15). Dans l'actualité d'alors, envisageant la fin du christianisme, il disait : « Nous vivons une époque de décadence spirituelle et non d'essor spirituel » (*ibid.,* p. 17). Il envisageait deux directions dans la négation de l'humanisme : « L'individualisme extrême et le socialisme extrême sont les deux formes du dénouement de la Renaissance » (p. 30).

L'apocalypse est un genre littéraire. Le discours à lui seul ne permet pas de savoir si on a affaire à un prophète de mensonge, ou de vérité. Comme dans la fable du berger et du loup.

---

198. N. Berdiaev, « *La fin de la Renaissance* (à propos de la crise contemporaine de la culture) » dans *Le Nouveau Moyen Âge,* L'Âge d'Homme, 1985, p. 15, 43.

Plusieurs fins très réelles sont venues, qui n'avaient pas été annoncées. Depuis, mithridatisés de fins du monde, pendant que certains entretiennent la peur comme d'autres la flamme du soldat inconnu, nous aurons sans doute le tort de ne plus y croire.

La fin de l'art n'en est que la petite monnaie : « La peinture en cette fin de siècle se porte mal [199]. » Toutes les célébrations « alimentent son souvenir, entretiennent son regret, exaltent ses sursauts, enregistrent les traces les plus minces de son agonie » (*ibid.*, p. 11). C'est un « climat de basse époque » (p. 14).

La fin du siècle dernier, déjà modèle de décadence, paraît-il, n'avait pourtant pas cette morosité. À en croire les appellations de mouvements ou revues tels que, en vrac, *La jeune Belgique* (1880), *La jeune Pologne, Jung-Wien,* l'art nouveau, le *Jugendstil,* la revue *Jugend* de Munich (1896), ou plus tard l'appellation de « jeune poésie » que se donnait la poésie expressionniste, pourtant peu portée à l'optimisme.

C'est que le sens de la rupture entraîne un double effet, un double mythe : celui du déclin, celui du progrès. Rupture vers le passé : décadence. Rupture vers l'avenir, avec le passé : avant-garde. L'hostilité entraîne l'accusation de décadence aussi sur l'avant-garde : « Le thème le plus facile et le plus fréquent de la critique hostile est d'accuser tout art d'avant-garde de décadence [200]. » Puisqu'elle a renoncé au canon régnant.

Si la modernité est identifiée à la rupture et au nouveau, elle est conduite à être définie comme une négation exacerbée. Ce que constate Octavio Paz, et que reprennent à l'unisson les anti-modernes : « Aujourd'hui, l'art moderne commence à perdre ses pouvoirs de négation. Depuis des années, ses négations sont des répétitions rituelles : la rébellion devenue procédé, la critique : rhétorique, la transgression : cérémonie. La négation n'est plus créatrice. Je ne veux pas dire que ce soit la fin de l'art : nous vivons la fin de l'*idée* d'art moderne [201]. » Le motif est devenu un refrain. Une vulgate. Vite transformée en

199. Jean Clair, *Considérations sur l'état des Beaux-Arts,* p. 11, première phrase.

200. R. Poggioli, cité par A. van Crugten, « Au seuil de l'avant-garde », *Les Avant-gardes littéraires du XXᵉ siècle,* t. 1, p. 120.

201. Octavio Paz. *Point de convergence. Du romantisme à l'avant-garde,* Gallimard, 1972, p. 190.

fin de la modernité. Par les « traumatisés de l'art moderne »,
comme dit Soulages.

Mais l'observation, et la critique, n'ont pas le même sens,
selon l'idée qu'on a du moderne.

La répétition abonde. L'ironie de l'anti-art, reprise indéfiniment, a sans doute perdu son pouvoir d'ironie. On ne signerait plus l'alphabet, comme Aragon. On ne peut le faire
qu'une fois. Il y a toujours eu des épigones. Depuis les copies
romaines de la statuaire grecque. Des milliers de sonnets néo-
pétrarquistes à la fin du xvie et au début du xviie siècle. Des
tragédies raciniennes au xviiie. Des vers hugoliens à la fin du
xixe et après.

Le bruit mené autour de ces phénomènes sans intérêt est
l'effet social, l'après-coup mondain de l'art. Une forme
d'occupation du terrain. De la confusion qui en résulte
essaient de tirer parti, autant en sciences humaines qu'en art
ou en littérature, quelques passéismes.

On fait de la modernité un passé. On nous invite à suivre
notre propre convoi funèbre.

> Les nations n'ont de grands hommes que
> malgré elles — comme les familles.
>
> BAUDELAIRE, *Fusées*, VII.

Un passé contre le présent — manœuvre classique de l'anti-moderne.

Mais aussi, il y a peu de notions qui portent en elles-mêmes autant de conflits que celle de modernité.

Vienne est un exemple privilégié. D'autant plus riche qu'il est le lieu de convergences éblouies entre l'empirisme logique[202], Freud, la peinture. Vienne, pour certains le lieu de naissance de la modernité. Or un de ses biographes conclut : « Les écrivains autrichiens ont peut-être été les adversaires les plus cinglants de la modernité[203]. » Il s'agissait de l'agressivité de Karl Kraus contre l'époque. Johnston parle de « contre-révolution conservatrice », pour « faire valoir le goût classique » (p. 256), chez Kraus et Wittgenstein. Qui font aujourd'hui partie de la modernité de Vienne. C'est l'anti-moderne qui est moderne.

« Vienne » est le résultat d'un brouillage de modernités superposées. Celle de la *Jeune Vienne* et de la *Sécession*, Klimt. Puis l'hostilité au style 1900. Puis l'expressionnisme.

---

202. Le *Manifeste du Cercle de Vienne* est publié dans *Manifeste du Cercle de Vienne et autres écrits*, sous la direction d'Antonia Soulez, P.U.F., 1985.

203. William M. Johnston, *L'Esprit viennois, Une histoire intellectuelle et sociale 1848-1938*, déjà cité. Première phrase de la conclusion, p. 453.

La lutte contre l'ornement « prend chez Karl Kraus, mais aussi chez Adolf Loos la forme de la misogynie »[204]. L'ascèse devient une définition de la modernité — permettant de réunir en une même unité-modernité Schönberg et Wittgenstein : « Adorno fait de l'ascèse une des caractéristiques essentielles de l'esthétique de la modernité », et « l'ascèse linguistique prônée par Ludwig Wittgenstein dans le *Tractatus* ressemble de très près à la réforme musicale de Schönberg » (*ibid.*, p. 19). Cela expliquant l'admiration de Wittgenstein pour Weininger.

Toute cette vie, paradoxalement, nous est depuis quelque temps présentée comme une agonie. Un mythe funèbre se substitue à la connaissance d'une époque, et des œuvres, pour elles-mêmes. Au point que l'ouvrage de Johnston, qui fait autorité, est gagné par cette représentation, à la fois projection anachronique et fabulation : le thème de l'*apocalypse joyeuse*. Cette somme d'érudition commence par une erreur et finit sur un cliché.

L'erreur, dès la première page : « " La Joyeuse Apocalypse " — c'est ainsi que Hermann Broch désignait la période 1848-1918 de l'Empire des Habsbourg. » Totalement inexact. Il s'agit seulement de 1880. Comme on verra plus loin.

Le cliché, celui du déclin : « L'Apocalypse joyeuse s'est plus que toute autre considérée, parmi les âges les plus créatifs, comme la fin d'une époque plutôt qu'un commencement » (p. 465). Généralisation sans nuances, aussi.

C'est en France, surtout, que Vienne a été poussée au noir. Le commissaire de l'exposition expliquait la « viennomanie » — convergence de publications nombreuses depuis plus de dix ans — par un « état de sensibilité un peu morbide d'une société qui se sent malade »[205]. La nôtre, aujourd'hui.

---

204. Jacques Le Rider, « Modernisme-féminisme/modernité-virilité, Otto Weininger et la modernité viennoise », *L'Infini* n° 4, 1983, p. 15.

205. Gérard Régnier (alias Jean Clair), « Vienne, un autre regard », dans *CNAC Magazine* n° 34, 15 juillet-15 septembre 1986, p. 38. Ce point de vue n'est pas le seul mode de connaissance de Vienne. Il ne semble pas que c'était celui de l'exposition de Londres en 1970 sur la *Sécession viennoise*. Ce n'est pas celui du livre de Allan S. Janik et Stephen E. Toulmin, *Wittgenstein, Vienne et la modernité*, P.U.F., 1978 (*Wittgenstein's Vienna*, New York, Simon & Chuster, 1973).

Une société censée venir à cette exposition comme on assiste à une « répétition générale de ce qui se passe aujourd'hui à l'échelon européen ». Cet état d'esprit *supposé*, dans le public, lui était explicitement *suggéré*, par l'affirmation du « sentiment plus ou moins conscient de la vulnérabilité culturelle de l'Europe, sentiment que dans l'exposition, délibérément, nous avons accentué » *(ibid.)*. Sans voir ce que cette circularité avait de vicieux.

La nostalgie légitime d'une « communauté intellectuelle » (p. 39) — celle de quelques rares grands intellectuels, Gide et Stefan Zweig — se transformait en psychanalyse sauvage du public. Car la métaphore du « travail de deuil » se réalisait physiquement dans « l'idée que tous ces gens qui faisaient la queue, c'était en même temps un enterrement, un service funèbre auquel ils étaient en train d'assister. Cette coloration-là était au cœur de l'exposition » *(ibid.)*.

L'enterrement de la modernité.

LA MODERNITÉ À LA MODE DE VIENNE

> L'éthique et l'esthétique sont un.
>
> L. WITTGENSTEIN, *Tractatus logico-philosophicus*, 6.421.

1. Le culturel contre la modernité

Rarement l'effet pervers du culturel sur la culture aura été aussi fort et insidieux que dans la célébration de Vienne.

L'exposition de Paris en 1986, et son prolongement, le catalogue *Vienne/1880-1938/l'apocalypse/Joyeuse*[206], ont reproduit justement ce que Broch disait de Vienne : « Vienne confondait l'atmosphère de musée avec la culture[207]. »

Et devint « son propre musée » (*ibid.*, p. 82). La célébration a organisé un musée de musée. Il y avait lieu de distinguer entre une présentation, sa méthode, ses présuppositions — et les artistes, écrivains, tous ceux qui en ont été l'objet. Car une opération ostentatoire a été menée. Sous couvert de la connaissance, mettre la modernité au passé.

---

206. Sous la direction de Jean Clair, Éd. du Centre-Pompidou, 1986. L'exposition a eu lieu de février à mai 1986. Elle a été un grand succès public : 450 000 entrées en 70 jours, selon ses organisateurs. Présentée aussi à Vienne, Venise, New York. Accompagnée à Paris d'un Festival d'Automne sur le thème « Vienne, fin de siècle et modernité », avec de nombreuses tables rondes. Précédée de nombreuses publications. Tout cela justifie d'autant l'analyse qui suit.

207. Hermann Broch, « Hofmannsthal et son temps », dans *Création littéraire et connaissance*, Gallimard, 1966 [texte de 1948-1951], p. 81.

On a fait plus que nous proposer de mieux voir nos origines. Des motifs explicites, des effets de méthode plus cachés, tout en cherchant, ou en paraissant chercher de quoi notre modernité est faite, ont tendu à imposer, l'un par l'autre, une philosophie de l'histoire comme déclin, et destin, un tableau de l'art et de la pensée où une décadence et une mort sont censées dire non seulement leur vérité, mais la nôtre. Une double analogie unit alors l'art et l'histoire sociale en un modèle unique. Le passé, le présent, l'avenir en un modèle unique.

On a d'ailleurs fait plus que présenter des œuvres et des objets du passé. L'idée de modèle avait poussé à reproduire les multiples accessoires du décor. Vienne 1903-1913 comme si vous y étiez. Broch le disait : « Une décadence dans la richesse conduit au musée » (*op. cit.*, p. 82). Si la décadence est la répétition.

Comme pour la métrique sociale des centenaires, la mode. La fête.

Pourtant cette fête était sinistre. Une anesthésie de culture, mais pas pour vous en donner. Pour que vous preniez acte qu'avec elle, votre culture a déjà eu lieu, et que vous assistez à votre propre mort.

2. *La fin du monde comme genre littéraire*

Ce berceau de la modernité est devenu un cercueil. On suggère que si vous regardez bien, vous reconnaîtrez que c'est le vôtre. Le morbide, le macabre sont de rigueur. Par le passage à l'allégorie.

La femme enceinte, dans *Espoir I* (1903) de Klimt, est placée sous les têtes de mort. Sur la couverture du catalogue, elle est l'allégorie majeure. Des peintures de Schönberg aux dessins de Schiele, au style de Kokoschka, aux inventions emblématiques de Kubin vers 1900, la vision des peintres est vue comme l'hallucination d'une fin du monde. La naissance d'un siècle, en peinture, reste surtout fin de siècle.

Le sens unificateur de ces modes de vision était donné, dès l'ouverture du prologue, par Cioran. Cioran, à partir d'une réflexion sur l'impératrice Élisabeth, « Sissi ou la vulnérabilité », fait de ce personnage le « Symbole » d'une « évolution inexorable »[208]. La porteuse liminaire du destin. Elle n'a ainsi une actualité que parce qu'elle a un sens, ou plutôt une signification pour *nous* : « Nous la comprenons mieux que ne la comprenaient ses contemporains » (p. 19). Elle est une figure. Un sens de l'histoire.

Le sens de Vienne : « L'effacement de l'Autriche, on l'a dit et redit, préfigure celui de l'Occident. On a même parlé d'une répétition générale... Ce qui va nous arriver, l'acte suivant dans la tragédie historique de l'Europe, cela s'est déjà déroulé à Vienne, symbole désormais d'effondrement » (p. 19).

On saisit ici le flagrant délire de l'analogie : une fin métaphorise toutes les fins. Bien que la fin personnelle d'Élisabeth, assassinée en 1898, n'ait pas de relation directe avec la fin de l'empire, elle l'annonce. Après coup, bien sûr. Comme le tremblement de terre de Messine en 1908 annonçait, pour Alexandre Blok, la révolution russe. De 1918 à 1938, la phrase de Cioran passe au futur, et même au futur immédiat : « ce qui va nous arriver ». Parce que c'est une « catastrophe modèle ». Les prophètes de fin du monde auront un jour raison. Mais ils veulent avoir raison tout de suite.

Une théologique de la préfiguration fournit la preuve. Comme le sentiment religieux tire de lui-même la preuve de Dieu. L'avenir a déjà eu lieu. Ce ne peut être qu'un « effondrement ». Puisqu'il répète un modèle.

Une généralisation, caractéristique de cette pensée à la Joseph de Maistre, étend cycliquement au passé le sentencieux, et la sentence : « Dans l'histoire, seules les périodes de déclin sont captivantes, car c'est en elles que se posent véritablement les questions de l'existence en général et de l'histoire en tant que telle. Tout se hausse jusqu'au tragique, tout événement prend du coup une dimension nouvelle » (p. 19). Un autre auteur du catalogue, sur le même ton : « Les ères de décadence sont des époques de bonheur » (p. 692). Pour Des Esseintes, le Grand Siècle était celui de Pétrone, pas celui d'Auguste. Ni de Louis XIV.

Je ne discuterai pas le goût de Cioran, ou de Jünger, pour la décrépitude ou le déclin. Encore qu'il faille les définir. Juste, au début, j'admire que le déclin se dise avec le mot *déclin*. Et

---

208. Catalogue *Vienne...*, p. 19. Les références au catalogue, plus loin, mentionnent seulement les pages.

voyez comme *Occident*, étymologiquement, dit la même chose. Mais indépendamment du verbalisme, ou de l'étymologisme incontinent, le goût pour le tragique est respectable. Cependant, que vaut une pensée qui a besoin du tragique, donc de l'après-coup, pour découvrir la dimension d'un événement ? Une vie, n'importe quelle vie, contient tout du sens.

C'est une fausse maxime, qui privilégie les périodes de déclin. Fausse historiquement. Mais à peine on entre dans une énumération d'exemples, « siècles » de Périclès ou de Louis XIV, ils font paraître que cette phrase ne joue pas le jeu de l'empirique, et de la vérification. Elle ne regarde qu'elle-même. Le tragique suffit à sa beauté. Tant pis pour les alouettes, qui se prendront à son miroir. Où ce qui manque le plus au moraliste, c'est une éthique. Il l'a remplacée par une esthétique. Il phrase.

L'histoire vue comme fatalité et destin, selon l'illusion rétrospective qui efface la multiplicité imprévue des possibles, *avant*, a privilégié l'empire d'Autriche-Hongrie pour voir, dans la fin d'un monde, la fin du monde : « La civilisation viennoise a été, surtout entre la fin du siècle dernier et l'*Anschluss*, une station météorologique pour la fin du monde, selon la définition de Karl Kraus. C'était un sismographe qui enregistrait inexorablement les signes, même les plus imperceptibles, de la catastrophe mais c'était aussi un théâtre où l'on prolongeait la répétition générale de cette fin du monde pour la retarder au moins quelque temps, pour différer la véritable première, définitive cette fois [209]. »

Tout ce que rassemble le syndrome fin de siècle est déplacé sur la fin de l'autre siècle — le XIXe — censé en même temps nous figurer notre image. Dont nous n'avons même plus à être les auteurs. Ce motif est ressassé. Nul doute que certains en croient leurs oreilles.

Seuls, dans la chorale, deux trois sons discordants. A propos des minutes de la société de psychanalyse : « La fin de siècle était généralement vécue comme un désastre imminent. Rien ne permet de supposer que les analystes la vivaient ainsi. Pour les disciples de la psychanalyse qui se savaient au tout début d'un important mouvement, il n'y avait aucune raison, intel-

lectuelle ou émotive, de l'éprouver comme une fin[210]. » Par
quoi il peut déjà apparaître que l'effet de fin du monde
consiste dans, ou se renforce par, un amalgame de plusieurs
séries préalablement supposées homologues, pour l'effet à
obtenir.

Cet effet est le cyclique. Le paradoxe est qu'il désigne la
modernité : « Vienne affrontait deux défis majeurs de notre
modernité, ceux-là mêmes qui sous-tendent la réflexion et
l'activité du centre Georges-Pompidou : allier l'actuel à
l'inactuel ; affirmer une identité sans ignorer l'altérité[211]. »
Ces généralités par couples se trouvent situées et orientées,
prenant l'allure d'une prophétie. De Nietzsche : « Ainsi se
réalisait la prophétie de Nietzsche : la naissance d'une nouvelle temporalité qui ne suivait plus la continuité chronologique mais confondait l'actuel et l'inactuel au gré de l'éternel
retour des cycles du temps » (ibid.).

Un mythe, celui de l'éternel retour, pour comprendre
l'apparition du nouveau. Pour autoriser de confondre, non
seulement l'actuel et l'inactuel, mais encore les genres et les
époques, les stratégies et les enjeux. Entre 1880 et 1938, ne
plus se sentir tenu par la continuité de la chronologie[212].
Comme cela fait du bien à la thématique !

Les effets de la prophétie n'ont pas manqué. Ceux de son
interprétation, du moins. Une double indéfinition de la
modernité. Car elle porte sur toute époque dans sa diversité.
Par quoi elle manque à définir la nôtre. Sinon par cette confusion proclamée, l'effacement aussi du conflit impliqué dans le
unzeitgemäss de Nietzsche, l'intempestif autant que l'inactuel,
et, de plus près encore, ce qui est hors de la mesure du temps.
Ce qui est contre.

Cette confusion autorisée a paru à son comble dans la dernière salle de l'exposition, les aquarelles du peintre Hitler au
son des valses de Johann Strauss, pendant que défilaient sur un
écran les portraits des Viennois illustres qui avaient émigré,
sur tout un mur une photo du café Rembrandt marqué de

210. Harold Leupold-Löwenthal, « Les Minutes de la Société de
psychanalyse », Vienne, p. 145.

211. Jean Maheu, Vienne, Préface, p. 6.

212. À titre d'indice, aucune chronologie d'ensemble, et aucun index, dans
le catalogue Vienne.

l'étoile juive, face aux moulages d'artistes morts de toutes les époques. Figuration de la décadence, dans la décadence de la représentation historique, pour rassembler tous les signes contrastés en même temps de la grandeur et de la décadence.

3. *La décadence comme modernité*

L'analogie, pour triompher, retire le sens à l'historicité. L'analogie efface l'historicité. Sa démarche est ahistorique. Sa réussite est le symbole, le destin. Obtenus par ruse. En quoi il y a eu là une opération, qui est de l'ordre de la fable. Celle que l'analogie se raconte. Pour vous bercer.

Car elle accomplit pour elle-même ce qu'elle dit de la psychanalyse. Une mise hors du temps. De l'inconscient que Freud a caractérisé comme *zeitlos*, elle déduit : « Ce qui constitue l'homme comme homme n'est pas d'essence historique. Si l'homme doit se trouver, ce n'est pas en s'accomplissant dans quelque projet, c'est en se retrouvant dans la patrie perdue de l'enfance[213]. » Cette interprétation de la psychanalyse a été exactement exécutée par le musée.

On a opposé la mémoire à l'histoire. Cette opération est à la mode. C'est ce que Lanzmann a revendiqué pour son film *Choah*. Il en résulte un mélange de passivité et de passéisme qui tourne au mélodrame, ce chant du destin. Effet du signe sur l'histoire : la séparation entre une sociologie et une psychologie, séparation aussi radicale que celle des composants du signe. L'attitude historiciste tentait leur mariage, dans une « hésitation prolongée », comme Valéry disait du poème, entre le son et le sens. L'attitude mode, ici, remplace l'histoire par la mémoire. Comme le projet, par la patrie perdue de l'enfance.

Pensant réaliser la psychanalyse, cette interprétation la détourne curieusement, oubliant le travail d'une histoire individuelle sur elle-même, oubliant *Malaise dans la civilisation* et *L'Avenir d'une illusion*, la visée même de la théorie et de la cure, comprendre et soigner des névroses qui, elles, peuvent empêcher tout projet.

Cette représentation de la psychanalyse est aussi celle de

---

213. Jean Clair, « Une modernité sceptique », *Vienne*, p. 52.

Carl Schorske, qui la définit comme « système de pensée a-historique engendré par le traumatisme que l'histoire infligea à Freud »[214]. De Cioran à Schorske, du moraliste à l'historien, circule une cohérence paradoxale, puisque la démonstration du passé y trouve sa justification dans une démarche qui le dés-historicise.

Or la seule contribution historienne du prologue de *Vienne* est celle d'un psychanalyste. Bettelheim est le seul à préciser la notion de décadence, toute politique, et les étapes de la décadence de l'Empire. Il établit une corrélation compensatoire entre la faillite politique (et financière — le krach et le fiasco de l'Exposition universelle de 1873), le triomphe de l'opérette, l'activité de la culture : « En célébrant l'Empire, on niait la gravité de sa décadence[215]. » Contraste entre une déchéance et un apogée. Bettelheim n'en fait pas une allégorie, même s'il voit la décadence comme une psychologie : « C'est ce paradoxe qui a donné à la culture viennoise son caractère unique : elle n'était plus axée sur ce qui se passait dans le vaste monde et tournait le dos aux réalités extérieures en concentrant toute son énergie intellectuelle et artistique sur les aspects intérieurs de l'homme, qui ne sont guère affectés par ce qui se passe autour de lui » (p. 38). Clausule discutable.

Les « tendances à l'introspection » ne sont pas une spécialité viennoise. Non plus que le lien entre Éros et Thanatos. Passant, par exemple, par la *Phèdre* de Racine. L'idée même de compensation est un peu simple, cette opposition entre le dedans et le dehors. Contaminée, à l'américaine, par l'idée d'une maîtrise de l'inconscient permettant la solution individuelle : « Chaque individu, en effet, peut devenir maître de son destin », et « donner un sens à sa vie, même dans un environnement en pleine désintégration » (p. 45).

La décadence n'était pas seulement politique, pour Hermann Broch. Il y voyait surtout, dans *Hofmannsthal et son temps. Étude*, le « vide de valeurs de l'art allemand ». L'absence d'une relation entre l'éthique et l'esthétique.

214. Carl E. Schorske, *Vienne fin de siècle*, Éd. du Seuil, 1983, p. 19.
215. Bruno Bettelheim, « La Vienne de Freud », *Vienne*, p. 34. Décadence, il le rappelle, qu'on peut faire commencer après Charles-Quint, ou en 1848, ou aux défaites militaires de 1859 (perte de l'Italie du Nord), 1866-1871 (perte de Venise et unification prussienne).

La notion est différente encore selon Carl Schorske. Elle passe du politique à la culture, et de l'idée d'un tarissement de la production ou de l'originalité à celle, au contraire, d'une créativité qui excède les catégories traditionnelles. Au nom, conjointement, de Nietzsche et de Marx : « Par une fragmentation qui affectait presque tous les domaines — ce que Nietzsche et les marxistes s'accordèrent à appeler " décadence " — la culture européenne était entrée dans un tourbillon d'innovations perpétuelles, chaque domaine proclamant son indépendance par rapport à tous les autres et se subdivisant à son tour en de nouveaux domaines[216]. » Ce que contredit cependant la « très forte cohésion de l'élite » (*ibid.*, p. 18) à Vienne. Le fragmentaire, donné pour caractère essentiel de la modernité, revient à identifier modernité et décadence.

La décadence est ainsi le rejet et l'impossibilité de l'unification. Contagieuse, elle atteint non seulement le phénomène mais sa désignation : « La force centrifuge du changement emporta jusqu'aux concepts mêmes qui avaient désigné les phénomènes culturels » (*ibid.*, p. 10). Confusion, chez l'historien, entre le concept et le mot.

Décadence est un mot qui cache une pluralité de concepts. Une pluralité insaisissable par un terme unificateur : « Toute tentative de trouver pour le xxᵉ siècle un équivalent de ce que représentent les Lumières, terme très général mais indispensable du point de vue historique, semblait condamnée à l'échec du fait de l'hétérogénéité des réalités culturelles que ce terme était supposé recouvrir » (*ibid.*, p. 11). Ce mot *non-concept* est l'équivalent langage d'un état de société *a-historique*. Circularité que confirme la représentation de l'intériorité et de la psychanalyse selon Schorske : « La Vienne fin de siècle, où les contrecoups de la désintégration politique et sociale étaient intensément ressentis, s'est avérée l'un des plus fertiles bouillons de la culture a-historique de notre siècle » (*ibid.*, p. 9). Culture-refuge, intériorité-refuge.

« Que pouvait faire l'historien dans un tel chaos ? » (*ibid.*, p. 11). La question de la méthode et celle du présupposé fondateur, la question de la corrélation interne entre un art et une histoire, une pensée et une société, sont inséparables. C'est

216. *Vienne fin de siècle*, déjà cité, p. 10.

pourquoi il faut regarder comment procède Schorske, historien et garant autorisé autorisateur de l'opération « Vienne »[217].

Le terme cherché est connu : *modernité*. Il s'agit de comprendre son rapport à la société, en passant par le terme de *décadence*, mais en évitant de les prendre pour du donné : « Ce que l'historien doit proscrire — et surtout s'il traite du problème de la modernité — c'est de postuler *a priori* comme une catégorie abstraite ce dénominateur commun que Hegel nommait *Zeitgeist* (l'esprit du temps) ou Mill la " caractéristique de l'époque " *(the characteristic of the age)* » *(ibid.*, p. 13). Mais — faut-il dire à regret ? — « il faut désormais se résoudre à procéder à l'analyse empirique d'éléments disparates, condition préalable à la découverte d'un schéma unitaire dans nos univers culturels » *(ibid.*, p. 13).

Mais en même temps que l'historien croit renoncer à cet *a priori*, à « l'idée, pleine de naïveté et d'une orgueilleuse aspiration universaliste, qu'un historien pouvait avec quelque raison trouver, en s'aidant de tous les éléments, une définition générale de la culture d'aujourd'hui satisfaisante pour l'esprit » *(ibid.*, p. 12), il maintient cette aspiration, cette définition générale.

C'est un tour que lui joue le langage. Ou Monsieur Jourdain. Ce Monsieur Jourdain que l'historien a en lui tant que son épistémologie de l'histoire n'est pas aussi une épistémologie du langage.

Schorske croit reléguer au passé une relation documentaire, causale, entre l'art et la société, dénotée essentiellement par le terme de *reflet* : « Pendant trop longtemps, les historiens s'étaient contentés de présenter les productions de la culture comme de simples illustrations des événements politiques et sociaux, ou de les réduire à des reflets des idéologies » *(ibid.*, p. 12). Mais l'étude de « chaque secteur dans ses propres termes » (p. 13) n'a rien changé.

Autant le « schéma unitaire » reste la visée, autant les termes, les notions restent ceux que Schorske reléguait au

217. Je souligne *Vienne* pour désigner le volume publié par le Centre en guise de catalogue ; je mets des guillemets à « Vienne » pour désigner l'entreprise de représentation de la modernité fondée sur l'exploitation muséographique de tout ce qui s'est fait à Vienne ; pas de guillemets pour le nom de la ville elle-même.

passé. Le lexique du signe et celui du marxisme coïncident. Puisque le marxisme n'a pas d'autre représentation du langage et du social que celle que lui fait le dualisme. Il s'y inscrit. « Marx » et « Freud » emblématisent l'opposition duelle du sociologique et de la psychologie. Redoublant celle du « contenu » et de la « forme », du signifié et du signifiant. Du social et de l'individu.

C'est toujours dans ces termes que Schorske parle de comprendre le « contenu d'une pièce de théâtre », et pose que dans une peinture « la forme joue un rôle important » (*ibid.*, p. 12). Dans le lexique marxisant du *reflet*, il énonce que Klimt « reflète dans le style et le contenu de sa peinture le changement de nature et de fonction de l'art sous l'effet des tensions de la société habsbourgeoise à sa chute » (*ibid.*, p. 19). Quand il ajoute que ses derniers chapitres (sur Hofmannsthal, Kokoschka et Schönberg) portent sur l'époque où l'art « perdit sa vocation de refléter la réalité sociale » (*ibid.*, p. 19), il dit seulement que tel ou tel art, selon lui, ne reflète plus. Par là, il maintient la notion de *reflet*.

Autre représentant du paradigme, le *porte-parole* : « L'Amérique avait connu dans le passé des vagues de doute et de pessimisme dont les éloquents porte-parole furent Poe, Melville ou Henry Adams » (*ibid.*, p. 14). Ailleurs, l'*émanation*. Schorske parle d'étudier les grands créateurs « dans le contexte historique et social dont ils sont *aussi*, pour une part, l'émanation »[218]. Autre reliquat du lexique marxisant, l'*autonomie* (ajoutez : relative) : « Quand bien même n'aurais-je prêté attention qu'à l'autonomie de ces domaines[219]. » Autonomie qu'on ne peut postuler que pour chercher les « interconnexions » dans le « schéma unitaire ». La théorie traditionnelle.

On ne voit pas comment, avec de tels termes, l'historien pourrait éviter la « mythologisation » qu'il redoute. Elle apparaît comme un effet du dualisme, langagier et social, opérant avec des concepts fossiles. Procurant une déshistoricisation caractéristique. Le comble, pour un historien.

Terme-bloc, celui de *fin de siècle*, emprunt français en anglais. Sa compréhension est contradictoire et double : fin

218. Carl E. Schorske, « Vienne sans mythologie », entretien avec Guy Scarpetta, *Art press* n° 99, janvier 1986, p. 7.
219. *Vienne fin de siècle*, p. 13.

de, et commencement de. Il y entre les particuliers concrets, d'époque. Ils marquent tous le commencement : *die Junge* (les Jeunes) pour les peintres, les écrivains de la *Jung Wien* (la jeune Vienne), le titre *Ver sacrum* (printemps sacré), le *Jugendstil*. Tout ce qui fait éclater la notion de décadence en celle de renouveau. Même, un originisme, un primitivisme.

D'un autre côté, avec l'expressionnisme, il ne peut pas s'agir directement de « déclin du libéralisme » (*ibid.*, p. 19). La révolte, l'invention de « nouveaux langages » ne se fait pas « dans une négation transcendante des valeurs établies » (*ibid.*, p. 20). Mais dans une négation des valeurs transcendantes. Non sans contacts et échanges : « les préraphaélites anglais inspirèrent l'Art Nouveau (la Sécession) » (*ibid.*, p. 285).

En quoi l'influence, et la source, viennent compléter les concepts traditionnels, empiristes, du discours sur la littérature et sur l'art. Quant à l'« abandon de Marx pour Freud » (*ibid.*, p. 14), il colore la biographie sociale, mais il ne sait pas éviter la paraphrase des romans, dans l'histoire-récit.

L'autorité de l'historien contribue à la confusion. Le dualisme de la théorie traditionnelle maintient le schéma unitaire présupposé, qui postule une cohérence commune entre Herzl, Freud, Otto Wagner, Klimt, Kokoschka, Schönberg. Mais la modernité que leur addition est censée constituer reste contradictoire. Un objet en quête de sa méthode.

4. *La modernité, jeu de société*

On n'avait pas encore vraiment reconnu Vienne : « Pourquoi aurons-nous tant tardé à reconnaître la dette ?[220] » Bien qu'il y ait eu Apollinaire. Un accueil échelonné dans le temps selon les domaines. Mais la diversité de l'empirique compte peu, devant le réalisme langagier, et temporel. Démarche analogique. Les fins de siècle comprennent les fins de siècle : « Fallait-il, pour que nous prissions conscience de cette extraordinaire unité culturelle du monde viennois, de cette *koïné* unique dans l'Europe moderne, que nous atteignions, à notre tour, la fin du siècle ? » (*ibid.*, p. 46).

La révélation de cette prétendue méconnaissance se délivre,

220. « Une modernité sceptique », *Vienne*, p. 46.

dans l'analogie entre la *Finis Austriae* et la *Finis saeculi* (notez ce rôle du latin : celui d'une messe), sur le mode de la malédiction. Avec toujours la *répétition générale* : « la répétition générale, brillante et très attendue, de ce que l'Europe, en cette autre *Finis saeculi* est aujourd'hui en train de vivre ? Vienne serait-elle le refoulé de l'Europe contemporaine, au mieux sa mauvaise conscience, pour qu'il ait fallu trois générations avant qu'on s'en déclarât, non seulement les héritiers spirituels, mais qu'on s'en reconnût être le même objet de malédiction ? » (*ibid.*, p. 46). Révélation, c'est-à-dire apocalypse, contre un « aveuglement », une « volonté de retarder l'instant du dessillement » (*ibid.*, p. 47).

Pour nous ouvrir les yeux, on nous propose de distinguer entre la modernité et l'avant-garde, en développant une glose philologico-politique sur l'opposition entre Sécession (le groupe de Klimt en 1897) et Salon des indépendants, développée en guerre de sécession contre guerre d'indépendance. Les avant-gardes, optimistes. Vienne, pessimiste. Les avant-gardes, destructrices. Vienne, conservatrice, le regard en arrière : Freud, et une peinture de l'inconscient. D'un côté la confiance dans les mots, de l'autre l'analyse des lapsus. Pour la symétrie, on a oublié le nihilisme dada, le pessimisme surréaliste, leur « critique de la poésie ».

Discours de la polémique. Le contraire d'une démarche critique. Cubisme, futurisme, surréalisme pêle-mêle sont présentés comme des « Remous maniéristes de formes, légers friselis de la pensée », qui n'ont jamais touché qu'une « petite clientèle » (*ibid.*, p. 47). Il n'y en avait guère plus pour les Viennois[221]. Le rapport à la sculpture africaine devient : « L'adoration des Cafres et des Papous dont nos avant-gardes vont se nourrir » (*Vienne*, p. 51).

Vulgaire à force de déformations, la démarche. En même temps, mondaine. Le catalogue se termine sur un *Who's Who* : « On peut imaginer par exemple la pensée contemporaine sans nombre des noms dont se gorgent les *media* : on ne peut pas l'imaginer sans Ernst Mach, Freud ou Wittgenstein » (*ibid.*, p. 47). Oui, mais nous n'avons pas été « modelés » seulement « par ce qui s'est tramé là » (*ibid.*). Et les noms qui sont

---

221. « Klimt, Schiele, Kokoschka. C'est la nouvelle trinité viennoise. Elle est à la mode et d'invention récente », *Le Monde*, 13 février 1986, p. 19.

nommés le sont selon la manière des *media* : focalisation exclusive sur un objet, emphatisé par le médium, de sorte qu'il est inévitablement séparé de tout ce qui l'a préparé. Hors histoire.

Voulant affiner des distinctions, ce n'est pas éclaircir, mais obscurcir, que parler d'« une avant-garde dite révolutionnaire comme le furent le futurisme italien ou le productivisme russe » (*ibid.*, p. 49). Les mettant sur le même plan, alors que leurs valeurs ont été opposées et incompatibles.

Cliché, l'autocritique et le scepticisme comme influence juive, « réflexe judaïque », la fameuse « haine de soi » juive. Cette explication préfabriquée de la part juive dans la modernité : la critique dissolvante opposée à la création. Cette caractérologie du génie des peuples. Ce sottisier.

Il suffit pourtant, sans même énumérer des contre-exemples, de rappeler que jamais la critique et la création ne sont séparées. Pas de plus grande critique qu'une création. Pour qu'il y ait critique, il faut qu'il y ait création. Et la critique elle-même est création [222].

Mais une entreprise confuse admet étrangement que « Terreur et modernité, massification totalitaire et exaltation irrationnelle du *novum* sont une seule et même chose » (*ibid.*, p. 52). Sont mis sur le même plan, comme un même « déni de la rationalité issue des Lumières » : Trotski ; « l'institutionnalisation, en l'année 1880, de l'antisémitisme et l'institutionnalisation du nationalisme grand-allemand » (p. 50) ; la modernité en art. La preuve : le bannissement des avant-gardes par le fascisme, le nazisme et Lénine — « une fois Lénine en place, Maïakovski et quelques autres ont le choix entre le suicide et le camp » (p. 52). C'est aller un peu vite. Sur tous les plans. Et il faut lire, non « Lénine », mais Staline. Qui chasse aussi Trotski.

En substituant une conception « viennoise » de la modernité à sa notion avant-gardiste, on nous propose une modernité-répétition. Pourtant l'anti-moderne accuse les avant-gardes de se répéter. Il y aurait donc une mauvaise répétition,

---

222. J'entends *critique* au sens fort. Particulièrement, mais pas uniquement, au sens de Horkheimer, qui oppose théorie critique à théorie traditionnelle. Chez Baudelaire aussi, *critique* a un sens fort. Ce n'est pas le cas de ces emplois usurpés où le terme désigne le courriérisme littéraire ou artistique (critique littéraire, critique d'art), forme de chronique qui n'a plus avec la critique qu'un rapport d'homonymie.

celle des avant-gardes, et une bonne répétition, celle de la tradition. En analogie avec le *fort-da* analytique, la « modernité viennoise » montrerait que « toute conquête véritable dans le domaine de l'esprit, autant que dans une avancée, se jouait dans une répétition » (*ibid.*, p. 57). Les avant-gardes « s'aveuglaient » en privilégiant « Éros, l'énergie, la passion, la quête du neuf ». Voici venue la phase du cycle qui nous met dans la répétition et dans Thanatos.

L'addition des paralogismes, constitutive du mythe, se donne pour un sens de l'histoire : « Si la modernité viennoise nous fascine tant, en cette autre fin de siècle, c'est bien qu'elle marque le dernier sursaut de la culture classique de l'individu, alors que la culture moderne de la masse, au sens où Canetti entend ce terme, l'a déjà emporté » (*ibid.*, p. 51).

Fascination pour un passé, plus peut-être que pour une culture de l'individu. Car au même moment ce viennisme rejette l'individualisme contemporain. Produit marqué marqueur d'une époque où le passé devient un alibi. L'éloge dénature l'éloge.

Pourtant le groupe de la Sécession s'affirmait non comme répétition, mais comme historicité. C'est-à-dire spécificité : « À chaque époque son art, à l'art sa liberté. » Pas de Klimt avant Klimt. Comme il en a toujours été, partout. Pas seulement à Vienne.

Le musée a fait plus qu'exposer une époque. En nous la donnant en modèle, qu'on ne peut plus que répéter, il l'a trahie. Comme il a préjugé de la modernité. Celle-ci, aussitôt, n'est plus qu'une thématique finie. Et duelle. Les noms grecs y jouent leur rôle. Comme les mots latins jouent le leur. Ils sont les indices d'entités fabuleuses. Les personnages d'un destin, Éros et Thanatos, sur la vieille scène tragique où on joue toujours la même fable.

5. La stratégie de l'amalgame

La fable opère selon deux techniques reconnaissables : la déshistoricisation, l'amalgame. La période retenue, pour Vienne, 1880-1938, était assez longue pour permettre les glissements, en plus des analogies, et du report, si souvent suggéré, sur aujourd'hui, et demain. La situation concrète des

divers déclins est syncrétisée en un seul Déclin. Celui d'avant
1914. Celui d'avant 1938. Pour le premier, le naufrage du
Titanic en avril 1912 paraît à Ernst Jünger une annonce prophétique. Mais le sens (de l'histoire) est une donation d'après-
coup. Une apophétie. Dans son article de 1929 sur le livre de
Kubin de 1908, Jünger évoque les *Ruines* de Volney comme
annonce de la Révolution française (*Vienne*, p. 693). Un paradoxe de la déshistoricisation est de faire de l'historicisme sans
le savoir : en nous proposant de répéter les conditions historiques d'un sens pris pour un absolu. Et la suppression de la distance supprime la création. Puisqu'elle supprime le présent.

Ce que, vigoureusement, hors du concert mythique, rappelait Pierre Boulez. De Paris à Berlin, Londres, Vienne, « le
malentendu était assez général »[223]. L'analysant en termes de
stratégies : « Ainsi se provincialisent les grands centres
lorsque leur fait défaut la vigilance vis-à-vis de l'ailleurs »
(*ibid.*).

Le mythe fabrique des trinités. Klimt, Schiele, Kokoschka.
Comme une modernité poétique a fabriqué les triades Rim-
baud-Lautréamont-Mallarmé, ou Nerval-Baudelaire-Hugo.
Le mythe n'est pas difficile, et un peu racoleur. Le catalogue
Vienne finit sur la *Fugue de la mort*, publiée en 1948 à Vienne
par Paul Celan, qui était là seulement de passage.

Le propre de ce regard sur le passé est l'éclectisme. Une fois
de plus, *Vienne* répète Vienne telle que la voyait Hermann
Broch : « Le regard rationnel, dirigé vers la réalité présente,
louche presque toujours vers ce qui est derrière lui pour
découvrir dans la réalité terrestre de jadis les règles dont il a
besoin pour juger le présent. Il devient éclectique[224]. » Le
jumelage qui inaugurait l'exposition en était le symbole.
Wagner et Nietzsche. Nécessaires à cette fable de la modernité. Même si aucun n'était de Vienne. Et si Nietzsche détestait Wagner.

Il est fâcheux pour ce patronage qu'il ait déjà été une fois
proposé. Justement par ceux qu'Hermann Broch a appelé « les
brutes philistines », qui « n'étaient plus capables de distinguer
le Non éthique du prophète du Oui de l'esthète théâtral »
(*ibid.*, p. 78). En les mettant tous les deux dans une « étrange

223. Pierre Boulez, « Passe-impasse et manque », *Vienne*, p. 549.
224. *Création littéraire et connaissance*, p. 48.

communauté » (*ibid.*). Précédent malséant pour la modernité
Vienne. Peut-être qu'elle non plus ne tient plus ensemble le
poème et l'éthique. Ne distingue plus ce oui et ce non.

La modernité-mondanité a le goût des parallèles. Celui de
Freud avec Klimt semble particulièrement lui plaire : « Alors
que Klimt commence à abandonner son style réaliste, historique, et tente de représenter les forces de l'instinct par des
symboles mythiques, Freud suit le même itinéraire[225]. » La
psychanalyse dans la peinture. Pas la peinture dans la psychanalyse. Gombrich rappelle l'incapacité de Freud « à
comprendre la nature profonde de l'artiste »[226]. Jusqu'à
Malaise dans la civilisation.

Au mieux, une caractérisation « métapsychologique » de
l'artiste. Et s'il n'y a pas une poétique de, et dans, la psychanalyse, quel est l'effet de son transport sur une œuvre d'art ? Elle
ne peut que viser un sujet à travers l'œuvre. Si elle la traverse,
sans pouvoir connaître sa spécificité d'œuvre, que devient le
parallèle ?

Autre parallèle, entre Wittgenstein et Kraus : « L'exigence
d'authenticité dans toutes les productions de la culture constitue ce qui unit en profondeur et rend solidaires des entreprises aussi différentes que celles de Wittgenstein, Kraus et
Loos[227]. » Par une « protestation de nature éthique contre le
ritualisme et le pharisaïsme dominants » (*ibid.*).

Modernité de l'anti-moderne. De Schiele à Wittgenstein.
Wittgenstein « était certainement lui-même tout le contraire
d'un moderniste. Il a exprimé sans détour, dans les années
trente, son antipathie et son incompréhension pour la civilisation actuelle, en particulier ses formes d'art » (*ibid.*). Et : « Ses
préoccupations ont été orientées d'un bout à l'autre dans le sens
d'une réaction typiquement " classique " contre les impératifs
supposés de la modernité et de l'actualité » (*ibid.*, p. 535).

Mais si une exigence éthique les rassemble, ce n'est sans
doute pas la même éthique, car on ne peut pas poursuivre un

225. William Mc Grath, « Les rêveurs dionysiaques », *Vienne*, p. 179.
Voir aussi p. 298.
226. Ernst Gombrich, « Les théories esthétiques de Sigmund Freud »,
Vienne, p. 366. Le catalogue cite la lettre à Pfister du 21.6.1920 (p. 359-360)
et à Stefan Zweig du 20.7.1938 (p. 360).
227. Jacques Bouveresse, « Wittgenstein et l'architecture », *Vienne*,
p. 533.

parallèle entre Kraus, qui accepte le fascisme en 1934, et Wittgenstein, qui rejette la civilisation moderne et son art comme une expression du fascisme et du socialisme confondus et unis dans le terme *nazi* (national-socialiste) : « L'esprit de cette civilisation, dont l'industrie, l'architecture, la musique, le fascisme et le socialisme de notre époque sont l'expression, est étranger et antipathique à l'auteur [228]. »

La célébration rassemble, avec le syncrétisme de la modernité, ceux qui ont fait leur œuvre hors des autres et contre eux. Musil refusait de voir son nom associé à ceux de Joyce et de Broch. Canetti rapporte que « sa susceptibilité n'était rien d'autre qu'une protection contre les aspects troubles et les mélanges » [229]. La modernité, comme l'homme de culture dont parlait Blanchot, et qui veut tout avoir, Marx et Heidegger à la fois, célèbre ensemble Weininger et Freud. Le succès de *Sexe et caractère*, vingt-huit éditions entre 1903 et 1932, avec son antiféminisme et son antisémitisme, ce succès, que Kraus contribua à imposer, ce succès est Vienne. Comme Jacques Le Rider l'a analysé : « Célébrer Weininger permet de refouler Freud sans paraître vieux jeu [230]. » La célébration égalise. Déshistoricise. Au-dessus de la mêlée, elle pense laisser à l'historique ce qui faisait le combat. Ambiguë, elle ne retient que le style.

Comme pour Karl Kraus, « le plus grand ennemi de son temps » [231]. La destruction des valeurs esthétiques apparaît par là comme la valeur esthétique extrême, l'indépassable de l'esthétisme moderne. Kraus mine l'opposition entre Vienne-conservation et avant-garde destruction. La destruction est la valeur que le culturel extrait de l'histoire, et de l'éthique : « *Tout Brecht* est déjà dans *Les Derniers Jours de l'humanité*. Pis encore : le théâtre de Brecht paraît traditionnel par rapport au " théâtre de Mars et de Mercure " de Kraus. Il s'agit d'une entreprise de démolition à l'échelle européenne, du pendant humaniste et artistique à la philosophie froide du *Déclin de l'Occident* de Spengler » (*ibid.*, p. 517).

228. L. Wittgenstein, *Culture and Value*, Oxford, 1980, p. 6, cité par J. Bouveresse, *Vienne*, p. 533.

229. Élias Canetti, « Sur Robert Musil », *Vienne*, p. 660.

230. Jacques Le Rider, « Otto Weininger, l'anti-Freud », *Vienne*, p. 152.

231. Gérald Stieg, « Karl Kraus et " Les derniers jours de l'humanité " », *Vienne*, p. 515.

Devant ce que devient la modernité, il est urgent d'entre-
prendre, comme Aragon faisait une *Philosophie des paratonnerres*[232], une poétique des paratonnerres.

6. L'opération « Vienne »

On a assisté à ce spectacle : une création mythique. Le réalisme langagier y jouait son rôle. Motivation nature, sexuali-
sant le genre du nom de la ville : « ce nom, le seul féminin de
toutes les métropoles de l'Europe moderne » (*Vienne*, p. 47).
Comprenez : le nom même vous dit qu'elle est la seule
féconde.

Broch n'avait pas ces complaisances : « Parce que, chose
étrange, Haydn et Mozart, Beethoven et Schubert s'étaient
trouvés rassemblés sur ce coin de terre, n'y avaient pas été bien
traités mais n'en avaient pas moins composé, Vienne s'orga-
nisa en institution musicale[233]. »

Dire « Vienne », c'est mettre au compte de la ville ce qui
s'est fait, oui, dans Vienne, mais contre Vienne. Socialiser ce
qui a été asocial. Asocial dans son dire, et pour pouvoir se
dire.

Puis cesse de l'être, peu à peu, en passant de la culture au
culturel. Aussi ce dernier est-il plus fait d'une sorte particulière d'oubli, que de mémoire. Oubli de la censure pour
l'affiche de Klimt lors de la première exposition de la Sécession. Ou du rejet par la faculté de *La Médecine* de Klimt. Ou de
la prison pour Schiele en 1912. Bien sûr, tout cela est
consigné. Mais déréalisé. L'éloge enlève à lui-même ce qu'il
adore.

Sur le moment, c'est ce que décrit Baudelaire : « Les nations
n'ont de grands hommes que malgré elles — comme les
familles » (*Fusées*, VII). Ensuite, le musée. L'admiration de
rigueur. Mais toujours les yeux derrière la tête.

L'admiration ressemble à Vienne : ville du « refus de la
réalité »[234]. Une ville définie comme une essence : « L'essence
de la civilisation autrichienne, c'est le refus de toute philoso-

232. *La Révolution surréaliste*, nº 9-10, 1ᵉʳ octobre 1927, p. 45-54.
233. *Création littéraire et connaissance*, p. 82.
234. Harald Leupold-Löwenthal, article cité, *Vienne*, p. 143.

phie qui prêche la synthèse, à savoir le dépassement, résolution des contradictions comme de leurs termes mêmes. C'est le scepticisme à l'égard de l'histoire de la nécessité-rationalité de son devenir[235]. »

La dualité, Vienne et contre Vienne, a pu être poussée jusqu'à un homme contre une ville : Karl Kraus. De toute manière, contre les académismes, il n'y a que l'isolement. Solitaire, Schönberg, par rapport au « conformisme absolu des goûts du public » (p. 444, 448). Et Kokoschka : « A Vienne, il ne cessa de provoquer l'indignation » (p. 476).

Avec « Vienne », le mythe, et la nostalgie, se font dans une double occultation. La nostalgie des deux cosmopolitismes que distingue Carl Schorske, le « cosmopolitisme aristocratique », et le « cosmopolitisme juif »[236].

C'est la non-acceptation par Vienne, par la culture germanique, de la part juive en elle. En Autriche, ce pays fameux, depuis la guerre, pour son antisémitisme sans Juifs, c'est bien la permanence d'un antisémitisme autrichien « populaire » que reconnaît Robert Waissenberger[237]. Expliquant par là que Vienne continue de mal accepter Freud. Antisémitisme, entre 1906 et 1918, « partagé par les pangermanistes et par les chrétiens-sociaux »[238].

Freud se plaignait de Vienne : « Vienne a fait tout ce qu'elle a pu pour faire croire qu'elle n'était pour rien dans la naissance de la psychanalyse. Nulle part ailleurs cercles cultivés et savants ne traitent les analystes avec une indifférence hostile aussi peu dissimulée[239]. » En retour, Freud a manifesté le souhait répété de ne pas faire de Vienne le centre international de la psychanalyse. Freud, autant qu'Adolf Adler, sont décrits comme n'ayant pas la « mentalité viennoise » (*Vienne*, p. 144). En 1925, Freud écrit : « Il n'est peut-être pas fortuit que le premier exposant de la psychanalyse soit un Juif. Pour la défendre, il fallait consentir à endosser le destin de l'oppo-

235. Claudio Magris, *ibid.*, p. 22.
236. *Art Press* n° 99, p. 5.
237. Robert Waissenberger (directeur du Musée historique de la ville de Vienne), « Entre rêve et réalité », *Vienne*, p. 61.
238. Harold Leupold-Löwenthal, *ibid.*, p. 143.
239. Sigmund Freud, *Contribution à l'histoire du mouvement psychanalytique*, Payot, p. 117, cité dans *Vienne*, p. 142. Une lettre à Fliess, citée à la même page, parle de la « catastrophe de vivre dans cette ville ».

sant solitaire — un destin plus familier aux Juifs qu'à quiconque[240]. »

Au bout de ce trajet inverse, qui maintient les deux termes, Vienne et les Juifs, dans une relation intolérable à chacun, le *Jugendstil* passe pour un *Judenstil* : « Lors de l'exposition à Paris des arts appliqués, on dit que les Parisiens raillèrent ce nouveau *Jugendstil* comme représentant le " goût juif " » (*Vienne*, p. 146).

7. L'opération « apocalypse joyeuse »

Le témoin privilégié de la démarche analogique, déshistoricisante, et qui rassemble, dans la tension des deux termes contraires, tout l'insidieux que comporte le déclin comme modernité, la modernité comme déclin, est le détournement de cette expression d'Hermann Broch.

Sur la longue période 1880-1938, elle est réutilisable, ou semble l'être, au moins deux fois, depuis son emploi d'origine. Bien que de moins en moins joyeuse. On a vu qu'elle nous est promise, comme un avenir.

Chez Hermann Broch, elle est circonscrite non seulement dans un temps, mais dans un domaine limité. Elle est l'effet d'un point de vue : l'inséparabilité de l'éthique et de l'esthétique. Elle n'est pas prise pour la conscience des contemporains. C'est une donation de sens où la distance et le jugement sont solidaires.

« La joyeuse apocalypse viennoise aux environs de 1880 », dans *Hofmannsthal et son temps. Étude*, fait la quatrième section du premier chapitre, « L'art à la fin du XIXᵉ siècle et son non-style », après deux sections sur le décor et sur « Le vide de valeurs de l'art allemand ». Nietzsche mis à part, le fond est celui d'un « complet désert intellectuel »[241], entre 1870 et 1890.

Selon Broch, le succès de l'œuvre d'art, la grande, la « révolutionnaire » (*ibid.*, p. 71), n'intervient que quand l'époque dont elle « reproduit le contenu total » est devenue

---

240. *Sigmund Freud présenté par lui-même*, Gallimard, 1984, cité dans *Vienne*, p. 146.
241. *Création littéraire et connaissance*, p. 71.

une « totalité historique » (*ibid.*, p. 73). Quand cette époque est
passée. De son temps, elle rencontre surtout une résistance.
Quant à la « petite œuvre d'art », celle qui « n'appréhende pas
l'époque dans sa totalité et ne veut d'ailleurs nullement le faire,
mais se contente de servir ses besoins » (*ibid.*, p. 73), Broch
ajoute qu'elle est souvent « purement et simplement la négation de l'art » (*ibid.*). La résistance à l'œuvre nouvelle est faite à
la fois du succès des « productions du " petit art " éphémère »,
et du succès « de ce grand art qui provient de la période précédente ou d'une période plus ancienne et qui a donc réussi à
franchir le seuil de la compréhension » (*ibid.*).

Broch voit l'art comme un conflit, son rapport à la société
comme un conflit : « Wagner fut récusé et attaqué par ses
contemporains » (*ibid.*, p. 75). Quant à Nietzsche, « il perçait
à jour Wagner car il perçait à jour l'époque. Il la perçait à jour
avec haine et mépris car il y voyait le vide » (*ibid.*). En quoi le
point de vue de Broch est dans la suite de celui de Nietzsche :
l'œuvre comme « œuvre d'art éthique et en dernière analyse
métapolitique » (*ibid.*)[242].

Ce que Broch entend par le « vide des valeurs » est « avant
tout une interruption du courant de la tradition » (*ibid.*,
p. 78). Non sur le plan des techniques d'art, mais sur le plan
éthique. Il considère comme un des « symptômes » de ce vide
« la cruauté qui est apparue avec une intensité croissante dans
la peinture impressionniste et post-impressionniste » (*ibid.*).
Il l'explique par le « dépérissement des anciennes attitudes de
foi européennes ». La religion et l'éthique, liées traditionnel-
lement, la perte de la religion entraînant la dissolution des
« attitudes éthiques », « les instincts qu'elles refrénaient [...]
commencèrent à se déchaîner » (*ibid.*), d'où aussi, selon
Broch, la fragmentation du « système religieux de valeurs » en
« systèmes isolés autonomes (dont celui de l'art pour l'art) »
(*ibid.*). L'art pour l'art, autonomisation dont il rapproche le
slogan de la fin du XIXᵉ siècle, *Business is business* (*ibid.*, p. 58).

---

242. *Joyeux,* dans « apocalypse joyeuse », semble avoir une valeur ironique,
et ambiguë, par l'allusion à Nietzsche. Jean Clair le prend avec une valeur dionysiaque, qui a pour effet de faire un seul paradigme de Dionysos et de Thanatos, quand il répond à Georges Raillard : « En allemand, l'expression a une
connotation nietzschéenne ; ce *frölich* communique avec la " Gaya Scienza ",
avec un mouvement dionysiaque », *La Quinzaine littéraire,* nᵒ 458, 1-15 mars
1986, p. 16.

Mais ce vide n'est pas un « absolu », ni une « stagnation » :
« Il subsiste encore suffisamment de champs d'activité où il est
possible de projeter des valeurs permettant de vivre et les
valeurs de substitution sont la plupart du temps celles dans
lesquelles l'homme trouve le plus de plaisir » (*ibid.*, p. 79).
C'est par ces valeurs de substitution, dans une comparaison
avec l'Allemagne des « grandes entreprises », que les années
1870-1880 paraissaient à Broch celles des « poulets rôtis »
(*ibid.*), pour Vienne.

Broch a choisi de se limiter à la science et à la musique. Sur
le plan musical, il oppose Munich, « ville d'art », à Vienne,
« ville de décor » (*ibid.*, p. 80). Munich, qui se donnait le titre
d'« Athènes des bords de l'Isar » — « farce d'une ironie
involontaire à l'égard de soi-même », et « vernis humoris-
tique ». Broch remarque : « ce n'est pas sans raison que le mot
Kitsch est né à Munich à cette époque » (*ibid.*).

A l'humour de Munich, il oppose la gaieté de Vienne, gaie
« souvent de la gaieté des imbéciles ». C'est l'époque de
Makart en peinture. En littérature, après la disparition de
Stifter et Grillparzer, « en dehors d'une agréable littérature
feuilletonesque, il n'existait à peu près rien » (*ibid.*). C'est tout
cela qui faisait que Vienne « confondait l'atmosphère de
musée avec la culture » (*ibid.*, p. 81).

À la comparaison entre Munich et Vienne, Broch ajoute une
opposition entre Vienne et Paris. Paris épanoui en « cité
mondiale », mais dont le feu « pourrait bien s'éteindre si Paris
cessait un jour d'être une métropole mondiale » (p. 85).
Vienne, demeurée « une ville du siècle baroque » (*ibid.*).
Paris, parvenu à une « action universelle ». Vienne, après
1848, tombée « toujours plus profondément dans un esprit
peu enclin à la révolution, dans l'hédonisme, l'affabilité sceptique, le scepticisme affable » (*ibid.*).

Ce n'est sans doute pas cet hédonisme que les anti-modernes
nous proposent avec Vienne. Ils détestent l'hédonisme
contemporain.

Cette mise en place situe le théâtre et la culture populaires
des deux villes. Broch oppose l'opérette d'Offenbach à celle
de Johann Strauss. Il observe que l'opérette française a gardé
une « tendance satirique », une « agressivité » (*ibid.*, p. 86)
qui ont disparu dans l'opérette viennoise. Celle-ci n'a gardé
que le « cynisme plat de l'amusement pur, c'est-à-dire exclusi-

vement décoratif » *(ibid.)*. Le rapport entre la satire et son
« appui moral », « tout cela fut perdu pour l'esprit viennois
après 1848 et ainsi la forme d'opérette dont Strauss est le fondateur devient un produit spécifique du vide » *(ibid.)*.

Avant Cioran, et les organisateurs de « Vienne », Broch
extrapole, mais ce n'est pas pour prôner une modernité ou une
anti-modernité, ni pour y voir un destin ou un éternel retour.
Dans la tenue de l'histoire et de l'éthique, il considère la
Vienne de Strauss : « En tant que décor autour du vide elle ne
s'est avérée que trop durable et son succès mondial ultérieur
peut carrément être considéré comme un signal prémonitoire
de l'engloutissement du monde entier dans le vide des valeurs
qui gagne irrésistiblement en étendue » *(ibid.*, p. 86).
« Vienne » ne rejoint pas Vienne. Au contraire. Le monde
entier est entraîné dans la valse viennoise et ce qu'elle symbo-
lise. On pourrait dire : l'anti-modernité par excellence.

L'art fait l'épreuve du lien entre l'homme politique et
l'homme éthique. Ce rapport se réalise empiriquement. Dans
l'histoire. C'est pourquoi Broch fait des comparaisons.
Comme entre l'Angleterre et l'Autriche. Le « style de vie »
(ibid., p. 103) des sociétés, des classes est pour lui un révélateur du rapport ou du non-rapport entre l'éthique et l'esthétique. Et la situation, dans la vie de cour et dans la société
bourgeoise autrichiennes, « était devenue trop apolitique »
pour faire autre chose que « parvenir au monde de la valse »
(ibid., p. 107).

C'est donc un rapport au pouvoir, et à l'histoire, que montre,
selon Broch, la « frivolité viennoise » *(ibid.)*. Qui fait de Vienne
la « métropole de l'art de pacotille » *(ibid.*, p. 108). Même la
sagesse, la fameuse « bonhomie », acceptation du déclin politique[243] — « c'était une sagesse d'opérette et, sous l'ombre du
déclin qui avançait, elle devenait un avertissement sépulcral,
devenait la joyeuse apocalypse de Vienne » *(ibid.*, p. 107).

La transformation de la modernité en kitsch.

---

243. Pas chez tous, ni à tout moment. On l'a vu par les Minutes de la
Société de psychanalyse : 1906-1918. Félix Kreissler note, au moment de
Vienne la rouge, « parmi les socialistes et tous les travailleurs, un sentiment
d'invincibilité », dans « Victor Adler et l'austro-marxisme », *Vienne*, p. 122.

8. *La modernité comme refus*

On ne fait pas de la modernité une mode. Pas plus qu'on ne prend une mode pour la modernité. Il n'y a pas non plus à confondre la naissance de la modernité avec la modernité. Pas plus que l'origine et le fonctionnement dans le langage. Ou l'étymologie d'un mot avec son sens. Ce que l'opération « Vienne » a fait apparaître est justement — effet pervers du musée — comment le rabattement sur une origine peut faire obstacle à la modernité et à une réflexion sur la modernité.

Avec l'argument confusionnel de l'anti-modernité de Schiele, de Wittgenstein. Car c'est en s'opposant à ce qui les précédait, ou les entourait, dans leur ordre ou dans tous les ordres, qu'ils ont fondé, ou qu'ils continuent de constituer une part de la modernité. Mais on ne saurait reprendre, encore moins additionner leur anti-modernité. Le primitivisme des peintres ne voisine avec Wittgenstein que dans une pseudo-cohérence. Un peintre n'a pas de suite. Et si les effets de Wittgenstein sont multiples, et présents, la modernité ne s'y limite pas.

Le jeu conjugué du passéisme et des surenchères, amplifié par la *média-cratie*, a fait de la modernité une répétition de la modernité. Aussitôt annulée. De la confusion imitative émerge le post-moderne.

Cette usure mène certains à se pencher sur un passé qu'ils n'ont pas eu. Sinon par procuration. Procuration aussi pour un présent, pour un avenir. Effet social du musée.

Et de cette idée complaisante — ce pourquoi elle est si répandue — que la peinture est engendrée par la contemplation des peintures. Vérité partielle, vérité de critique d'art, qui oublie l'élément majeur, celui qui transforme. Ainsi, comme la foule qui suit le joueur de flûte de Hameln, des contemporains ont cru que les livres engendrent les livres. Que l'histoire de la poésie était la poésie. Et l'histoire de la philosophie, la philosophie. Des habiles l'ont cru. Chacun sa naïveté.

Certains étaient choqués que Wittgenstein ne cite pas de philosophes. D'autres ont pu écrire que Humboldt n'était pas philosophe, parce qu'il ne citait pas des philosophes. C'est un des aspects du conflit entre le culturel et la culture.

Le culturel ne tire de l'histoire que l'historicisme ou la

déshistoricisation. Et même parfois les deux ensemble. Mais pas l'historicité.

Le syndrome fin de siècle est la temporalité de la répétition. Une répétition de répétition de la répétition. Parce qu'il répète le findesièclisme du siècle dernier, qui lui-même regardait vers le Bas-Empire, et faisait des variations sur Baudelaire et Mallarmé. On a oublié que cette époque a cru à la fin de la poésie. La fin de Dieu et la fin de la philosophie ont duré plus longtemps. Cet hégélianisme mettait du tragique dans le dualisme, mais ne faisait que le renforcer. Son aspect actuel : la fin de la modernité.

De l'art à l'anti-art, les « dépassements » du dualisme ne sortent pas de sa répétition. Le passage du linéaire au cyclique en histoire n'y change rien.

La fable du déclin ne vaut pas mieux que celle du progrès. Elle en est l'envers. En se prétendant plus lucide, elle ne fait que déplacer, et accroître, l'imposture. Ces deux fables ont seulement l'air de s'opposer. Mais pas plus que la *nature* et la *convention* dans le schéma traditionnel du langage. Car *ces deux schémas sont solidaires.* Ils sont même davantage. Le déclin et la nature font la théorie du langage, chez Nodier. Ce sont deux aspects du même dualisme. L'un dans l'ordre temporel et historique. L'autre dans celui du langage. Des effets du signe.

Ce dualisme totalisant et fermé suscite l'idée et le désir d'une issue. Mais il la rend impossible. Pas plus que pour le maître de Monsieur Jourdain il n'y a autre chose dans le langage que la poésie et la prose. La dualité-totalité est le modèle langagier, culturel, anthropologique qui régit les concepts avec lesquels on tente de penser les rapports entre l'art et le social. Et ce modèle constitue, par lui-même, les conditions qui empêchent de les penser.

Plus la modernité se réfléchit dans ce schéma, plus elle renforce les conditions et les formes de sa décadence. Le bric-à-brac. La parodie de parodie. Le ludique. Avec des effets de savoir : la théorie et les pratiques de la littérature au second degré. Au bout de quoi, il ne lui reste plus que les plaisirs du musée. La nostalgie. Du rétro au pseudo.

La modernité, pourtant, est plus que cette tautologie : l'activité des œuvres qui l'ont faite. Elle est aussi la situation qui pour nous en résulte. Toutes deux contradictoires entre elles.

Si la socialisation des œuvres efface le conflit dont elles ont été l'éclatement, et notre rapport à elles comme conflit, c'est le tableau du moderne-mode. Le moderne comme scolastique. Le moderne, ennemi de la modernité.

Il suffit de regarder le graphisme de la typographie des titres de *Ver sacrum*, ou de l'affiche de Klimt à la première exposition de la Sécession, pour que saute aux yeux une historicité. Un interdit. L'interdit du comme. Puisque le comme est immédiatement un comme si.

Si la modernité est un rapport, un passage, ce passage ne se fait jamais sans un certain affrontement. Il y a eu cette violence dans Vienne. Par là, Vienne est dans la modernité. Pas la modernité dans Vienne.

À Vienne ou ailleurs, hier ou maintenant, la modernité commence au refus du moderne.

Mais ce refus n'a rien à voir avec celui des adversaires de la modernité.

C'est le sens de l'acte de modernité qui est sans cesse à réinventer. Les adversaires de la modernité confondent le sens de l'acte avec l'acte lui-même. Quand le sage montre la lune, l'imbécile regarde le doigt.

C'est par purisme qu'on fait ces confusions. Mais rien n'est pur dans le purisme. Pas plus ses intentions que sa méthode.

Au nom de l'authentique, on rejette l'art moderne comme on rejette un faux : « cette esthétique du faux et du clinquant, du brillant et du plaqué, qui sera l'esthétique du moderne »[244]. Ce qui remonte loin, jusqu'à se ré-identifier aux adversaires de Manet. Mais il y a un jeu assez trouble à prendre argument contre Manet de la lettre de Baudelaire lui disant qu'il n'est « que le premier dans la décrépitude de [son] art » (lettre du 11 mai 1865, citée *ibid.*). C'est en partie effacer une situation, un état d'esprit propres à Baudelaire[245], se mettre à la fois du parti de Baudelaire, et contre lui.

On fait grief à la modernité de rompre avec la tradition. Mais on lui reproche tout autant de n'être qu'une suite du XIXᵉ siècle. Dans Kandinsky, Malevitch, Mondrian, « hérauts supposés de la modernité », le puriste ne voit « que les derniers et tardifs rejetons de la *Naturphilosophie*, du romantisme de Runge et du symbolisme fin de siècle »[246]. Ce qui ne leur vaut aucune indulgence car c'était déjà en eux le *mauvais* XIXᵉ siècle.

Le nu dévoile jusqu'où va l'offense. Le XXᵉ siècle marquerait un « bannissement du nu », condamné par les futuristes, martyrisé par des « fantasmes de destruction corporelle », les

---

244. Jean Clair, « Le puits et le pendule », *Le Débat*, nº 44, p. 120.
245. Ce que j'ai essayé d'esquisser plus haut, p. 112.
246. J. Clair, « Le puits et le pendule », p. 125.

déformations du naturalisme chez Cézanne, Picasso, Matisse. (Il y a une contre-sélection : Derain, Bonnard, Vuillard et quelques autres) — la haine du vrai, la haine de la peinture.

La surprise est grande. Des professionnels de l'art. Mais elle s'accroît encore quand on apprend que c'est en retrouvant ainsi la nature que l'art recouvrera un « sens » et une « utilité ».

Cette fois, le critique emprunte son argument à ses adversaires mêmes. Mais il n'est pas regardant sur la provenance, ni sur la cohérence. Car cet argument, qu'on croyait démodé, appartient à l'histoire des avant-gardes. Baudelaire avait répondu : « L'art est-il utile ? Oui. Pourquoi ? Parce qu'il est l'art[247]. »

La crise de l'unité est à la fois l'histoire de la modernité et un élément essentiel de son sens. Les raisons, et la diversité, du fragmentaire importent peu au critique. Il le rejette en bloc. Le fragmentaire n'est pour lui que la nostalgie de l'unité perdue. Mais aucune nostalgie de ce genre, dans *Lundi rue Christine* d'Apollinaire, le montage chez Dos Passos, et d'autres. La nostalgie est chez le critique.

La nostalgie se fonde sur un contre-mythe. Celui de l'unité de la raison. Qui lui fait voir la modernité comme un chaos : « un art qui, de Dada au surréalisme, du tachisme au minimalisme, ne sera souvent plus qu'un art du parcellaire, du fragmenté, de l'aléatoire et de l'absurde »[248]. Balayage un peu rapide. La théorie — et la pratique — de l'image surréaliste étaient au contraire unificatrices, « rapprochement de deux réalités si distantes », disait Breton. L'analogie est unificatrice.

L'anti-moderniste devrait le savoir, lui qui, sur le plan des concepts, ne procède pas autrement. Il faut donc observer sa méthode. Pour comprendre la modernité. Puisque l'anti-modernité en est inséparable.

247. Dans « Les drames et les romans honnêtes », en 1851.
248. J. Clair, « Le puits et le pendule », art. cité, p. 123.

De quoi est faite l'anti-modernité

et — comme nous sommes las des imitateurs, et surtout des éclectiques,

BAUDELAIRE, *Le Salon de 1846*, I : À
quoi bon la critique (éd. citée, t. 1,
p. 219).

L'anti-modernité a bien plus de mérite que la modernité. Il
lui faut un savoir que l'autre n'a pas. Qui ne fait que courir sa
chance. L'anti-modernité doit avoir une théorie de l'histoire
et une théorie du sens, pour reconnaître que la modernité s'est
mise doublement dans une impasse. Soit ce qui se suit est sans
lien, et n'a pas de sens. Soit c'est une « répétition
circulaire »[249], et n'a pas de sens. Si la modernité est négation
de la tradition, elle est entraînée à être une tradition de la négation, « et il n'y a pas d'Histoire » (*ibid.*).

Le sens du sens de cette histoire est connu. C'est Hegel qui
le donne, à partir de la « découverte copernicienne » (*ibid.*,
p. 32) de Winckelmann qui, à la fin du XVIIIᵉ siècle, transforme le modèle des Anciens en passé idéalisé et supérieur. Bel
exemple d'inversion de la métaphore, ici pour une révolution
conservatrice, qui ne peut pas mieux s'avouer néo-classique.
Comparée en même temps au « rétablissement qu'opéra Marx
en sociologie lorsqu'il prétendit remettre l'idéalisme hégélien
" sur ses pieds " » (p. 35). Hegel a tiré de Winckelmann les

---

249. Jean Clair, *Considérations sur l'état des beaux-arts*, p. 29.

« conséquences de pareilles prémisses » — « L'art est devenu pour nous quelque chose du passé » (cité p. 34). La force de cette logique est telle que l'anti-moderniste, qui la suit intégralement, la voit dans la modernité et *ne voit pas qu'il la suit lui-même* : « Pour la modernité, l'art est mort. Ou plus exactement, la modernité est le constat, indéfiniment établi, que l'art est mort » (p. 34). Précisément ce que l'anti-moderniste ne cesse de dire.

Toutes les distorsions déjà recensées de l'histoire empirique sont orientées par ce sens. La fiction unitaire : « le mouvement des avant-gardes » (p. 35). Comme si ce pluriel se rassemblait en un singulier. La fiction de la fin : « Nous vivons le crépuscule de la modernité tout comme Delacroix et Degas en vécurent les prémices » (*ibid.*, p. 146). L'amalgame entre l'art et l'anti-art : « L'œuvre ne rêve jamais qu'à sa propre disparition en tant qu'art » (p. 30). Mais dans Malevitch ou Picabia, il y a œuvre, et non anti-art. En mêlant dans une indistinction factice des projets et des réalisations sans rapports, l'anti-modernisme conclut que « le seul ennemi de l'art moderne a résidé en lui-même » (p. 30). Bien que son problème majeur paraisse le « désarroi » de l'historien ou du critique.

Un élément remarquable de ce désarroi, et de l'effet de l'amalgame unitaire entre avant-garde et modernité, art et anti-art, est l'importance donnée à Duchamp. Elle unit paradoxalement les successeurs de Duchamp et leur critique acharné. Pour tous, le siècle commence avec Duchamp, vers 1910. Il est vrai que selon les besoins du moment, ce siècle a des débuts variables. Malgré toute l'imagerie anti-moderniste, l'anti-moderne ne touche pas à la statue de Duchamp, le père pourtant de ceux qu'il abomine : « Quelques esprits salubres, comme Duchamp et De Chirico » (*ibid.*, p. 56). L'anti-modernisme, malgré les apparences, partage le conformisme de la modernité.

Or la « gigantesque stase » — « cet art qu'on a prétendu du toujours nouveau est en fait celui du toujours pareil » (p. 111) — ne touche à peu près juste que dans ce qui est issu de Duchamp. Anti-art, art conceptuel. Pas là où il y a le concept, et l'aventure, de l'œuvre.

Marcel Duchamp, symbole du modernisme iconoclaste, est un support idéal pour le néo-classique et l'anti-moderne. *Parce qu'il est lui-même néo-classique.* Et cumule les ambiguïtés.

Double paradoxe, qu'une certaine modernité empêche de voir. L'éloge de l'anti-moderne le rend visible.

Selon la représentation commune (aux deux points de vue), le pouvoir de scandale du porte-bouteilles et (surtout) de l'urinoir, est resté entier. Duchamp est celui qui a eu « l'exceptionnel privilège de déniaiser l'art américain et de l'inséminer », le « père de toutes les avant-gardes et le parangon de toutes les audaces », « unique et inclassable »[250]. Duchamp, auteur de la phrase qui programme et résume le cynisme d'une partie de la modernité artistique qui devait suivre, son défi social : « *On peut faire avaler n'importe quoi aux gens.* »

D'où aussitôt ce qui lance l'éloge de Duchamp se tourne en dérision de la postérité de Duchamp — dérision de la dérision : « Le n'importe quoi en art serait si vite institutionnalisé qu'on verrait bientôt le spectacle hilarant de ces nouveaux pèlerins qui, d'un bout à l'autre du monde occidental, de Cassel à Los Angeles, s'en vont confits en dévotion, visiter les mêmes monuments élevés au néant et baiser les mêmes fausses reliques » (*ibid.*, p. 45). Analyse caractéristique, en plus du point de vue qu'elle expose, du sociologisme contemporain : le discours sur l'art y devient discours sur l'effet social de l'art, et cet effet social — le culturel — y est pris pour l'art.

Mais le grand œuvre de Duchamp est le « Grand Verre », *La Mariée mise à nu par ses célibataires, même*. Et l'éloge de son modernisme met le néo-classique en évidence. L'œuvre « la plus déconcertante que le siècle ait produite » (*ibid.*, p. 46), pour la raison qu'elle est « la dernière œuvre peut-être à avoir osé le projet encyclopédique d'englober tous les savoirs et les *curiosa* d'une époque » (*ibid.*, p. 48). Parce qu'elle réalise une expérimentation, selon Duchamp lui-même, « *absolument scientifique, basée sur des calculs et des dimensions [...], une réhabilitation d'un savoir qui avait été complètement décrié* » (cité *ibid.*, p. 46). L'éloge du Grand Verre est l'éloge du savoir et du calcul « digne d'un ordinateur » (*ibid.*, p. 47), en réaction contre la « dégénérescence du métier et du savoir ». Celle des impressionnistes et de Courbet. L'œuvre, et son éloge, sont

250. Jean Clair, « Hommage à Duchamp », *Beaux-Arts* n° 52, décembre 1987, p. 45.

du *même* rapport au savoir (celui de la perspective, et même de la balistique) et au métier, que celui qu'exposait Claude Lévi-Strauss à propos du « métier perdu » des peintres académiques du XIXᵉ siècle. L'objet de l'éloge est le savoir de la Renaissance, à quoi s'ajoutent « les acquis des géométries modernes pluridimensionnelles » (*ibid.*, p. 48), un savoir à la fois exalté et masqué par le ludique. Plus précisément même l'« articulation d'une science et d'une gnose » (*ibid.*, p. 48), par la combinaison chez Duchamp des mathématiques et de l'occultisme.

Le reste, *c'est-à-dire la peinture*, étant, comme on peut voir, facture académique, allant du post-symbolisme[251] — « le premier des modernes ou le dernier des symbolistes ? » (*ibid.*, p. 45) — au cubisme du « Nu descendant un escalier » (qui mettait en peinture la chronophotographie de Marey). Peinture de suiveur, en 1912.

L'éloge de Duchamp s'avère ainsi l'éloge du néo-classique. Je veux dire d'un néo-classique par un néo-classique. L'éloge du métier et du savoir. Le ludique en faisant un héros de la modernité. Mais contre la modernité du sujet et du regard. Contre la définition « trop simple » de Courbet : « *Ce que mes yeux voient* » (cité *ibid.*, p. 48). Les *yeux* ne se référaient qu'à l'empirique, plus pauvre que la science. Mais c'étaient *ses* yeux. Le sujet d'une autre modernité que celle du défi au culturel qui tourne lui-même au culturel.

Duchamp ne met donc pas sa marque sur l'art en tant que peintre. C'est comme non-peintre, exposant des non-œuvres, qu'il s'est inscrit dans l'art comme non-art. Génie tout de calcul. D'où la Terreur. Puis la répétition de la Terreur. Puis la répétition de la répétition.

Sens unique suppose unicité de la tradition en art. L'anti-modernisme ne cache pas sa répugnance à la pluralisation de la tradition : « La distinction moderne allait se mesurer à sa capacité d'absorber des modes étrangères »[252], « l'art serait d'autant plus " moderne " qu'il annexerait la planète entière : la gravure sur bois des anciens paysans russes mais aussi la

---

251. Dans *Le Buisson* (1910-11) au Philadelphia Museum of Art, ou « Étant donnés la chute d'eau et le gaz d'éclairage » (1945-1966) au Statens Konstmuseer à Stockholm, tous deux reproduits dans *Beaux-Arts* nᵒ 52, de décembre 1987, p. 44 et 48.
252. *Considérations sur l'état des beaux-arts*, p. 64.

statuaire des Dogons, la sculpture celtibérique mais aussi les masques des Nouvelles-Hébrides » (*ibid.*, p. 45).

C'est le mythe de la terre. Celui du génie des peuples et des langues. Vers 1890-1910, sur fond d'affaire Dreyfus, il voyait dans le symbolisme, des métèques : un Juif, un Grec, un Américain, des Belges. Apollinaire, italo-polonais, passait pour Juif. Voici pour la peinture : « Il existe une palette française, basée sur un accord de bleu et de rouge, qui commence à Jean Fouquet et se continue jusqu'à Matisse » (*ibid.*, p. 107). Est-ce à cause du drapeau bleu-(blanc)-rouge ? Et les bleu-rouge des primitifs italiens ? Et les noirs de Soulages ? Quelles sont les couleurs de la clarté française ? Le mythe unitaire, dans sa répugnance pour l'altérité, est de toutes les couleurs.

Son purisme suppose encore qu'il désapprouve non seulement les métissages culturels, mais encore le mélange entre la culture savante et la culture populaire. L'exemple de la gravure sur bois des paysans russes visait Kandinsky. Pourtant on regarde autrement l'œuvre de Kandinsky quand on a vu ses débuts proches de l'art populaire. L'art religieux médiéval, des icônes aux chapiteaux des cathédrales, ne sépare pas le savant et le populaire. Le néo-classique, si. De plus cette séparation est particulièrement française. Le surréalisme en Espagne a mêlé le savant et le populaire. En France, il n'y a eu guère que Desnos.

Le paradoxe de cette partie honteuse (au sens où elle reste cachée) du purisme français néo-classique est qu'elle se fonde sur l'oubli que la mondialisation a été d'abord un effet indirect de la colonisation occidentale. Avec des reconnaissances qui se prolongent plus encore que le goût pour l'art nègre au début du siècle : l'ethnopoésie américaine aujourd'hui. Mais le mythe unitaire, aussi loin qu'il remonterait, ne trouverait que des métissages. Il ne lui reste plus qu'à dénier les implications d'une position qu'il croyait confortable. Celle des Assis de Rimbaud.

La théorisation ne lui réussit pas. Il pense associer les moments de rupture aux « débuts des peintres » (*ibid.*, p. 101). Mettre l'assagissement aux « périodes de maturité ». L'inverse, souvent, est ce qu'on observe. Là où il y a maturation, ou longévité. Les dernières années de Van Gogh sont les plus personnelles. Pour Giacometti, de même. Matisse est le plus jeune vers la fin. Il n'y a pas à généraliser le « retour au classicisme » (p. 101) de Stravinsky ou Schönberg.

Pas de « dialogue » (p. 55), non plus, entre les peintres précédents et les contemporains. Pas plus qu'entre un auteur du passé et un auteur du présent. Pas plus qu'entre un livre et un lecteur. Cet emploi répandu qu'on fait du terme de *dialogue* montre assez le relâchement de certains contemporains envers le sens du sujet, le manque de rigueur de discours qui sont tout sauf critiques. Effet mou de l'herméneutique. Je ne connais de dialogue qu'entre des sujets. Cherchez un autre mot.

La vulgate contemporaine abonde en métaphores tirées de la psychanalyse, qui fournit du prêt-à-penser : « Comme l'inconscient, l'œuvre d'art parfaite est *zeitlos*, déliée du temps. Rêve éveillé, elle satisfait en nous le désir le plus ancien » (*ibid.*, p. 60). Déjà les surréalistes s'élevaient contre ces analogies, qui font des postiches de concepts. Une œuvre n'est pas plus un rêve qu'elle n'est un sujet.

Le discours anti-moderniste préconise les « retours en arrière » (*ibid.*, p. 110). Mais il n'est pas heureux dans son retour aux textes. Voulant mettre Baudelaire de son côté contre les avant-gardes, il pratique l'amalgame déjà rencontré avec les textes de Baudelaire. La modernité devient « pressentiment constant de la mort » (p. 69). L'avant-garde, définie par la référence à un modèle et au futur, mêle plusieurs définitions, et qui ne sont pas de Baudelaire. La « caricature » (p. 71) obtenue n'est plus tant au désavantage des avant-gardes, qu'à celui de son auteur.

Les concepts de ce discours sur l'art moderne sont du dualisme banal : « Après la forme, aborder le problème du contenu » (p. 86). Avec ses corollaires, l'opposition de l'individu et du social, le génie « fruit d'un processus morbide » et la « santé sociale ». Il y a peu à en attendre. Non plus qu'à étendre le terme d'abstraction à tout ce qui comporterait une « perte du sens de la spatialité » (p. 157), Matisse comme l'hyperréalisme. Ce qui suppose le naturalisme comme seule référence.

L'analogisme généralisé, jeu de langage avec l'histoire, a aussi son homologue dans la matière elle-même du langage. Explication du pastel par le mot *pastel*. Article à ajouter au *Dictionnaire des onomatopées* de Charles Nodier : « Peu de mots évoquent aussi harmonieusement par leur sonorité l'activité qu'ils désignent. C'est au début un mouvement gras et lent, l'écrasement doux et onctueux de la pâte dont il est fait, *pasta* primitive du *pastello* dont il est issu, le matériau dont il est pétri. Puis se fait entendre, dans l'articulation du S et du T, le geste de son tracé sur le support de peau, fait de chuintements et de cris. Enfin, cela s'achève sur un léger bruit d'ailes qui sont celles des êtres de lumière qui, nuée colorée, viennent butiner la fleur qui le couronne » (p. 143). Rêverie de la *pâte à l'aile* — « oublier la pâte et ne considérer que l'aile ». Ce vieux symbolisme des sonorités, rationalité compensatoire, motivation nature, s'accorde à la motivation du *sec* et du *liquide*, chez Duchamp : « Duchamp réclamait un art sec. Son mépris de la térébenthine était le mépris d'un homme intègre et viril qui reprochait à la peinture de son temps son côté liquide, labile, onctueux, ondoyant [...] son *liant* » (p. 146-147). Une esthétique des humeurs, sur le pastel « art sec », s'ajoute aux anecdotes sur le « caractère atrabilaire » des pastellistes, et ce mélange magique pose au rationalisme en parlant des spéculations de Mondrian. La poétisation, comme substitut de théorie.

Discours explicitement conservateur — « Ce qui nous préoccupe aujourd'hui plus que le changement, c'est la conservation » (p. 109). Ce n'est pas à Baudelaire qu'il retourne en demandant « le retour au métier et le retour à la figure » (p. 118). S'il y a une historicité de l'art, il est dénué de sens d'opposer Courbet à Cézanne. Cet appel au retour vers le passé est le mythe inverse du mythe de l'avant-garde.

C'est en ce sens que le passéiste fausse — erreur intéressée — la traduction de la phrase d'Egon Schiele : *Kunst kann nicht modern sein. Kunst ist urewig* — « L'art ne saurait être moderne. L'art revient éternellement à l'origine » (p. 193). Schiele a dit autre chose, dont une traduction plus proche serait : « L'art ne peut pas être moderne. L'art est par nature éternel[253]. »

---

253. *Urewig* est composé de *ewig*, « éternel » et du préfixe *ur-*, qui marque l'ancienneté, l'origine. Avec les termes qui concernent le temps, *ur-* a une valeur intensive de superlatif absolu : *uralt*, très vieux. *Urewig* est d'abord un terme du lexique religieux, d'emploi piétiste et mystique, selon le dictionnaire de Grimm, avant de se laïciser, comme dans « mutternacht, urewige, urgewaltige » (mère nuit, toute éternelle, toute-puissante). Mais un tel superlatif sied mal, en français, à *éternel*. Le sens est : de toute origine, depuis toujours. J. Clair a inversé les valeurs. Sa traduction heurte aussi le retour prétendu à Baudelaire.

Avec d'autres moyens, le discours philosophique s'emploie aussi à confondre la modernité. Non sans quelque confusion lui-même, pour savoir « si nous sommes dans la modernité ou dans la post-modernité »[254].

Il reconnaît dans la modernité un superlatif absolu. Non simplement le fait d'être moderne, mais l'essence du moderne. Le moderne par excellence. À la fois une époque, la nôtre, et cette qualité au degré suprême. C'est la définition que Gianni Vattimo extrait de « bon nombre de théoriciens modernes » : « la modernité est cette époque où " être moderne " *[l'esser moderno]* devient une valeur, disons même la valeur fondamentale à laquelle toutes les autres sont renvoyées » *(ibid.*, p. 105).

Cette superlativité du moderne entraîne une coïncidence « avec l'autre définition, plus classique, de la modernité comme sécularisation » *(ibid.)*, notion prise à Max Weber, qui laïcise la transcendance des promesses religieuses en « foi dans le progrès ». Une « foi en la valeur du nouveau ». Coïncidence qui revient à *additionner* le nouveau dans les sciences et les techniques, et le nouveau en art. Or l'art est le lieu même où le progrès est une notion dénuée de sens.

D'où le brouillage dans l'analyse de *la* modernité, quand ces deux modernités distinctes sont ramassées dans la notion nouvelle d'esthétisation de la vie, avec « la place centrale que l'art et l'artiste occupent dans la culture moderne » *(ibid.)*.

L'effet de cette conjugaison est de ramener la modernité à la nouveauté. La modernité-mode. Qui alimente, ces temps derniers, la mode de la modernité. L'explication est de tour sociologique, par le rappel que « la circulation accrue des marchandises (Simmel) et des idées, ainsi que l'accélération de la mobilité sociale (Gehlen) focalisent la valeur du nouveau et mettent en place les conditions pour une identification de la valeur — et de l'être même — à la nouveauté » *(ibid.)*.

De nouveau, le futurisme italien, modèle de la modernité. Vattimo parle d'un « pathos du futur », autant dans la philosophie de ce siècle que dans « les poétiques de l'avant-garde » (p. 106). J'ai montré que c'était une généralisation abusive. Je n'y reviens pas. Elle est révélatrice de deux stratégies adverses, mais qui partagent le même *futurisme* : celle qui tend

254. Gianni Vattimo, *La fin de la modernité, Nihilisme et herméneutique dans la culture post-moderne*, Éd. du Seuil, 1987 (Garzanti, 1985), p. 9.

à voir toutes les avant-gardes à travers le modèle italien pour exalter un mythe du moderne ; celle qui tend par là à mettre ce futur au passé, en montrant que sa propre logique le détruit. La stratégie *post-moderne*. La première est poétisante. La seconde est d'argumentation plus philosophique. Mais conduite à quelques discordances internes. Elle distingue la « philosophie moderne » (*ibid.*, p. 46) de la philosophie antique et scolastique, à partir de Descartes et Leibniz. Comme on parle de l'histoire moderne. Mais cette périodisation banale ne s'accorde pas avec la modernité comme « crise de l'européocentrisme » (p. 41), crise de l'humanisme — défini comme « la doctrine qui assigne à l'homme le rôle de sujet, c'est-à-dire de conscience-de-soi comme siège de l'évidence, dans le cadre de l'être pensé comme *Grund*, comme présence pleine » (p. 48). Crise provoquée par les « raisons " non humanistes " du sujet », son « historicité », ses « différences ». Crise de l'aristotélisme aussi : « La longue lutte menée par les esthétiques et les poétiques de la modernité contre la définition aristotélicienne de l'art comme imitation — imitation de la nature ou des modèles classiques eux-mêmes légitimés par leur prétendue proximité à la nature et à ses mesures » (p. 102). La fin de la modernité, retour à Aristote ?

La modernité a aussi été définie comme « modèle fondateur de la philosophie occidentale tel qu'il culmine à l'époque moderne dans l'identification progressive de la philosophie et de l'épistémologie (conçue comme théorie de la connaissance fondée — et fondée sur la capacité de l'esprit à refléter fidèlement la nature, ou du moins à fonctionner selon un schéma stable, naturel, etc.) » (*ibid.*, p. 154). L'épistémologie définie encore par « le présupposé que tous les discours sont commensurables et traduisibles entre eux, et que la fondation de leur vérité tient précisément dans leur traduction en un langage-base, qui est le reflet des faits » (*ibid.*).

La *fin de la modernité* est alors la fin du règne de l'épistémologie. La fin de l'épistémologie, ainsi conçue, comme « science normale ».

L'herméneutique, « science révolutionnaire » — expression de Kuhn dans la *Structure des révolutions scientifiques* — est l'annonciatrice de cette fin. Fin d'un « langage unificateur » (p. 155). « Dialogue » de l'herméneutique avec l'anthropologie. *Dialogue*, un des mots favoris de l'herméneutique. Une

« rencontre avec l'autre ». L'herméneutique « s'efforce de s'approprier le langage de l'autre plutôt que de le traduire dans le sien propre » *(ibid.)*.

La fin de la modernité serait aussi le passage de l'herméneutique classique à une « herméneutique ethnographique » (p. 166), le sens des « contaminations diffuses » au lieu de l'opposition binaire du même et de l'autre. Puisque les grands textes classiques de notre culture européenne « perdent progressivement leur effet coercitif de modèles, et entrent à leur tour dans le grand chantier des survivances » *(ibid.)*. Il ne reste plus, à la fin de la modernité, que le « dialogue avec l'archaïque », sous la seule forme possible « à l'époque de la métaphysique achevée : la forme de la survivance, de la marginalité et de la contamination » (p. 167).

Fin de la culture européenne, en même temps que de la modernité. Mais pas fin de l'herméneutique. Non seulement elle lui survit, mais elle est la première intéressée à cette fin, qu'elle annonce. Elle se donne pour l'unique héritière. Il faut voir comment elle s'y prend.

Sa référence fondatrice est « la problématique nietzschéenne de l'éternel retour », et « celle du " dépassement " de la métaphysique chez Heidegger » *(ibid.*, p. 7). Son opération se présente comme « leur ajointement » aux « théorisations éparses et pas toujours très cohérentes du post-moderne », pour une « reconstruction philosophique » qui vise à caractériser « de manière définitive » que les « intuitions philosophiques de Nietzsche et de Heidegger » sont « irréductibles à la pure et simple *Kulturkritik* » *(ibid.)*.

Nietzsche et Heidegger, d'emblée, « philosophes de la post-modernité » (p. 8). Non pour dénoncer une décadence. Mais faire de l'herméneutique le méta-discours des discours sur la fin de la modernité.

Cette visée contient une contradiction dans sa démarche même. Et cette contradiction la condamne à imiter ce dont elle proclame la fin. Qui, ainsi, n'a plus de fin.

Il s'agit de sortir de la notion de *dépassement* : « La notion de " dépassement ", qui tient une place si importante dans l'ensemble de la philosophie moderne, conçoit le cours de la pensée comme un développement progressif où le nouveau est identifié à la valeur par la médiation d'une récupération et d'une appropriation du fondement-origine » (p. 8). C'est, bien que son nom ne soit pas nommé, l'effet Hegel sur la philosophie. Nietzsche et Heidegger sont déclarés postmodernes en ce qu'ils prennent « une distance critique à l'égard de la pensée occidentale comme pensée du fondement ». *Post-* signifie la fin.

Le *post-*, dans post-moderne, désigne « une prise de congé qui, en tentant de se soustraire aux logiques de développement de la modernité, et tout particulièrement à l'idée d'un " dépassement " critique en direction d'une nouvelle fondation, reprend la recherche menée par Nietzsche et Heidegger dans leur rapport " critique " à la pensée occidentale » (p. 8-9). Sens réaffirmé sans cesse, où cependant l'insistance varie tantôt sur une distance déjà *effectivement* prise, tantôt sur un *effort* pour y parvenir, qui ne dit pas que le but est atteint, « l'effort pour se soustraire à la logique du dépassement » (p. 111). Où l'exemple, curieusement, qui l'illustrerait, est le passage d'*Ulysse* à *Finnegans' Wake*. Qui ne prouve certainement pas la « dissolution de la valeur du nouveau » (p. 111). Par sa nouveauté. Et dont les « tendances à la dissolution » ont considérablement méconnu l'oralité et la symbolique constructives.

Dépassement et *nouveauté* sont les deux termes dont le lien est censé caractériser le sens de la modernité et de son histoire. Avec des variations. Tantôt elle est « l'héritage judéochrétien » (p. 9), tantôt elle est « l'ère de Gutenberg, suivant l'exacte description donnée par Mc Luhan » (p. 16).

Sortir de la logique du dépassement, sortir de la logique du nouveau doivent donc se faire ensemble. Le post-moderne « se caractérise non seulement comme nouveauté par rapport au moderne, mais plus radicalement comme dissolution de la catégorie du nouveau, comme expérience d'une " fin de l'histoire ", et non plus comme la présentation d'un autre stade, plus progressif ou plus régressif peu importe, de cette même histoire » (p. 10). Ou encore « fin de l'historicité » (p. 11).

Les exemples (la menace atomique, la technique, les *mass media*) ressortissent à la *Kulturkritik*. Qu'on voulait *dépasser*. L'herméneutique, bien qu'elle dise le contraire, ne fait rien d'autre que répéter le dépassement. Annoncer la fin. Ce n'est pas la catégorie du nouveau qui est dissoute. C'est l'herméneutique elle-même qui se module en énonciation de la fin. Mais cette énonciation n'est pas performative.

Dans Nietzsche, chez qui Vattimo privilégie la volonté de puissance, en se référant avec prédilection à l'édition contestée de 1906, la « dissolution de la modernité » n'est que « la radicalisation des tendances mêmes qui la constituent » (p. 170). Radicaliser n'est pas annuler. La post-modernité naissant exactement, selon Vattimo, dans l'aphorisme 125 du *Gai Savoir* : « L'annonce de l'idée d'un éternel retour du Même, idée signifiant entre autres la fin de l'époque du dépassement, c'est-à-dire de l'époque de l'être pensé sous le signe du *novum* » (p. 172). C'est une subtile déshistoricisation de Nietzsche, qui reprend, comme un passe-partout, le rejet, chez lui, ensemble, de l'historicisme et de l'historicité. Et tient essentiellement dans la présupposition de l'identité entre moderne et nouveau. Dont j'ai montré qu'elle est un mythe. L'herméneutique se raconte à elle-même une fable. La fable d'un commencement dont le seul langage est celui de la fin.

Cherchant à « écouter » (p. 7), avec « courage », les discours sur la post-modernité, l'herméneutique s'écoute surtout elle-même. Elle maintient le « caractère prophétique » (p. 55) du concept de la « mort de l'art », chez Hegel. Quitte à le prendre dans un sens « perverti ». A cumuler les jeux de langage. Jeu de mot sur *se remettre* (d'une maladie, d'un message... p. 56), qui est surtout un se remettre à Heidegger, et joue sur le passage du théorique à l'empirique. Les « avant-gardes historiques du début du siècle » (p. 57), par l'« éclatement de l'esthétique » sont donc vues comme une réalisation du point de vue hégélien.

Par une série d'opérations secondaires. Attention exclusive aux phénomènes de « négation des lieux » (*land art, body art*, etc.), la reprise même de certains programmes avant-gardistes, et particulièrement de l'« auto-ironie », dans la lignée de l'anti-art. Reprise de l'interprétation par Walter Benjamin de la reproductibilité technique comme une perte d'« aura » des œuvres du passé. Mais le « musée imaginaire », la popularisation des livres d'art, comme les disques pour la musique, déplacent considérablement une observation que, de plus, Vattimo tire à lui en la sur-hégélianisant, si je peux dire, par rapport à Benjamin. Ainsi même la naissance de formes d'art nouvelles telles que la photographie et le cinéma est comprise comme témoignant de la mort de l'art. Parce qu'elles sont constituées de reproductibilité, « ne connaissent pas d'original » (p. 58) — et que « tout discours sur le génie (qui n'est au fond que l'aura vue du côté de l'artiste) se trouve ainsi liquidé » (p. 59). Mais déjà la sculpture, ou la lithographie, mettent en cause la notion d'original. L'herméneutique rêve tout haut. L'art n'est pour rien dans ses rêves. Elle ne va pas au cinéma. Elle ne sait pas faire la différence entre un film génial et un navet.

La négation de l'empirique par un bâti de paralogismes aura en effet rarement requis tant de courage. Pour reconnaître dans l'« universalisation du domaine de l'information » la réalisation, même « pervertie du triomphe de l'esprit absolu ». Quitte à ajouter : « Bien entendu, la sphère *médiatique* n'est pas l'esprit absolu hégélien ; peut-être en est-elle la simple caricature » (p. 55). Mais la description de la mort-de-l'art est bien une caricature, qu'aucun repentir n'atténue. Aussi l'« esthétisation générale de la vie » (p. 59) est-elle ambiguë, dans cette analyse. Constatation, description. Mais qui participe aussi de la *dissolution* prétendument décrite. Par l'apport de confusion, volontaire ou involontaire. En identifiant les « *media* à l'esthétique » (p. 59). Une téléologie du sens qui procède selon un certain tri. Notion remarquable en ce qu'elle est à la fois orientée et désorientée. Partisane. Jusqu'à s'aveugler. Et prononce à son tour la « mort de l'esthétique philosophique, symétrique de la mort de l'art telle que nous l'avons envisagée » (p. 63).

Le « destin » de ce discours n'est pas dans Nietzsche et Heidegger, dont il est plein. Mais dans Hegel. Comme la fin de la modernité dans la fin de l'art.

La modernité comme esthétique est l'effet syncrétique de ce discours. Dans la mesure de la « dissolution » entre l'historicité « cumulative » de la science et l'historicité de l'art, faite uniquement d'une suite « de nouvelles voies et de nouveaux horizons »[255]. Vattimo marque « l'importance prise, dans l'épistémologie contemporaine, par un modèle esthétique de l'historicité » (p. 100). Celui du « champ esthétique comme sphère de l'expérience, comme dimension d'existence, qui prend ainsi une valeur emblématique, de modèle précisément, et ce pour une pensée de l'historicité en général » (*ibid.*). Nietzsche donne le départ à ce sens de la « centralité du champ de l'esthétique pour la modernité » (p. 101).

255. Kant, *Anthropologie pragmatique*, § 58, cité par Vattimo, p. 99.

Comme pour la place centrale du langage dans la sociologie contemporaine, chez Habermas et chez Bourdieu, cette place donnée à l'art par l'herméneutique impose une veille de la poétique. Sur les concepts, les techniques d'analyse. L'esthétisation englobe l'art avec les comportements sociaux, le culte des vedettes, l'« organisation du consensus social » (p. 101) par les *mass media*.

Tout ce que cette herméneutique peut dire de la poésie passe par le Heidegger de *Unterwegs zur Sprache*, la notion de « poésie pure », où le langage est censé *récupérer* « sa fonction originaire de *nomination* en quoi se définit très précisément l'essence de la poésie » (p. 76). Qui dit pleinement son caractère de théorie traditionnelle. De bien avant Saussure. Vaguement théologique. Sans poétique. Sans sujet. Mais, en même temps, cachant par là son inefficacité, la vieillerie théorique déborde de clichés *modernes*, « sur l'autoréférence, la non-transitivité, etc. » (p. 76). Ces masques sur une absence de visage.

Le programme d'une « philosophie post-moderne » calque une post-modernité définie comme dissolution, « contamination » (p. 183) entre tous les ordres de savoirs et de pratiques. Vers une unité cependant, mais indéterminée, aux limites floues « entre le vrai et la fiction, l'information ou l'image : monde de la médiatisation totale ». Selon une « acceptation-convalescence-distorsion qui n'a plus rien de l'outrepassement critique qui caractérisait la modernité » (p. 185). L'acceptation-convalescence-distorsion traduisant la *Verwindung* de Heidegger, traduite aussi comme « surmontement » — version *faible* de la *Aufhebung*. Affaiblissement, perte de « poids » des « notions métaphysiques de sujet et d'objet, de réalité et de vérité-fondement ». Il ne reste plus à ce discours qu'à finir sur un affaiblissement du *nouveau*, qui ne fait pourtant que réitérer le mouvement même de la modernité : « la *chance* d'un nouveau commencement : faiblement nouveau ».

Le discours sur la fin de la modernité devient aussi sa propre tradition. Comme celui sur la rupture, celui sur le nouveau. C'est en partie le même.

Le rejet de la modernité, le brouillage de l'historicité, ne réussissent qu'à répéter la modernité. En plus faible. L'abandon de la critique, non sans quelque démagogie, mène à « l'acceptation de la conscience commune », à une « apologie de l'existant » (p. 147).

Pauvre aujourd'hui. L'âge d'or de la modernité derrière lui. Le diagnostic des spécialistes presque unanime. Deleuze dit : « C'est une période très faible, une période de réaction[256]. » Balandier, après les années soixante, soixante-dix, voit le moment actuel comme un « repli », un « désabusement », une « valorisation de l'instant », la compensation de « nouvelles religiosités », en même temps qu'un « paganisme au quotidien », et après la « révolte jeune », l'« ordre moral ravivé »[257]. Comparant avec Vienne, Johnston écrit : « La vie intellectuelle manque aujourd'hui de ces découvertes et de ces visions globalisantes qui captivaient les lecteurs des années 1900 ou même de 1930. » Nous recueillons « les fruits de l'uniformité », nous consommons le « capital accumulé »[258], aujourd'hui.

L'apothéose de la modernité a entraîné la domestication de la révolte, sa marchandisation : « La situation dans les sociétés occidentales est telle qu'à l'heure actuelle, la récupération l'emporte sur toute la ligne[259]. » Peter Bürger a noté l'embourgeoisement de l'avant-garde dans les vingt dernières années[260]. Elle n'est plus en opposition avec la société. Ni en

256. Gilles Deleuze, « Entretien » (1985), dans *L'Époque, la mode, la morale, la passion*, p. 479.
257. G. Balandier, *Le Détour, Pouvoir et modernité*, p. 257.
258. *L'Esprit viennois*, p. 464, 465.
259. Adrian Marino, « Les styles de l'avant-garde », *Les Avant-gardes littéraires au XXᵉ siècle*, vol. 2, p. 1058.
260. P. Bürger, *Theorie der Avantgarde*, Francfort/Main, Suhrkamp, 1974, p. 71.

marge, ni en grève. Elle en vit. Elle est fêtée : galeries, musées, télévision, critique, travaux universitaires.

Les mythes mobilisateurs, changer la vie, transformer le monde, qui donnaient son élan à la modernité, ne sont plus à la mode. Pour le post-moderne, il n'y a rien de nouveau sous le soleil. Sinon le post-moderne.

L'époque est à l'historicisme, et à la déshistoricisation. Dans les deux se perd le sens de l'historicité de la vie. Leurs effets s'ajoutent. C'est pourquoi, malgré l'anthropologisation de l'histoire, celle-ci reste coupée de la théorie du langage. Pendant que la phénoménologie glose la rhétorique.

D'autres théorisent le pragmatisme avec la pragmatique. Cultivent des mélanges. Le ludique même semble laborieux, aujourd'hui. Il n'a plus l'humour de Queneau. L'effet Nietzsche en est à son propre néo-classique.

Le post-moderne est un jeu de langage. Il faut observer ce qu'il fait, pour tenter de comprendre avec quoi on joue, aujourd'hui.

POST-AVANT ET POST-ARRIÈRE

> Le thème du postmoderne se prête mer-
> veilleusement à l'activation de la bêtise.
>
> JEAN-FRANÇOIS LYOTARD, « Du bon
> usage du postmoderne », *Magazine
> littéraire* n° 239-240, mars 1987,
> p. 96.

Les jeux de langage avec la modernité sont emmêlés. Les
joueurs de chaque côté ne savent pas qu'ils disent aussi autre
chose que ce qu'ils disent. Ni ne savent toujours où ils en
sont. Et qui mène le jeu. Puisqu'ils disent à leur insu l'histoire
de la modernité.

Parce que ces conflits nous constituent, l'urgence du sens
est permanente. La question de ce qu'est le sens et celle de ce
qu'est la modernité sont aussi inséparables que celles du sens
et de l'histoire. Le jeu des jeux est celui du sens.

Le jeu de la modernité n'était pas clair. Celui du post-
moderne est doublement obscur : il a la mêlée du moderne, et
sa propre obscurité. La notion, ses limites, son existence
même, c'est-à-dire sa distinction d'avec le moderne, rien n'y
est certain. La situation ne fait que redoubler l'urgence du
sens. Comme les résistances à la critique prouvent la nécessité
de la critique.

La seule chose certaine, ici, est le mot. La fréquence, comme
un symptôme, depuis une vingtaine d'années au moins, des
composés en *post-*, dans de nombreux domaines.

Peut-être un des premiers a été celui de *post-histoire*, terme d'Arnold Gehlen[261], pour définir les traits « de la modernité tardive »[262] par la foi dans le nouveau et la sécularisation du progrès. Où il apparaît que le terme correspondrait à la *modernité* du XXe siècle, et serait sans rapport aucun, au contraire même, avec le post-moderne dans la société ou dans l'art. *Post-industriel*[263] a sans doute été celui dont le succès a entraîné la série. *Post-capitaliste*. Jean Chesneaux écrit : « Il est absurde de définir la modernité comme post-capitaliste[264]. » *Post-bourgeois*. Gérard Raulet parle du « caractère destructif post-bourgeois de Benjamin »[265]. Le *postmodernismo* est un terme d'histoire littéraire espagnole employé dans les années trente, pour la période d'avant 1914, ou pour la littérature d'Amérique latine entre les deux guerres.

On sait que *post-moderne* vient des architectes, qui voulaient manifester par là une rupture avec la « révolution continuelle »[266], le droit à un « éclectisme radical », incluant des « allusions au passé »[267], des réminiscences. Un syncrétisme. Les architectes du postmoderne voulaient rompre avec l'académisme du moderne, avec la géométrisation fonctionnaliste.

De là le terme a pris pour l'art en général. La rupture avec la rupture ne peut donc pas avoir une définition précise, puisqu'elle réclame l'« effacement des repères » (*ibid.*, p. 139). Ce refus est un oui à tout. On l'a associé à l'idéologie de la fin des idéologies, qui « repose sur l'acceptation d'une rationalité technicienne qu'on renonce à critiquer »[268]. Il s'est solidarisé avec la permissivité des années soixante, soixante-dix. Le terme semble apparaître dans la critique littéraire aux États-Unis vers 1970 pour la littérature de 1950-1960. Dans son

261. Arnold Gehlen, dans *Die Säkularisierung des Fortschritts* [la sécularisation du progrès], en 1967.

262. G. Vattimo, *La Fin de la modernité*, p. 108. La post-histoire est associée à une clôture de l'histoire des idées pour Gehlen, que cite Habermas dans *Der philosophische Diskurs der Moderne*, p. 12.

263. Voir Alain Touraine, *La Société post-industrielle*, Paris, Gonthier, 1969.

264. *De la modernité*, p. 191.

265. Dans *Weimar ou l'explosion de la modernité*, p. 19.

266. Charles Jencks, *The language of post-modern architecture*, Londres, Academy, 1977, p. 6 ; *Le Langage de l'architecture post-moderne*, Denoël, 1980.

267. G. Balandier, *Le Détour*, p. 138.

268. G. Raulet, dans *Weimar...*, p. 317, qui commente *The End of Ideology* de Daniel Bell, de 1960.

trajet, *post-moderne* a dérivé d'un rejet de la répétition du moderne au rejet des valeurs du moderne. Il a atteint une amplitude de compréhension telle qu'il va du retour au traditionnel jusqu'à l'exacerbation du modernisme.

Il n'est pas étonnant que le *post-* de post-moderne soit ambigu. Ne veut pas seulement dire *après*. L'après peut impliquer la continuité comme la rupture. Mais s'il s'agit de continuité, pourquoi un préfixe, et un nouveau mot ? Objectivement, il sépare. Sans réussir, sémantiquement, à se détacher. Tourné vers la rupture et la continuité *en même temps*. Une vraie rupture trouve son nom. Il reste du continu dans le *post-*. Et du linéaire.

Rompre, dans le mythe de rupture de la modernité, est le geste moderne par excellence. Pour rompre avec le moderne, le post-moderne doit répéter le moderne.

Habermas insiste sur la « prise de distance » (*Abstandnehmen*) et la discontinuité dans *post-*. Il observe qu'il y a des prises de position variées par rapport au passé, qui font que le préfixe « n'a pas toujours le même sens »[269]. Il note qu'avec *post-industriel* « les sociologues veulent seulement dire que le capitalisme industriel a *continué de se développer (weiterentwicklet hat)*. Avec le mot " postempiriste " les philosophes veulent faire savoir que certains concepts normatifs de la science et du progrès scientifique sont surclassés (*überholt*) par de nouvelles recherches. Les " post-structuralistes " veulent plutôt *achever (vollenden)* que surmonter (*überwinden*) la donnée initiale (*Ansatz*) théorique connue. Nous appelons enfin " postavantgardiste " la peinture contemporaine qui se sert souverainement du langage formel produit par le mouvement moderne, cependant qu'elle a *renoncé (aufgegeben hat)* aux espoirs excessifs d'une réconciliation (*Versöhnung*) de l'art et de la vie » (*ibid.*).

Tout en partageant cette analyse de la diversité des sens de *post-*, je ferais seulement la remarque, pour *post-structuraliste*, qu'en France, à ma connaissance, le terme marque plus une coupure qu'une continuité : le constat d'une insuffisance des concepts structuralistes, que le déplacement de la linguistique vers la pragmatique rend manifeste. Mais le terme couvre

---

269. Jürgen Habermas, « Moderne und postmoderne Architektur », dans *Die neue Unübersichtlichkeit*/La nouvelle non-transparence/, *Kleine politische Schriften* V, Francfort/Main, Suhrkamp, 1985, p. 12.

encore, contrairement à sa linéarité progressive, une *régression* :
un retour du pré- structuralisme.

Il y a deux variantes du post-moderne, selon Lyotard. Celle
« du cynisme ou du nihilisme, naïf ou subtil », version
« principalement accréditée dans les milieux de la critique
d'art, américaine ou italienne »[270]. Et un « moderne encore
plus moderne », « à l'ombre des nouvelles technologies et du
consensus » *(ibid.)*. Lyotard voit une unité entre « ces deux
courants apparemment inverses », en ce que tous deux dé-
crètent « l'extinction des problèmes ». Quant à lui, c'est « par
provocation » qu'il déclare avoir repris le terme, et contre
« l'*establishment* philosophique allemand » — entendez
Habermas, principalement — qui maintient le programme de
la raison en minimisant son fiasco.

Lyotard attribue « les guerres totales, les totalitarismes,
l'écart croissant entre le Nord et le Sud, le chômage et la nouvelle pauvreté, la déculturation générale et la crise de
l'École », massivement, au « développement techno-scientifique, artistique, économique et politique ». Avec le mot de la
fin : « Un nom signe la fin de l'idéal moderne : Auschwitz ».

Extension extrême d'une critique de la culture, qui appau-
vrit d'autant sa compréhension et sa prise, et qui n'est peut-
être pas exempte en cela d'un effet Heidegger, mais sans sa
cohérence, dans son traitement de la « technique ».

En abrégé : la méthode caractéristique de ce qu'il faut
appeler, puisqu'il le réclame, post-moderne. J'aborde plus loin
en détail sa rationalité. Ici, ce qui paraît est l'unité des deux
versions distinguées par Lyotard : le « patchwork », et un mode
subtil d'outrance, qui ramasse toute la modernité dans le nom
de la « solution finale ». Donc le débat est clos. Cependant,
développement ne peut avoir le même sens avec aucun des mots
qui l'accompagnent : techno-scientifique, artistique, économique, politique. Par quoi, diffusément, la causalité invoquée
perd de son sens. Particulièrement pour « artistique ». Si bien
que *moderne* dans « idéal moderne », mis devant « Auschwitz »,
ne désigne plus vraiment, non seulement rien de précis, mais, à
travers son aspect allusif, que le mode particulier de polémique
qui constitue ce discours lui-même : le post-moderne.

270. J.-Fr. Lyotard, « Du bon usage du postmoderne », *Magazine littéraire*
n° 239-240, mars 1987, p. 97.

L'intention était bonne. Comme chez Habermas. Tout en étant inverse : « On veut, en fait, oublier la sauvagerie du moderne, [...] on veut nous faire désapprendre que nous avons été et que nous sommes encore modernes » (*ibid.*, p. 97). On, c'est le rejet de la modernité. Qui se désigne aussi du nom de post-moderne. Pour Lyotard, « le postmoderne ne signifie pas l'oubli du moderne ».

Le paradoxe est que les adversaires de la modernité et son défenseur pratiquent une même méthode, dont l'effet est de brouiller la notion de modernité.

Ce qui, provisoirement, peut tenir lieu de définition : est post-moderne, quelle que soit sa visée, favorable ou hostile, le brouillage de la modernité.

Pour reprendre les deux variantes distinguées par Lyotard, mais sans sa méthode de ramassage — car je ne pratiquerai pas sur le post-moderne une analyse post-moderne elle-même, mais le contraire, une critique moderne du post-moderne — il y a bien, schématiquement, deux post-modernes : l'un, le toujours-plus-loin, l'autre, je-suis-partout ou jamais-assez-en-arrière. Tous deux aussi se différenciant par leurs critiques à la modernité.

Le *post-* fait apparaître l'ambiguïté du nouveau. Car le nouveau peut réellement être nouveau. Ce qu'était le *new criticism*, la nouvelle critique. Venant, il est vrai, après la « méthode formelle » des Russes. Et le nouveau peut, comme la révolution conservatrice, désigner un retour en arrière. Indice que ces termes n'échappent pas à la linéarité progressive, qu'ils l'avouent ou qu'ils la renient. C'est l'inversion immédiate du *néo-* en *rétro-* : nouveaux philosophes, nouveau romantisme.

Il y a eu le néo-moderne en design. Le néo-primitivisme de la *beat-literature* : le « courant du cri », « anarchiste et vitaliste »[271]. La néo-avant-garde, dans la critique littéraire italienne entre 1960 et 1975 autour du *Gruppo 63* des *Novissimi*. Proche de la nouvelle gauche, et de la contre-culture.

Même au premier sens, *nouveau* ne signifie pas exactement *nouveau*, mais *renouveau*. La « New modernity », aux États-Unis, vers 1940, se désignait comme la « récupération de la force critique et subversive qu'avait le modernisme et qu'il a perdue, sans doute en s'intégrant à la société, en entrant dans

271. *Les Avant-gardes littéraires au XXe siècle*, t. 1, p. 588, 590.

les musées »[272]. C'était le sens aussi de *Ver sacrum*, à Vienne :
le printemps *re*vient.

La surenchère, comme cet illustre baron qui se propulsait
dans les airs en se tirant par les cheveux, a trouvé un superlatif
dans le terme de *trans-avant-garde*. Dépassé bientôt par tel
artiste qui se situe lui-même « au-delà de la problématique de
la trans-avant-garde »[273].

Le programme de la trans-avant-garde italienne[274] réagit
contre ce que son auteur appelle le « *darwinisme linguistique* »
— l'« évolutionnisme culturel » (*ibid.*, p. 562) de l'avant-
garde. L'avant-garde étant ici visiblement un terme collectif
qui rassemble toutes les avant-gardes en une essence unique.
Pour démasquer la « valeur progressiste de l'art » (p. 563).
Contre l'anti-art : « L'œuvre devient indispensable. » Ainsi
« L'art redécouvre la surprise d'une activité créatrice à
l'infini, ouverte même au plaisir de ses pulsions. »

Deux mots nouveaux, très mode, situent ce qui autrement
serait banal, celui de *catastrophe*, celui de *nomadisme*. Le terme
de catastrophe est entendu comme « production de discontinuité dans un tissu culturel », « accidentalité non planifiée qui
rend chaque œuvre différente de l'autre » (p. 564). Le nomadisme est entendu comme « possibilité de transiter librement à
l'intérieur de tous les territoires sans aucun barrage »,
« l'avènement d'une position nomade qui ne respecte aucun
engagement définitif, qui n'a aucune éthique privilégiée,
sinon celle de suivre les préceptes d'une température mentale
et matérielle synchronisée sur l'instantanéité de l'œuvre ». Où
la « traversée de la notion expérimentale de l'avant-garde »
signifie aussi bien le « cadre de l'avant-garde » et sa tradition,
que des « retours » ou des « projections en avant ».

Les moyens utilisent l'aléatoire. Se réclament de la
« géométrie sinueuse de l'ellipse et de la spirale » (p. 564),
d'une « simultanéité tournante » (p. 565). Cherchant par là à
éviter la répétition. Mais l'intention reste dans la ligne traditionnelle du modernisme : « Trans-avant-garde signifie ouver-

272. Manfred Schneckenbruger, « Documenta 8, un lieu pour l'art
nomade », *Art press*, juin 1987, p. 19. Le même voit dans le post-modernisme
en France « beaucoup de rhétorique » et la fin de l'avant-gardisme.
273. *Art press* n° 114, mai 1987, p. 30.
274. Achille Bonito Oliva, « La trans-avant-garde italienne » (1979), dans
L'Époque, la mode, la morale, la passion, p. 562-565.

ture vers l'échec intentionnel du logocentrisme de la culture occidentale, vers un pragmatisme qui restitue de l'espace à l'instinct de l'œuvre, ce qui ne signifie pas attitude pré-scientifique dépassant l'adéquation fétichiste de l'art contemporain à la science moderne : l'œuvre devient le moment d'un fonctionnement énergétique qui trouve en lui les forces d'accélération et d'inertie » (p. 564).

À la fois dépassement et récupération. La différence essentielle avec « l'avant-garde » est une rupture avec le futurisme, réclamant « un mouvement dans toutes les directions, y compris dans celles du passé ». Avec l'appui de Nietzsche : « Zarathoustra ne veut rien *perdre* du passé de l'humanité, veut jeter chaque chose dans le creuset » (cité p. 564) et « tout est continuellement accessible, sans plus de catégories temporelles et hiérarchiques de présent et de passé, typiques de l'avant-garde qui a toujours vécu le temps en lui tournant le dos » (p. 565).

Contre l'esthétique de la déception, « l'art d'avant-garde présuppose toujours un embarras et jamais la joie du public » (p. 564), la trans-avant-garde propose le plaisir, « mental et sensoriel », « l'intervention perfectionnante du spectateur ». Elle retrouve, et privilégie la « subjectivité de l'artiste » (p. 564). Mais aussi : « Le broyage de l'œuvre signifie le broyage du mythe de l'unité du je », mettant « la subjectivité au croisement de nombreux emboîtements, "l'être et le délire de beaucoup " (Musil) » (p. 565). Justement un des traits fondamentaux de la modernité.

Il est remarquable que les deux seules références du manifeste d'Oliva soient Nietzsche et Musil. Le germanisme italien tire ce nouvel avant-gardisme hors du plus italien des modèles, celui du futurisme. Par quoi il lui fait redécouvrir la modernité. La seule chose nouvelle (outre la rhétorique, qui reste, elle, très Marinetti, par l'emphase) est le passé.

La citation du passé. Oliva ne dit rien d'autre que ce que dit le discours commun du post-moderne.

La contention de dépassement verbalise par préfixes. *Ultra-* dans *ultra-modernité* paraît sans valeur précise, sinon la motivation du dépassement : « Vouloir prendre congé de la modernité au moment où pointe l'ultra-modernité semble absurde[275]. » *Méta-*, dans *métamodernité* implique une réflexivité, la modernité « parvenue à la conscience de soi », mais aussi autoréférentielle : « conduite à se redoubler en soi »[276], et signe d'un « nouveau régime d'échange passé-présent » (*ibid.*, p. 29). Afflux de termes à préfixes qui est une trace de secondarisation. Le passage aussi de la culture au culturel. Marqué, pour la littérature, par tous ces termes qui disent qu'ils n'entrent pas dans ce que fait un texte, mais tournent autour : *intertextualité, paratexte, métatexte, hypotexte*. L'incapacité structuraliste-sémiotique, qui passe pour de la poétique, à prendre l'écriture pour autre chose que de la littérature sur de la littérature.

Le post-moderne trouve devant lui une institutionnalisation de la modernité. Situation déjà elle-même post-moderne. C'est pourquoi il est amené à voir dans l'art l'institution, l'*établissement*. Brouiller le rapport de l'avant-garde au passé (muséifié) est la seule manière pour lui de re-dadaïser.

Mais les modèles restent pris dans les avant-gardes anciennes. Les défenseurs de l'art du trivial — *Trivialkunst*[277] — le comparent à l'écriture automatique des surréalistes. Donnant plus d'importance au programme qu'aux réalisations. Et l'association « libre », allant vers l'automatisme, a peut-être peu en partage avec l'esthétisation du quotidien.

Le cynisme, dont parlait Lyotard, n'est finalement qu'un raccourci. Il dit en deux mots ce qu'Oliva explicite avec quelques longueurs : c'est le *anything goes* de Feyerabend, symbole de l'« anarchisme esthétique »[278].

Le post-moderne ne se laisse pas facilement définir parce qu'il refuse toute délimitation. Mais la modernité non plus n'est pas fixée dans une définition. Une même poétique négative travaille la modernité et le post-moderne. Car le post-moderne s'oppose plus à l'avant-gardisme qu'à la modernité.

275. Éduard Beaucamp, « Modernité, postmodernité, ultramodernité », dans *Cahiers du Musée national d'Art moderne* n° 22, décembre 1987, *Après le modernisme*, p. 15.
276. Félix Torres, « Métamoderne, Remarques à propos d'une nouvelle querelle des Anciens et des Modernes », *ibid.*, p. 27.
277. *Postmoderne : Alltag, Allegorie und Avantgarde*, herausgegeben von Christa und Peter Bürger, Francfort/Main, Suhrkamp, 1987, p. 199.
278. Yves Michaud, « Labels », dans *L'Époque, la mode, la morale, la passion*, p. 50.

Différence essentielle entre la modernité et le post-moderne : la modernité est une aventure de l'historicité, le post-moderne refuse d'être pensé en termes historiques. Le paradoxe est l'inversion des effets. La modernité telle que je l'entends — dégagée des mythes de la rupture et du nouveau et de sa confusion avec les avant-gardes — est une trans-historicité, un indicateur de subjectivité. Sa force est de ne pas être liée à un référent fixe. D'être un *mot vide*, plein seulement de sujet. Le post-moderne a un référent, le moderne. Et plus il se veut ahistorique, plus il est enchaîné.

C'est toujours selon une expérience des limites que Hal Foster rejette la « croyance dans l'absolue *différence* entre art visuel et verbal »[279], qu'il attribue au modernisme tardif, assimilé à « l'ordre néo-classique », en dénonçant une primauté supposée des « arts cérébraux » comme la poésie sur les « arts spatiaux » comme la peinture. Le modernisme serait une « division du champ esthétique en aires discontinues » — division classique, en somme — et le post-modernisme, la rupture avec la « stabilité » (*ibid.*, p. 464) de cette division. D'où, à partir de Barthes, « mort de l'artiste », « mort du sujet » (p. 465).

Mais on ne mêle pas le langage au hors-langage comme on transgresse les limites entre la peinture et la sculpture. Méconnaissance très mode, elle aussi. Dans la « ligne poststructuraliste ». Sémiotisante. Où la *performance* fait prendre le *happening* pour la poésie. Question de définition. Et jeu de langage. La lune aussi est poétique.

Transgresser, déstructurer, disloquer — termes qui mettent le post-moderne dans la suite immédiate de l'avant-gardisme.

Contre le culte ancien de l'originalité, le post- a le culte de « l'inauthenticité » (*ibid.*, p. 466). Variante moralisée de l'emprunt, qui est bien plus qu'une citation. Changement de nature plus que de degré. Les citations du *Waste land* d'Eliot n'avaient pas ce rôle. La citation, dans le *Passagen-Werk* de Walter Benjamin pourrait y ressembler, par son outrance. Mais la théorie du déchet dans l'histoire fait jouer là à la citation un rôle critique. Elle est donc moderne. Non post-moderne.

---

279. Hal Foster, « Re:post » (1980), dans *L'Époque, la mode, la morale, la passion*, p. 464.

L'emprunt généralisé fait un second traditionnalisme, dans le post-moderne. Pas celui de l'académisme, hors-moderne, mais une force « de résistance à une complète médiatisation » (*ibid.*, p. 466). Par le triomphe de la médiatisation.

Le post-moderne regarde la modernité. Il la voit derrière lui. Son regard est un regard en arrière.

Constat de l'historien, qui note : « Cohérence d'un grand retour, moins *aux* valeurs anciennes que *sur* les valeurs immédiatement antérieures, comme en témoigne le succès, vers 1980, de l'adjectif " post-moderne " [280]. »

La vision favorable y trouve un mode de compréhension, et de préhension, du présent, proche de l'archéologie de Foucault et de Walter Benjamin. La discontinuité tenue pour « l'émancipation des dissonances, l'explosion de l'universalité et la saisie du singulier », discontinuité « que la modernité de Weimar a vécue comme crise et que la post-modernité vit comme morcellement et décomposition » [281].

La vision hostile, celle de Daniel Bell [282], par exemple, y trouve le plagiat des œuvres du premier tiers du XXᵉ siècle, un « déclin de la créativité artistique n'ayant plus pour ressort que l'exploitation extrémiste des principes modernistes » [283]. Cet anti-post-moderne est aussi anti-moderne. En quoi il rejoint le post-moderne. Côté néo-conservateur.

L'institutionnalisation (le musée, les *media*, le marché) qui donne au post-moderne son incitation est aussi ce qui l'absorbe, à peine produit. Et le transforme en ce contre quoi il se débattait. Car l'épigonalisme existe. Mais il n'est pas tout le présent.

Un autre post-moderne, lié au post-structuralisme, critique la récupération du modernisme. Il « repose sur une critique de la représentation » [284], de son « contenu de vérité ». Il exploite la « déconstruction » de Derrida.

280. Pascal Ory, « Situation idéologique de cette fin de siècle », dans *Nouvelle histoire des idées politiques*, sous la dir. de Pascal Ory, Hachette, 1987, p. 587.
281. G. Raulet, « Pour une archéologie de la post-modernité », dans *Weimar ou l'explosion de la modernité*, p. 11.
282. Daniel Bell, *Les Contradictions culturelles du capitalisme*, P.U.F., 1979.
283. G. Lipovetsky, *L'Ère du vide*, p. 92.
284. Hal Foster, « Polémiques post-modernes » (1985), *L'Époque, la mode, la morale, la passion*, p. 483.

Le triomphe du post-moderne paraît chez ceux qui l'ont en haine : il les amène à faire comme lui.

L'hédonisme est le grief dominant, associé à l'individualisme. Il ne s'agit plus de l'art seulement, mais de la « société post-moderne »[285]. Curieusement, on retrouve, décalés du moderne au post-moderne, une grande partie des griefs que les resacralisateurs, comme Mircea Eliade, et les penseurs agrestes font à la société moderne, marquée par le paradigme du mal : la ville où la foule anonyme a perdu les valeurs communautaires. Ici, à la société moderne « conquérante, croyante dans l'avenir [...] avec les traditions et les particularismes au nom de l'universel, de la raison, de la révolution », est opposée la société post-moderne « où règne l'indifférence de masse, où le sentiment de ressassement et de piétinement domine [...], où le nouveau est accueilli comme l'ancien » (*ibid.*).

Nos sociétés sont post-modernes en ce qu'elles sont établies « contre ces principes futuristes ». Sociétés « avides d'identité, de différence, de conservation, de détente, d'accomplissement personnel immédiat ; la confiance et la foi dans l'avenir se dissolvent, les lendemains radieux de la révolution et du progrès ne sont plus crus par personne, désormais on veut vivre tout de suite, ici et maintenant, se conserver jeune et non plus forger l'homme nouveau. Société post-moderne signifie [...] désenchantement et monotonie du nouveau, [...] plus aucune idéologie politique n'est capable d'enflammer les foules, la société post-moderne n'a plus d'idole ni de tabou, plus d'image glorieuse d'elle-même, plus de projet historique mobilisateur, c'est désormais le vide qui nous régit, un vide pourtant sans tragique ni apocalypse » (*ibid.*, p. 12).

De quelle visée, de quelle nostalgie est faite cette anthologie de critiques à la société contemporaine, ce discours ne le déclare pas ouvertement, qui idéalise déjà un moderne défunt. Sa référence à « l'homme nouveau » pourrait faire croire à un déçu du communisme de 1930. Mais ce n'est là qu'une citation. Une ironie. Tout, dans cette énumération, est citation. Cumul de motifs à la mode. Le tableau de la société moderne y est autant une image d'Épinal que celui de la société postmoderne. Témoin l'assimilation de la confiance en l'avenir à des « principes futuristes ». L'observateur n'idéalise ce temps qui « se dissipe sous nos yeux » que pour la rhétorique d'une opposition au détriment du post-moderne. Il tonne contre la société du haut d'une chaire imaginaire située dans un passé aussi fictif que le présent qu'il décrit. Discours de moraliste abstrait, non de sociologue.

Un amalgame hétérogène, contradictoire, peu crédible — il est banal de constater au contraire combien notre société fabrique d'idoles et qu'elle a ses tabous — mêle « les années vingt » (*ibid.*, p. 94) et la période actuelle, « l'hédonisme, jusqu'alors l'apanage d'une petite minorité d'artistes ou d'intellectuels » et le « comportement général de la vie courante » (*ibid.*). Dans ce mélange, le crédit, « dont l'institution sape directement le principe de l'épargne », est mis pêle-mêle avec la consommation, les « techniques de la contraception » (p. 122), « le walkman, les jeux vidéo, la planche à voile » (p. 135) et l'art ou la littérature.

On ne peut pas mieux montrer combien l'art n'est considéré que par le comportement social des artistes, non pour sa recherche propre. L'imputation d'hédonisme en est toute disqualifiée, qui ne tient aucun compte de la vie famélique, misérable dont les artistes *payaient* leur « hédonisme » dans ces « années vingt ». L'addition d'éléments disparates fait apparaître cet hédonisme comme une fabrication puritaine. Un sociologisme sans sociologie. De plus, il échoue à décrire ce pour quoi il est bricolé, puisqu'il ne permet pas de différencier le moderne et le post-moderne, étant « l'épicentre du modernisme et du post-modernisme » (p. 119) ensemble.

Témoignage caractéristique de l'aveuglement au sujet comme recherche de sa propre historicité, c'est-à-dire d'un sens qui soit à la fois celui de son présent, celui de son passé et celui de son avenir, non à partir des valeurs reconnues, mais de l'inconnu de sa propre vie. Un inconnu tel que son écoute, sa vision seules inventent une forme de vie : une forme nouvelle du voir, du sentir, du penser. Et rien ne montre mieux que l'infini du sens et son historicité sont un seul et le même. Par quoi l'art et la littérature sont la matière nécessaire d'une poétique de la société.

Mais pour les resacralisateurs sociologisants, il n'y a que le vide ou le plein des valeurs reçues. Et le vide et le plein sont le même : perdition des valeurs communautaires-ancestrales, déréliction de la société citadine-déshumanisée. Le schéma binaire. C'est pour eux que, de nos jours, il n'y a plus qu'un épuisement du sens. Mais ce qu'ils prennent pour le désordre et la faillite du présent est la faillite du signe, son effet de méconnaissance. Auquel ils se sont identifiés. On ne va pas les plaindre. Ils se suffisent, dans leur arrogance. Le passé du sens est tout leur sens.

Comme on ne peut partir que du moderne pour définir le post-moderne, une tentative est faite du côté du politique. Elle n'est pas plus convaincante.

Le modernisme — plagiat d'une formule connue — serait « la continuation par d'autres moyens de la révolution démocratique », « la première manifestation de la démocratisation de la culture » (ibid., p. 98).

La réalité est plutôt dans l'analyse connue de Clement Greenberg en 1939[286] : la coupure, depuis la bohème du XIXᵉ siècle, son isolement de la bourgeoisie, entre la culture qui se cherche, jusqu'à faire « des artistes pour artistes », des « poètes pour poètes » (ibid., p. 161), et des masses qui sont « toujours restées plus ou moins indifférentes à la culture dans sa phase de développement » (ibid.). Masses qui se satisfont de kitsch, cette dégradation de la culture par académisme, et substitut de culture populaire. Avec la variante, kitsch de luxe, pour les riches.

Vouloir rassembler dans le seul terme de modernisme la culture et la démocratie, le sport et l'art, mène à cette fabrication : « Le modernisme est d'essence démocratique : il détache l'art de la tradition et de l'imitation, simultanément il enclenche un processus de légitimation de tous les sujets[287]. » Ni la recherche de Flaubert, ni celle de Mallarmé ou de Verlaine, ou d'aucun autre, n'a, en tant que telle, rien à voir avec la démocratie. Le travail du sujet impliqué dans l'art est d'un autre ordre que celui de l'histoire sociale de l'individu. C'est dans son ordre propre qu'il appartient à l'histoire de l'individuation.

L'« essence démocratique » confond la peinture avec les personnes représentées sur le tableau : Manet démocrate parce

---

286. Clement Greenberg, « Avant-garde et kitsch », traduit dans Cahiers du MNAM nᵒ 19-20, juin 1987.
287. G. Lipovetsky, L'Ère du vide, p. 99.

que « les hommes peuvent apparaître affublés de jaquettes et
redingotes noires » (*ibid.*, p. 99). Ce que demandait Baudelaire, du peintre de la vie moderne. Prendre des objets à la
portée de tout le monde, à la Dada, fer à repasser ou urinoir,
est assimilé à une « culture de l'égalité » (p. 101). Ainsi « les
artistes modernes sont au service d'une société démocratique »
(*ibid.*). *Au service de*, le vieil instrumentalisme.

Flagrant délit de confusion. La littérature en est un révélateur. À propos de la « culture ouverte », « même dissipation
du point de vue unique et statique : le *Livre* chez Mallarmé,
Ulysse de Joyce, le roman des années vingt n'est plus dominé
par le regard omniscient et extérieur d'un auteur possédant de
part en part l'âme de ses personnages, la continuité du récit est
brisée, le fantasme et le réel s'entremêlent » (*ibid.*, p. 109).
Mais le *Livre* de Mallarmé n'a rien de commun, dans son
projet de combinatoire — outre qu'il n'a jamais été écrit, mais
il est traité ici comme un livre réel — avec un roman, pas
même des années vingt, et le monologue intérieur de Joyce
non plus avec la technique de Döblin ou de Dos Passos.

La politisation revient à une binarisation. Double critique
du modernisme : « Par la gauche, qui y voit la preuve que la
négation moderniste n'a toujours été qu'une imposture, une
manière de rénover les biens de consommation de l'élite ; par
la droite, partisane d'un pluralisme éclectique et souple [...] —
c'est la position " post-moderniste " [288]. » Point de vue qui, à
son tour, simplifie : il ne voit qu'un post-moderne sur deux.

Épuisement ou exacerbation de l'art, le « jeu citationnel »,
vu comme une « forme pathologique de la fin de l'art, une
forme mièvre » [289], ne cesse de répéter le phrasé hégélien. Baudrillard décrit la modernité comme l'effet Nietzsche de la
mort de Dieu et d'un « grand nombre de concepts » : « Maintenant, il ne nous reste même pas le travail du deuil ; il ne reste
qu'un état de mélancolie. Le moment le plus fort de la disparition s'est situé entre Nietzsche et 1920-1930. Des gens comme
Canetti ou Benjamin ont vécu à la fois l'apogée d'une culture
et l'apogée de son déclin » (*ibid.*). Qu'est-ce que l'apogée d'un

---

288. Thomas Crow, « Modernisme et culture de masse dans les arts
visuels », *Cahiers du MNAM* n° 19-20, p. 48.
289. Jean Baudrillard, « Au-delà de l'indifférence » (1986), dans *L'Époque,
la mode, la morale, la passion*, p. 476.

déclin ? En tout cas, nous n'y sommes même plus. Ainsi va le langage du mythe. Il se consomme dans sa prophétie.

C'est un formalisme. Comme le discours d'une certaine sémiotique, pour laquelle la littérature est un prétexte à son propre développement, l'art réel n'a plus grand rapport avec le discours pour qui il ne reste plus « d'autre possibilité que de négocier son indifférence comme le fait l'art qui, depuis près d'un demi-siècle, négocie sa propre disparition. Les gens, les artistes ne sont pas morts chacun dans leur coin ; ils font de leur disparition un objet d'échange » *(ibid.)*. Le miroir du mythe ne lui renvoie plus comme image qu'une figure de rhétorique.

Il y avait une jeunesse dans les mythes avant-gardistes. Ce post-moderne-là est un mythe de vieux.

Et ces vieux ont peur.

De quoi ils ont peur

> La critique culturelle au rabais n'est pas
> radicale.
>
> ADORNO, *Théorie esthétique*, p. 333.

Ils ont peur des autres.

Une réaction occidentaliste, courant à la défense de la culture, criant à la confusion des valeurs, devant tous ces mélanges, est venue pousser aussi sa voix, au nom de l'universel. L'Occident universel. N'arrive pas à accepter, sans doute, que « la civilisation occidentale n'est qu'une civilisation parmi d'autres, aussi défendables en droit bien qu'aucune ne puisse être posée en paradis »[290].

Ces nouveaux défenseurs auront rarement été autant indignes de leur cause. Mais ils constituent un témoignage sur l'état de la société contemporaine, l'inconsistance des effets mode, le marais mental que le journalisme prend pour l'intelligence de la modernité.

Confondant la pensée avec l'emploi répété de quelques substantifs abstraits (Raison, Vérité, Justice), recommençant *La Trahison des clercs* de Julien Benda, en farce, avec un éclectisme qui efface l'historicité de ces grands mots, ils réclament « la reconstitution, impérative, de nos ensembles de valeurs et de leurs hiérarchies internes »[291]. La hâte de leur discours,

290. Michel Leiris, « Modernité merdonité », *la N.R.F.* n° 345, déjà cité, p. 19.
291. Bernard-Henri Lévy, *Éloge des intellectuels*, Grasset, 1987, p. 120.

leur tenant lieu de méthode, n'en donne guère un exemple. Ils
croient pourfendre le post-moderne. Qu'ils mélangent avec le
moderne. Ils en sont une illustration d'autant plus Gribouille
qu'ils font l'inverse de ce qu'ils croient faire. Au point qu'ils
se croient à gauche et ils sont à droite. Pour ce qui reste de sens
à ces mots. Ainsi — la vulgarité en plus : « La télé est là. Je
m'en sers » — le nouveau Benda revendique le flou :
« L'intellectuel du troisième type sera flou » (*ibid.*, p. 129).
L'homogénéisation de tout, démagoguenarde, devient : « Il a,
il *devra avoir*, la trahison dans le sang » (*ibid.*). Pas très Benda.
Confusion entre l'humanisme abstrait et les droits de
l'homme, dans la bande des coups de pied de l'âne à Foucault,
à propos de « ces structuralistes qui défendaient les droits de
l'homme mais ne croyaient pas à l'homme » (*ibid.*, p. 136).
Toute cette surenchère pour répéter sagement qu'on reste
attaché « aux grandes valeurs classiques de l'homme
européen » (p. 153).

Le Bien, le Vrai, le Beau[292]. À travers Benda, encore Victor
Cousin. Dans le reflux anti-théorie de l'après-structuralisme,
pendant qu'un mélange de formalisme abstrait et de subjectivisme parle autour de la littérature, et qu'une sociologie de la
culture réduit la culture au culturel. Autant d'atteintes à la
modernité.

Or c'est en son nom, identifié à l'universalisme des
Lumières, qu'on tente aujourd'hui, en divers endroits, de la
France aux États-Unis, une fois de plus, de réduire le travail de
la modernité dans sa pluralité interne au vieux combat de la
lumière et des ténèbres. Le paradigme de la raison et de la
déraison, de l'universel et du particulier, de l'identité et de la
différence, du passé et du présent, du singulier et du pluriel.
Le même et l'autre.

Ces gens ont peur. Les manœuvres auxquelles ils se livrent
sont d'autant plus utiles à observer qu'elles montrent à la fois
l'état du moderne, du post-moderne, de l'anti-moderne et de
l'anti-post-moderne.

Ainsi les « romantiques allemands et théocrates français »
seraient les initiateurs d'une « haine de la modernité » (*ibid.*,
p. 36). La modernité-raison. Celle de Habermas. Les sciences
humaines du XIXe siècle seraient le fruit de cette haine : « Ces

292. Alain Finkielkraut, *La Défaite de la pensée*, Gallimard, 1987, p. 14-15.

réactionnaires acharnés sont des inventeurs malgré eux. Dans leur rage à remettre l'homme à sa place, ils découvrent l'impensé qui œuvre en lui et fondent les sciences humaines » (*ibid.*). De simplification en amalgame, l'ersatz de la raison réécrit l'histoire.

Il a mis ensemble les romantiques allemands, déjà divers les uns des autres — et Grimm recherche ses antiquités nationales en effet d'abord contre leur méconnaissance induite par l'hégémonie gréco-latine et française — avec Joseph de Maistre, qui n'a rien de commun avec eux.

Les sciences humaines, la philologie d'abord, ne sont pas simplement des produits du *Volksgeist*, mais un effet du modèle des sciences de la nature sur celles de l'esprit. Botanique et paléontologie. Taine et Maistre sont présentés comme « valeur *scientifique* » (*ibid.*, p. 38). En oubliant la biologisation raciste de Taine, le sacrificiel chez Maistre, l'éloge de l'inquisition et du bourreau.

C'est contre une « *désorientation de l'histoire* » (*ibid.*, p. 75) qu'on prend la défense de l'universel. L'Occident est, ou était, cette orientation : « Ouvrir les autres à la raison » (p. 72). L'ethnologie contemporaine mène dans la direction inverse : « Il faut s'ouvrir soi-même à la raison des autres. » Donc « faire le deuil de son universalité » (p. 72). Deuil — une « deuxième mort de l'homme » (p. 73). L'identification présupposée explique les regrets : « Nous autres, Européens de la seconde moitié du XXe siècle, nous ne sommes pas la civilisation mais une culture particulière, une variété de l'humain fugitive et périssable » (p. 75). Mais il est imprudent de vouloir recommencer *La Crise de l'esprit* après Valéry.

Une chaîne de paralogismes fait qu'à la crise de l'esprit se substitue en effet la défaite de la pensée. Non celle des Lumières. Mais celle qui confond la *reconnaissance* des cultures pour elles-mêmes avec l'« *équivalence* des cultures » (*ibid.*, p. 80), leur égalisation. C'est la confusion comme rhétorique. Une des figures du post-moderne.

Sur le patron de la mauvaise foi, l'ethnologie et l'anthropologie sont donc la « *philosophie de la décolonisation* » (p. 81), vue comme « volonté d'expiation ». Voilà comment, avec de bonnes intentions, on en est venu à « la déchéance des valeurs universelles » (p. 83). Nouvelle trahison des clercs.

Confusion des points de vue, anthropologie ou histoire

comparée. Le regard anthropologique lui-même a varié du
tout au tout *avant* la décolonisation, de l'opposition duelle (le
civilisé, le sauvage) et du transport des valeurs (l'abstrait, le
concret) de l'observateur sur celles de l'observé, à l'étude plus
objective des autres cultures. L'équivalence pour le respect et
la connaissance, par exemple, des religions, n'a rien à voir avec
l'équivalence des accomplissements, à prendre chaque fois
dans leur ordre. La confusion est orientée vers un rejet. Elle
présuppose une supériorité syncrétique. Ailleurs, l'attitude de
l'ethnologue qui comprend et admet est interprétée comme
une légitimation, un « éloge mesuré de la xénophobie »
(p. 106) par Lévi-Strauss.

Reconnaître la différence est devenu le mal. Tel est l'artefact
de la méthode. On y suppose un effet pervers. La « philosophie de la décolonisation » aurait bloqué les ex-colonisés dans
des nationalismes qui ne permettent pas à l'individu une identité, l'ethnie seule ayant l'identité. C'est beaucoup prêter à
cette « philosophie », que lui imputer les partis uniques, les
régimes militaires, le néo-tribalisme. L'individuation a eu, au
XXe siècle même, en Europe, bien des discontinuités.
L'Europe n'en est pas maîtresse. L'individuation ne s'octroie
pas non plus. Les guerres, les cultures nationales y sont peut-
être plus en cause que l'individualisme européen.

C'est l'universalisme du XIXe siècle qui parle, tourné vers
une utopie où les nations disparaîtraient. Marx, malheureuse-
ment invoqué, montre ce qu'il en était. La mauvaise abstraction (celle qui méconnaît l'histoire, les spécificités, les lan-
gues-cultures) lui faisait dire que les Croates devaient
renoncer à leur langue pour parler allemand, et se réjouir de la
défaite française en 1871 : elle devait assurer la victoire de ses
idées sur celles de Proudhon. Démocrate abstrait, disait
Sartre.

Ce que ce démocrate abstrait ne voit pas, c'est que les
concepts mêmes entre lesquels il tourne, identité et différence, individu et social, sont des vestiges du passé. Aussi
archaïques et étranges, inutilisables pour une poétique de la
société, que si, en médecine aujourd'hui, on faisait appel au
phlogistique.

Pour une poétique de la modernité, et de la société, il ne
s'agit plus de l'individu, au sens où la notion d'individu n'a
que trop été une fabrication sociologiste. Le jobard, le faire-

valoir du social. Son souffre-douleur aussi. Et la caution, à travers ses défenseurs mêmes, du maintien de la théorie traditionnelle, le renforcement de ce dont on croyait ou prétendait se libérer.

Défendre l'individu contre le social (ce qui revient à l'y opposer), tout comme se précipiter vers la nature contre la convention ou vers la convention contre la nature, dans la question de l'origine du langage, n'est rien d'autre que choisir un terme contre l'autre, à l'intérieur de la même relation. *Sans toucher à la relation.* Sans voir que la relation entière est un maillon dans le paradigme politique du signe. Celui qui croit s'y débattre y est en réalité inclus, et immobile. Le musée du présent contient un certain nombre de ces inclusions sous plastique. Ils amuseront, plus tard.

Ce que montre la poétique, outre que la société se sert de l'individu contre le sujet, c'est que la seule fonction qui invente et transmet des formes de vie nouvelles est celle du sujet. Distincte de celle d'individu, en tant qu'elle ne participe pas des mêmes couplages d'oppositions. Le sujet ne s'oppose pas au social. Il est social. Culturel, historique. Trans-individuel. En même temps qu'intra-individuel. Le sujet traverse l'individu. Il ne s'y confond pas. Il ne s'agit plus de différence, avec le sujet. Mais d'altérité. Et l'art et la littérature montrent, à tout moment, que l'identité n'advient que par l'altérité. Ce qui importe plus que ces discussions vieillies dans le débat sur le racisme, et qui font à l'ethnologie un procès sophistique, qui n'est pas à leur honneur.

La confusion déterminante pour le néo-sophiste est celle qu'il établit entre la culture au sens anthropologique (conditions d'existence et mode de vie), et la culture au sens de l'ensemble des connaissances et des valeurs d'une société. Cette confusion lui donne de fausses et faciles victoires, qui sont la vraie défaite de cette « pensée ».

Ainsi l'identité culturelle, définie par l'UNESCO comme « le noyau vivant de la personnalité individuelle et collective » (cité *ibid.*, p. 101) est ramenée à « ce complexe de climat, de genre de vie, de langue qu'on appelait jadis *Volksgeist* et que l'on nomme aujourd'hui culture » (p. 101). Le climat, c'est encore Taine, un biologisme, un déterminisme du siècle dernier. Là où l'UNESCO ne parle que d'éducation. Genre de vie — la culture matérielle. Langue — une culture irréductible à la précédente. Agiter le tout donne la victoire à « la bêtise haineuse du *Volksgeist* » (p. 125). Voilà Herder « présent partout », dans « l'agressivité des xénophobes et la bonté des xénophiles » (p. 112), comme une « contradiction insurmontable » entre la « communication universelle » et la « différence dans ce qu'elle a d'intransmissible » (p. 115). Pour cela, il faut feindre que Lévi-Strauss, c'est Barrès. Car l'intransmissible, c'est Barrès.

Le relativisme est le mal, la perversion : « Né du combat pour l'émancipation des peuples, le relativisme débouche sur l'éloge de la servitude » (*ibid.*, p. 131). Où se mêlent la modernité et le post-moderne.

Le défenseur de « la " haute " culture » (p. 143) reporte, à l'intérieur des valeurs esthétiques et intellectuelles, la confusion qu'il mettait entre la culture anthropologique et la culture spirituelle. En reproduisant la réduction à la mode, de la culture comme invention du penser et du sentir, au culturel, qui est un aspect de sa socialisation. Le culturel n'est pas « l'existence coutumière » (p. 139), mais cette réduction de la culture au mondain, et à ses pouvoirs. Dans le même moment que le défenseur dénonce la « non-pensée » qui cohabiterait avec la « vie de l'esprit » dans le seul mot de culture.

Ostensiblement, la défense de l'universel s'en prend à la post-modernité. À son propre insu, elle en participe. Par ses confusions et par son passéisme.

Post-moderne, c'est multiculturel. Préconiser « la transformation des nations européennes en sociétés multiculturelles » (p. 135), « l'antiracisme postmoderne démode à la fois Benda, Barrès et Lévi-Strauss et leur oppose à tous trois ce nouveau modèle idéal : *l'individu multiculturel* » (p. 139). Au nom de quelle monoculture ? Comme si nous n'étions pas tous, historiquement, multiculturels. Celui qui parle là a oublié sa propre histoire.

Viennent les clichés du mythe anti-moderne, le « nouvel hédonisme » (p. 136), « forme postmoderne de l'intérêt particulier » (p. 150). La confusion des valeurs : « Une paire de bottes vaut Shakespeare. » Dont la dénonciation suit le même principe, en mettant sur le même plan un emploi familier de l'adjectif *génial* et le minimalisme en art (pris hors de sa propre histoire, depuis Dada Duchamp), et « l'apparition corrélative dans les musées d'œuvres quasi indiscernables des

objets et même des matériaux quotidiens » (p. 137). La
« culture » transformée en « obstacle » (p. 141), mais par une
caricature. Qui couvre « de la même étiquette culturelle
l'auteur des *Essais* et un empereur de la télévision » (p. 140).
Mêle à dessein l'art et les comportements, et feint d'oublier ce
que parler veut dire, pour arriver à : « Il n'y a plus ni vérité ni
mensonge, ni stéréotype ni invention, ni beauté ni laideur, mais
une palette infinie de plaisirs, différents et égaux » (p. 142).

La nostalgie de l'anti-moderne pour le passé, pour « la supériorité relative du monde d'hier » (p. 147), porte un culte à la
raison. Mais un culte non critique. Sa méthode a pris la polémique pour la critique. Ce qui en fait un esthétisme de la
pensée. Lui donne ses complaisances. Effets faciles sur Dis-
neyland. Son sujet est le sujet abstrait de cette raison et de ces
Lumières qui montrait sa naïveté, il y a vingt ans, dans la
grammaire générative. Un sujet idéal. Normal blanc.

Son principe d'explication est unique. Comme la culture,
qui n'a jamais existé, qu'il oppose au présent. Il aurait en son
temps réprouvé que Picasso aille à l'art nègre, Brecht à l'opéra
chinois, Eisenstein au kabuki, Artaud à Bali. Ainsi : « L'école
est moderne, les élèves sont postmodernes » (p. 153). Cette
pensée est vulgaire, parce qu'elle dit ce qu'elle sait que certains veulent entendre.

Le moderne, pour elle, n'est plus que de l'archaïque. Par
quoi elle se fait justice.

Pensée d'arrière-garde, puisqu'elle s'avoue défaite : « La
barbarie a donc fini par s'emparer de la culture » (p. 165). Barbarie, « l'intolérance » et « l'infantilisme ». Toute cette mise
en scène pour ne plus demander que « l'accès au doute, à
l'ironie, à la raison » (p. 165). Bien un autre hédonisme. Avec
son irréalité.

Le structuralisme de 1960 est tout ce qu'elle sait de la
théorie de la littérature. À travers une incompréhension de ce
qu'a été le structuralisme. N'a rien appris depuis. Aussi, c'est
en partie à sa propre ignorance qu'elle s'adresse, en s'en prenant au structuralisme (*ibid.*, p. 77-78). Des ombres de pensées traversent ce discours : « effacement de la distinction
entre œuvre et document » (p. 119), « *l'Université rabat le
roman sur l'archive* » (p. 120). Les confusions sur la notion de
culture se reportent en confusion entre l'anthropologie et la
poétique, qu'elle ignore.

Le prophète anti-moderne, anti-post, fait d'abord le désert dans les termes qu'il emploie, pour mieux crier dans le vide.

Excessif et timide. Excessif, il veut sans cesse prouver que l'universel est « en voie de disparition » (p. 125). Timide, c'est un néo-classique, il a horreur du mélange des genres (p. 148).

Les Lumières, dont il est le héros, contre le post-moderne, ne jettent plus sur lui qu'un éclairage indirect. Textes connus à travers des morceaux choisis. Citations de citations. Sa culture, comme celle de son adversaire, et peut-être plus, se rabougrit. Risque d'en faire un pense-petit.

Un sermonneur. La haine de la modernité émet un ennui spécifique. C'est le document que propose un certain conformisme américain[293]. Toujours le « déclin de l'Occident » (*ibid.*, p. 223). Envisagé cette fois par la perte de la religion et à travers la philosophie politique : « L'histoire de la pensée libérale depuis Locke et Smith a été celle d'un déclin presque ininterrompu du point de vue philosophique » (p. 239).

Bloom rappelle que toutes les cultures sont ethnocentriques (p. 36). Mais il croit à une nature universelle, qui « devrait être la norme selon laquelle nous jugeons nos vies et celles des peuples » (p. 38). Geste traditionnel de la philosophie. C'est « la philosophie, et non pas l'histoire ou l'anthropologie, qui est la plus importante des sciences humaines » (p. 38). Les concepts sont situés dans l'universel, hors de l'histoire. L'historicité de la pensée est mêlée à ce qu'il appelle *ouverture*, où il voit « l'acceptation de tout », et la « négation du pouvoir de la raison » (p. 38). Il réclame donc *fermeture de l'esprit*.

Contre le relativisme culturel. Il ne distingue pas entre l'enquête pour la connaissance, le respect, la sympathie — déjà coupable, et le jugement moral. Uniquement binaire : le bien ou le mal : « Le relativisme culturel détruit à la fois l'identité du sujet et le bien en général » (p. 39). Donc, « être respectueux de toutes les cultures sans exception » (p. 40) entraîne la ruine de l'universel. Le chasseur de préjugés ne voit pas la poutre dans sa raison. Sereinement, il juge.

293. Allan Bloom, *L'Âme désarmée, Essai sur le déclin de la culture générale*, Julliard, 1987 (*The Closing of the American Mind*, New York, Simon & Chuster, 1987). Le titre américain, « La fermeture de l'esprit américain », est plus juste : il a un sens plus américain.

Immédiatement les crapauds du conte lui sortent par la bouche. Les peuples « du temps jadis et des autres pays, avec leurs préjugés et leurs illusions non scientifiques [...] étaient ou sont plus heureux que nous » (p. 41). Représentent le mal « tous les changements, intellectuels ou moraux, qui sont survenus au cours des vingt dernières années » (p. 42).

Le dualisme des idées simples n'empêche nullement la confusion, chez ceux qui dénoncent la confusion. Le péremptoire en plus. Sur Freud, qui ne ferait aucune différence « entre Raphaël et un barbouilleur quelconque » (p. 227). Sur la politique des écrivains : « Pratiquement, tous les grands romanciers et tous les grands poètes des deux derniers siècles ont été des hommes de droite et, à cet égard, Nietzsche ne fait que compléter la liste » (p. 253). L'ineptie de cette assertion étant justement d'inviter à faire une liste en deux camps, alors que l'action spécifique de l'écrit n'a rien à voir avec les opinions de l'individu-auteur. Balzac, exemple classique.

Le philosophe est jugé par ce qu'il dit de la littérature. Des « Lettres », qu'il voit comme un « magasin d'antiquités, plein d'objets disparates, hétéroclites, poussiéreux et moisis, et dont les affaires vont de plus en plus mal ». Il y reconnaît une « indication de ce qui ne va pas dans la modernité » (p. 304). En quoi il expose qu'il confond encore la question de la vérité — « les classiques disent la vérité » (p. 320) — avec la spécificité de la littérature, ou de son enseignement. Il croit à la « pollution du langage » (p. 258) parce que les mots changent de sens. C'est ce dogmatisme ignorant qui propose un « retour aux Grands Livres anciens » (p. 52, 285).

L'historicisme naïf est accordé à la vétusté de ses idées sur le langage et la littérature. Il déclare des œuvres, contradictoirement, « ne pas les traiter comme des productions historiques, essayer de les lire comme leurs auteurs voulaient qu'on les lise » (p. 285). La querelle de l'ancienne critique, réduction à l'intention et aux conditions de production du sens. À l'inverse du « déconstructionnisme » (p. 327), curieusement situé en littérature comparée, où l'influence de « Derrida, Foucault et Barthes » mêlés a poussé au « dernier stade, peut-on prédire, de la suppression de la raison, la négation ultime de l'idée qu'une vérité philosophique est possible. L'activité créatrice de l'interprète est considérée comme plus importante que le texte ; il n'y a pas de texte, seulement des interprétations » (p. 327). Mais l'auteur se rassure aussitôt : « Cette mode passera comme elle a déjà passé à Paris. » L'historicisme ignore que le sens a une histoire, et qu'il est infini. L'illusion empiriste veut que les textes parlent d'eux-mêmes.

Le discours de l'universel opposé au moderne et au post-moderne est la prosopopée d'une unité-vérité-totalité. Le mythe. Qui lui fait croire aussi au déclin des sciences humaines : « Les beaux jours des sciences humaines sont passés » (p. 312), parce que « l'espoir d'une unification des sciences humaines s'est évanoui » (p. 313) et que « ce ne sont plus les parties d'un tout » (p. 314). Le rêve unitaire du XIXe siècle. Rêve qui continue dans le sommeil de l'épistémologie.

Il y a un marché actuel du déclin.

C'est sans doute pourquoi un éditeur français s'est empressé de traduire un livre insulairement américain, par son purita-nisme, ses allusions au marxisme américain, son ignorance américaine de l'Europe (dont Chomsky avait déjà donné un exemple illustre), ses truismes, son prêchi-prêcha, son anti-parisianisme. Non sans quelque justification, Paris étant le lieu « où la déconstruction de Nietzsche et de Heidegger et leur reconstruction sur une base gauchiste ont constitué, depuis la Libération, une partie importante du métier de philosophe » (p. 256). Américain enfin par sa croyance que maintenant, « dans l'histoire du monde, c'est l'heure de l'Amérique », et que « le sort de la philosophie dans le monde a été dévolu à nos universités » (p. 330).

Dans le discours anti-moderne, anti-post-moderne, tout est déclin, sauf lui, la vérité qui parle.

Ainsi nous sommes tous post-modernes. Celui qui hait le moderne et le post-, plus encore que les autres. Car nul ne montre autant que lui, le cadavre d'une culture.

PHILOSOPHIE DU POST-MODERNE
OU PHILOSOPHIE DU NUAGE

> Il y a des mots qui possèdent pendant un temps variable une puissance incantatoire.
>
> ARAGON, « Introduction à 1930 », *La Révolution surréaliste* n° 12, 15 décembre 1929, p. 57.

Roland Barthes et Jean-Pierre Faye ont réduit l'histoire à un récit, Lyotard réduit la raison, raison du sens, raison de l'histoire, à un « méta-récit ». Une fable, « discours de légitimation », la philosophie. Et « décide » d'appeler *moderne* le « récit des Lumières ». Comme Habermas. Et *post-moderne* « l'incrédulité à l'égard des méta-récits »[294].

En reprenant le mot de post-moderne aux sociologues américains, Lyotard en détourne le sens, et peut-être la périodisation. Incertitude. Flou. Le post-moderne commence d'abord à « l'état de la culture après les transformations qui ont affecté les règles des jeux de la science, de la littérature et des arts à partir de la fin du XIXe siècle » (p. 7). Lyotard ajoute : « Ici, on situera ces transformations par rapport à la crise des récits. » Le moment où, en général, on parle de *modernité*. Ces transformations, cette crise, c'est bien à partir de la fin du XIXe siècle.

Or il s'agit en fait d'une période beaucoup plus récente.

294. Jean-François Lyotard, *La Condition postmoderne, Rapport sur le savoir*, Éd. de Minuit, 1979, p. 7. Dans la suite je n'indique que les pages. Lyotard écrit *postmoderne* sans trait d'union. Je garde son orthographe dans les citations.

Lyotard pose, quelques pages plus loin, que « le savoir change de statut en même temps que les sociétés entrent dans l'âge dit postindustriel et les cultures dans l'âge dit postmoderne. Ce passage est commencé depuis au moins la fin des années 50, qui pour l'Europe marque la fin de sa reconstruction » (p. 11).

Ce décalage est déjà un jeu de langage. Il est, de plus, de lui-même mobile, incertain. Puisqu'il ne s'agit pas d'un événement, mais d'un état. Pratiquement, *post-moderne* rejoint, recouvre les vingt dernières années, considérées comme reflux du moderne. Un moderne originellement ambigu, « récit des Lumières » et *récit* de l'art et de la littérature.

L'opérateur du métarécit est le *jeu de langage,* terme pris à Wittgenstein[295], mais situé dans et par la pragmatique contemporaine. Immédiatement le lieu d'un double jeu : la référence à la pragmatique linguistique, et son utilisation, à travers ses termes techniques les plus répandus (on agit par le langage) ; et la référence homonyme à une attitude philoso-phique, elle-même marquée d'un double sens originel, vers l'utile — et l'utilitaire, et vers le réel. Depuis l'inclusion de l'effet dans le sens, chez Peirce, jusqu'à la téléologie de l'effi-cacité : « Le critère suprême, c'est le succès[296]. »

Signe distinctif du post-moderne — le pragmatisme : « La modernité, *une* modernité du moins (Augustin, Kant) est cri-tique, elle élabore la finitude, elle donne la raison qui interdit de raisonner sur le fondement du raisonnement. La postmo-dernité serait plutôt empirico-critique ou pragmatiste : la raison de la raison ne peut être donnée sans cercle, mais la capacité de formuler des règles nouvelles (axiomatiques) se découvre à mesure que le " besoin " s'en fait sentir[297]. » C'est une « idéologie techniciste » *(ibid.).*

Avec des précautions. Le post-moderne, ne voulant — ou ne pouvant — plus être ni à gauche, ni à droite, ni optimiste, ni pes-simiste, prend beaucoup de précautions. La tâche de la philoso-

---

295. Wittgenstein, dans les *Investigations philosophiques,* appelle « jeu de langage » — « le tout consistant dans le langage et les actions dans lesquelles il est tissé » (§ 7), l'insistance sur le mot *jeu* « visant à mettre en avant le fait que *parler* dans le langage est une partie d'une activité, ou d'une forme de vie » (§ 23).

296. Éd. Le Roy, à l'article *Pragmatisme,* dans le *Vocabulaire technique et cri-tique de la philosophie* de Lalande, P.U.F. (1re éd. 1926), 1983, en note, p. 806.

297. J.-Fr. Lyotard, *Le Postmoderne expliqué aux enfants,* pp. 99-100.

phie, actuellement, étant, selon Lyotard, d'« accompagner la métaphysique dans sa chute, comme le disait Adorno, mais sans tomber dans le pragmatisme positiviste ambiant, qui sous ses dehors libéraux n'est pas moins hégémonique que le dogmatisme. Tracer une ligne de résistance aux deux. Contre-attaquer les confusions sans refaire un " front ". Pour l'instant, la défense des raisons opère par " micrologies " » (*ibid.*, p. 103).

Le discours du post-moderne mime le post-moderne. Il est jeu de langage, et il est pragmatique, non seulement en ce qu'il se veut homogène à ce qu'il décrit, mais en ce qu'il est un *performatif* du post-moderne. Il fait ce qu'il dit dans l'acte de le dire. Son énonciation l'accomplit. Il en est la raison, et la rhétorique. La raison, dispersée en « micrologies ». La rhétorique, par la métaphore filée d'une *atomisation* du langage : « Nous ne formons pas des combinaisons langagières stables », d'où une « pragmatique des particules langagières », « l'hétérogénéité des éléments », le « déterminisme local », « l'hétérogénéité des jeux de langage »[298]. Le tout rassemblé, comme dans un emblème, dans la métaphore du *nuage*.

Nature, science, société, langage trouvent dans cette métaphore la preuve et le discours de leur homologie. La fonction narrative « se disperse en nuages d'éléments langagiers narratifs » (*ibid.*, p. 8). Les décideurs « essaient pourtant de gérer ces nuages de socialité » (p. 8). C'est que « la forme des nuages » (p. 95) est un exemple privilégié de système instable, repris, micrologiquement, par le « flocon d'eau de savon » : « Les contours d'un flocon d'eau de savon salée présentent de telles anfractuosités qu'il est impossible pour l'œil de fixer une tangente en aucun point de sa surface » (p. 94). La mise en échec de la « prévision probabiliste » étant liée ici à des « contours et des distributions des choses qui n'ont pas subi la régularisation due à la main des hommes » (p. 95).

Le problème est bien la valeur et l'effet de théorie de cette métaphore. À elle seule, elle remet les sciences historiques dans les sciences de la nature, avec son implication micromacro-cosmique. Présuppose une épistémologie unitaire. Le rêve. Métaphore essentielle, puisqu'elle est reprise dans la question majeure, et finale : « l'antimodèle offert par la pragmatique scientifique » est-il « applicable aux immenses nuages

298. *La Condition postmoderne*, p. 8.

de matière langagière qui forment les sociétés ? » (p. 104) et la métaphore a déjà répondu oui.

Ce discours s'oppose radicalement à celui de Habermas. Le « consensus obtenu par discussion », dit Lyotard, « violente l'hétérogénéité des jeux de langage. Et l'invention se fait toujours dans le dissentiment » (p. 8). Pragmatiquement, Lyotard a raison. Bien qu'il fasse l'inverse, mécaniquement, de Habermas : cette hétérogénéité sur laquelle Habermas ferme les yeux, Lyotard n'a des yeux que pour elle. Après l'unitaire, le dispersé, « l'incommensurable » (p. 9). Que Habermas ne peut pas « supporter ». Après « l'homologie des experts », la « paralogie des inventeurs » (p. 9).

La temporalité du post-moderne est plus brève, et rapprochée, que sa datation par la fin du XIXᵉ siècle à cause du rôle qu'y tient l'art, où l'effet polémique de la notion de post-moderne est de reléguer aussitôt la modernité dans le démodé.

La contestation du structuralisme de 1960 y a la première place. Il est révélateur que la phénoménologie et l'herméneutique n'y soient nullement visées. Car l'attitude pragmatique cherche une théorie pour la compréhension du réel et de l'action. Une théorie du sens. Elle la demande techniquement à une linguistique qui est aussi, et d'abord, une philosophie du langage. Habermas, de même.

Lyotard met toute la théorie du savoir dans la dépendance d'une linguistique. Et on dit que la linguistique n'est plus à la mode. N'est plus la science « pilote ». C'est le formalisme structuraliste qui ne l'est plus. Bien qu'il se survive dans l'étude de la littérature.

Dans la théâtralisation mondaine de la culture, domine une sociologie de la domination. Mais pour dominer il lui a fallu mettre le langage dans le social. Au centre. Tout dépend donc, pour elle aussi, de la description qu'elle en fait. De ses concepts. Pour elle-même comme sociologie.

C'est pourquoi il faut analyser, du point de vue de la théorie du langage, qui n'est ni celui d'une école linguistique, ni celui de la philosophie, mais celui d'une critique du signe telle que la fait une recherche du rythme et du sujet comme anthropologie historique du langage, comment procède un discours qui considère lui-même le savoir comme « une espèce de discours » (p. 11). Reconnaître la poétique de ce discours.

L'association des deux termes *savoir* et *discours* justifie cette
analyse. Le rappel de Lyotard confirme le rôle capital du
langage : « Depuis quarante ans les sciences et les techniques
dites de pointe portent sur le langage » (p. 11). Suit une énumération qui va de la phonologie et de la cybernétique aux
« problèmes de traduction des langages ». La machine est le
pilote. Le terme de *langages* au pluriel indiquant l'unification,
en un terme unique, du concept courant et ambigu de langage
et du langage-machine. À la fois le problème et l'escamotage
du problème. Du problème linguistique.

Ce pluriel désigne clairement que les conditions de transmission du savoir informatisé manœuvrent les conditions de
représentation de la théorie linguistique, et de la réflexion de
Lyotard sur le langage. Pragmatiquement, ce qui domine alors
est la théorie de l'information. Des années cinquante.

En termes linéaires, cette situation est une régression, si
tant est qu'il y ait en cette matière une progressivité. Au
moins, une histoire de la pensée linguistique, « depuis quarante ans ». Ces quarante ans, ici, sont le temps d'un désert.
On n'y entend parler que de « quantités d'information » et de
« bruit » (par exemple p. 15, 86).

Lyotard prend pour des recherches « avancées » la fabrication de traducteurs de poche, « chacun comptant 1500 mots,
avec mémoire » (p. 13). Sans entendre le silence théorique,
que l'informatique couvre de son bruit. Silence d'une théorie
de la traduction et d'une théorie du langage ensemble, qui fait
la nomenclature, le stock lexical, le mot pour unité. *Comme
avant Saussure.* La notion de *discours* rendue impossible, sans
parler de la poétique (refoulée dans la poésie, je suppose) par
une conception grossière de la langue, qui prend au mieux
encore la structure pour le système.

Passant directement du langage au savoir, Lyotard n'envi-
sage que le langage du savoir « dans les sociétés informati-
sées ». Le savoir informatisé. Le savoir du langage a été oublié.
N'en est retenu que ce qui entre dans la grille existante, pour
la « technologie informationnelle et télématique » (p. 16).

Le « rapport sur le savoir »[299] est donc pragmatique en ce
qu'il cherche à être utile à un certain savoir, pour la prévision.

---

299. L'essai de Lyotard est un rapport commandé par le gouvernement du
Québec, comme il le dit p. 9.

C'est ce qui lui permet un futur de prophétie : « La multipli-
cation des machines informationnelles affecte et affectera la
circulation des connaissances » (p. 12), « l'ancien principe [...]
tombe et tombera », « le savoir est et sera » (p. 14)... Pragmatique pour le pouvoir : après « maîtriser des territoires »
viendra « maîtriser des informations » (p. 15). C'est le sens
des questions : « Qui y aura accès ? » et « qui saura ? »
(p. 16). Ce qui reste de théorie devient l'auxiliaire pragmatique du pouvoir, de la « mercantilisation du savoir » (p. 15).

Ainsi, à l'intérieur de la pragmatique, ce n'est pas la pragmatique, mais la théorie de l'information qui opère. Dont l'insuffisance théorique est notoire depuis longtemps. Et la raison
d'État de l'informatisation passe par cet appauvrissement, obstacle épistémologique à une théorie d'ensemble de la société et
du langage. Aspect de la théorie traditionnelle. L'effet social
de la pragmatique est la légitimation de l'existant.

Ce que montre, comme la lettre froissée sur la cheminée,
dans *La Lettre volée* d'Edgar Poe, ironiquement, la vieille
métaphore du langage-monnaie, déjà chez Marx, aussi usée
que la pièce de monnaie, et fausse. Mais vrai symptôme,
chaque fois qu'on la rencontre, d'un état de la théorie. Et elle
file : « On peut imaginer que les connaissances soient mises en
circulation selon les mêmes réseaux que la monnaie » (p. 17).
Par le *comme*, « comme pour la monnaie », tout un champ
lexical en est tissé : « connaissances échangées », « crédits de
connaissances », « acquitter la dette », jusqu'au terme finan-
cier « optimiser ».

Si c'est le rôle traditionnel du philosophe de « poser la question du statut du savoir » (p. 17), Lyotard joue ce rôle avec
une équivoque aussi filée qu'une métaphore, entre la légitimation réaliste de la société post-moderne, société de la « performativité », et la proposition d'un « anti-modèle ». L'instabilité, par le mimétisme, a atteint le statut de la théorie. Le post-
moderne a son philosophe. Ou son expert. C'est son mime.

Malgré un rappel du « jumelage » (p. 20) qu'il y a, « depuis
Platon », « entre le genre de langage qui s'appelle science et
cet autre qui s'appelle éthique et politique » — tous deux pro-
cédant « d'un même " choix ", et celui-ci s'appelle l'Occident » — l'éthique a peu de place dans la théorie du langage
sélectionnée pour décrire la société, la science, dans leurs rapports modernes et post-modernes.

Pourtant la pragmatique est la plus moderne des linguistiques. Mais elle ne dit rien, par elle-même, de l'éthique. De plus, sa visée et sa technique sont modifiées. Le glissement de sens du terme *performatif* le montre. Du sens précis (que Benveniste avait reconnu avant Austin, lequel le confondait avec l'impératif) où certains verbes dans certaines conditions font ce qu'ils disent par la seule énonciation, une sociologie fonctionnaliste a dérivé ce mot (en le ramenant dans son champ sémantique d'origine, en anglais, de *to perform, performing, performance, performer*) vers le « sens devenu courant d'efficience mesurable en rapport input/output » (p. 21, n. 30). Sens que Lyotard emploie constamment, parlant de « l'esprit de performativité généralisée » (p. 74). Mais, si « les deux sens ne sont pas étrangers l'un à l'autre », techniquement ils sont si distants qu'on peut se demander pourquoi la théorie économique a besoin d'une référence linguistique.

Jeux de langage, rapport à une situation et à une autorité, à la notion de règle, à une « agonistique générale » (p. 23), une théorie du langage est nécessaire justement pour la caution théorique d'un modèle unique, sémiotique, pour le langage et pour la société.

Il est caractéristique ici que la référence dominante soit Peirce (p. 21, n. 28), non Saussure, qui n'est pas mentionné. Alors que Hjelmslev et Barthes le sont. La théorie la plus englobante, apparemment la plus puissante, contre la théorie du langage. Mais la toute-puissance de la sémiotique s'inverse en mauvaise abstraction, et logique sommaire qui permet seule de réunir, par-dessus la spécificité (oubliée) du langage qui déborde les signes, des éléments sans unité commune, comme Benveniste avait remarqué.

La théorie des jeux intervient comme complément, dans la mesure où Lyotard reconnaît que « l'aspect langagier prend une nouvelle importance » (p. 32) avec l'importance de l'information, et qu'on ne saurait réduire le langage « en simples termes de théorie de la communication » (p. 32). C'est « l'aspect agonistique » (p. 33). Non plus au sens de la pragmatique, mais le redoublant. Une fois de plus, il n'y a rien d'autre que des positions, des « coups » lancés « dans la bataille ». Jusqu'à une certaine schématisation : « Parler est combattre » (p. 23).

Pas de sujet. Donc pas d'éthique. Jeu de langage avec le structuralisme, transposé en termes de jeu : « des " coups "

de langage » (p. 24). Pas de place pour l'éthique dans une agonistique. Le respect des règles du jeu.

La théorie des jeux renforce l'aspect ahistorique de la structure. Elle est ostensible dans le statut de la littérature, sa définition purement ludique : « On peut faire un coup pour le plaisir
de l'inventer : qu'y a-t-il d'autre dans le travail de harcèlement
de la langue qu'accomplissent le parler populaire ou la
littérature ? » (p. 23). C'est à ce mélange de structuralisme et de
sémiotique sans sujet ni valeur ni histoire qu'est ramenée la littérature (réduction que ne fait aucunement l'Oulipo), à « l'invention continuelle de tournures, de mots et de sens » où les
« joies », le « plaisir » sont assez petitement et naïvement asso-
ciés au « sentiment de succès, arraché à un adversaire au moins,
mais de taille, la langue établie, la connotation » (p. 23). L'effet
de théorie de l'agonistique rejoint le culturel sociologiste.

La *langue* est la seule notion du langage connue ici, à travers
le structuralisme. La « parole », au sens où elle est inséparable
de la langue chez Saussure, n'y fonctionne pas. C'est donc
directement dans la langue qu'est placée la poétique, la
« création » : « Est-ce que le jeu d'expérimentation sur la
langue (la poétique) a sa place dans une université ? [...] oui si
l'université ouvre des ateliers de création » (p. 35). Point de
vue très américain. Allan Bloom dit la même chose.

Contradiction entre la conception structuraliste du langage
(la langue-qui-n'a-pas-de-sujet) et le pousse-à-écrire du désir
qui requiert furieusement un sujet. Le remplace par des subs-
tituts. L'absence de poétique en fait la démagogie. L'illusion
rhétorique. Ainsi la littérature mène pragmatiquement à
l'échec de la pragmatique.

L'emploi de *système* est un autre indice de la permanence du
structuralisme. À travers la description du « principe du
système » (p. 25) chez les théoriciens de la technocratie. Optimiste ou cynique, et tourné désespérément vers l'« optimisation » de la rentabilité, de la « performativité ». C'est-à-dire la
productivité. *Système* est conçu d'après le patron de la cybernétique (p. 31, n. 56). Stable. C'est, comme dans le structuralisme, un synonyme de *structure*. Hors histoire, hors changement. Ce que le système n'est pas, chez Saussure, où il inclut
le changement, de même que l'historicité n'y est pas la *diachronie*, mais ensemble la diachronie et la synchronie, ensemble
le syntagmatique et l'association.

L'emploi de *diachronique*, « temporalité diachronique » (p. 47), montre son structuralisme, la diachronie prise pour l'histoire et opposée à la synchronie stable du système. Ce blocage du structuralisme.

L'épistémologie des questions du langage, qui n'est pas abordée comme telle par Lyotard, est mise *naturellement* dans le schéma duel de l'épistémologie scientifique. Il y a le déterminisme « classique », qui suppose un « système à stabilité forte » (p. 90). Il est mis en cause par la mécanique quantique et la physique atomique qui supposent des systèmes instables. La possibilité d'une transformation de la notion linguistique, structurale, de système, n'est pas même imaginée. Le rapport entre le social et le langage est suspendu à la question finale sans réponse, sur la possibilité d'y transposer l'« anti-modèle », celui des catastrophes. Inexplicables selon le structuralisme de la langue, les « nuages de matière langagière ».

Le stable et l'instable, le prévisible et l'imprévisible, le déterminisme et les « îlots de déterminisme » (p. 96) situent le langage et le social dans le paradigme classique de l'ordre et du chaos. La raison et la déraison. Paradigme du signe. Qui ne conçoit l'instable que comme un irrationnel. La sortie hors du signe étant la folie. Mais le post-moderne n'est pas fou. Il se fait seulement des petites folies.

Car il reste dans le dualisme, par sa théorie du langage et aussi par sa description des « modèles » de société. Deux. Qui constitueraient « l'alternative moderne » : le modèle fonctionnaliste, homogène, positiviste — « la société est une totalité unie » (p. 26) ; et le modèle binaire du marxisme, constitué par la lutte des classes. Lyotard montre que le marxisme, ou bien a rejoint la « programmation du système » (p. 28), ou bien s'est maintenu comme « modèle critique » mais semble alors voué à une « utopie ». Socialement, le système reste homogène, dans une alternative exclusive. Report du signe sur la relation entre langage, société, histoire.

L'échappée « critique ou réflexive ou herméneutique » (p. 29) met la théorie critique indistinctement avec l'herméneutique. D'où, comme chez Habermas, un syncrétisme qui renonce à la critique du signe.

Le rejet de l'alternative, qui doit alors faire la « perspective postmoderne », pour une théorie de la société, ne peut donc plus s'accomplir en théorie d'ensemble du langage et de la société.

La « pensée par oppositions » (p. 29), pensée du structuralisme, récusée ostensiblement, ne fait que passer derrière. Par devant, un discours fonctionnaliste parlant cybernétique et théorie des jeux : « circuits », « messages », « régulations », « performances », « entropie » (p. 31).

Là où la « grande affaire devient et deviendra de disposer des informations » (p. 30), quand les « experts » seront les « décideurs », se réalise ou se réalisera la *République* de Platon. Avec les philosophes post-modernes.

L'absence et l'impossibilité d'un sujet du discours — c'est-à-dire d'une théorie du discours — carence poétique et politique, se voit dans la reprise, à propos de la description du « savoir narratif », du concept de sujet de la grammaire générative, avec ses corollaires, *compétence* et *performance* : « Un sujet que composent les diverses sortes de compétence qui le constituent » (p. 37). Quand, plus loin, ce sujet est pris à la fois comme sujet de la connaissance et sujet politique, il n'y a pas non plus de critique de Chomsky. Au contraire, ses concepts sont explicitement admis et confirmés : « On conçoit également que l'existence réelle de ce sujet forcément abstrait (parce que modelé sur le paradigme du seul sujet connaissant, c'est-à-dire du destinateur-destinataire d'énoncés dénotatifs à valeur de vérité, à l'exclusion des autres jeux de langage) soit suspendue aux institutions dans lesquelles il est censé délibérer et décider, et qui comprend tout ou partie de l'État » (p. 53). Confirmation jusque dans la conception abstraite du politique chez Chomsky.

Le philosophe post-moderne veut se défaire d'une « conception instrumentale du savoir » (p. 35), mais il est conduit par le signe à un méta-utilitarisme. La pragmatique, l'agonistique l'y maintiennent. Le rôle donné à la théorie du langage est celui d'une utilité dans sa théorie du savoir. Un outil majeur, mais un outil.

Un outil qui ne touche à rien de la tradition. Il oppose, c'est le schéma binaire de Lévy-Bruhl, Lévy-Bruhl avant les *Carnets*, le savoir narratif, le savoir scientifique. Tous deux des « modèles ». Bien que *modèle* ne puisse avoir le même sens pour le scientifique, et pour le narratif. Qui englobe « une autre mentalité : sauvage, primitive, sous-développée, arriérée, aliénée, faite d'opinions, de coutumes, d'autorité, de préjugés, d'ignorances, d'idéologies » (p. 48). Et inclut, comme chez Husserl, « les femmes et les enfants ».

La littérature se trouve nécessairement dans ce bric-à-brac de « savoir-dire, savoir-entendre, savoir-faire » (p. 40). Indiscernable du langage, sinon par le ludique. Qui ramène la poétique à une rhétorique. Le langage lui-même indiscernable de l'idéologie. En partie la situation du langage chez Marx. En partie la situation qui faisait que Marx rejetait la philosophie du langage avec le langage de la philosophie.

Malgré une distinction entre la connaissance (lieu du vrai ou du faux), la science (qui ajoute des conditions d'observation et de vérification) et le savoir, il s'agit bien d'une anthropologie duelle : le « savoir narratif » est opposé au savoir scientifique comme le « compact » au « développé » (p. 40). Il est mis dans l'oral, par le « savoir-dire, savoir-entendre ». Et par le rythme, dans sa définition formelle traditionnelle, mètre et accent.

Lyotard en tire paradoxalement que le récit narratif est récité pour être oublié : « À mesure que le mètre l'emporte sur l'accent dans les occurrences sonores, parlées ou non, le temps cesse d'être le support de la mise en mémoire et devient un battement immémorial. » C'est la « fonction léthale du savoir narratif » (p. 41) : « une collectivité qui fait du récit la forme-clé de la compétence n'a pas, contrairement à toute attente, besoin de se souvenir de son passé. Elle trouve la matière de son lien social non pas seulement dans la signification des récits qu'elle raconte, mais dans l'acte de leur récitation » (p. 41-42).

Ce paradoxe se résout si on ne confond pas, comme fait Lyotard, la propriété sociologique de l'acte d'oralité avec sa propriété poétique. Le discours et son exécution. L'oralisation, et l'existence uniquement orale (par la composition, l'exécution, la transmission) est comprise de telle sorte que la « référence des récits peut paraître appartenir au temps passé, elle est en réalité toujours contemporaine de cet acte » (p. 42). Comme si le récit se consommait dans son énonciation. Et qu'il n'y avait rien d'autre que sa performance éphémère. Mais il y a une pétition de principe à poser l'énonciation comme une détemporalisation. Sinon l'effet du caractère ahistorique des sujets dans le langage, selon le modèle de Lyotard.

L'effet aussi du primat métrique. L'absence de théorie du rythme. Car il est vrai que le « battement métrique » (p. 42) n'a pas d'histoire, et « en l'absence de différences remarquables entre les périodes, interdit de les dénombrer et les expédie à l'oubli » (p. 41). Mais le rythme est une historicité du texte, qui implique une socialité, un partage du temps entre les sujets, des réactualisations potentielles. Seul le mètre est sans mémoire.

Les textes africains, par exemple, mythes, généalogies, sont une commémoration qui se situe dans le présent, mais un présent continu au passé. Un des signes en est la voix particulière employée, différente de celle du parlé. C'est une étrange erreur d'affirmer que cette culture « n'a pas besoin de se souvenir de son passé », et qu'elle « n'a sans doute pas non plus besoin de procédures spéciales pour autoriser ces récits » (p. 42). Les rôles seraient interchangeables. Il n'en est pas ainsi. Tout le monde n'est pas griot. Et l'« instance narratrice » est bien isolée par des circonstances toujours particulières des récits. Fêtes, enterrements. Initiations. Récits d'hommes, ou de femmes. Ce qui se dit de jour. Ce qui se dit de nuit.

La pragmatique du savoir scientifique est présentée comme une rhétorique et une dialectique du consensus. Toujours l'« extériorité » de l'objet (p. 46) propre au structuralisme. La théorie des jeux pousse à y voir une « fonction polémique » (p. 47). Oubliant la critique, ou la confondant avec la polémique.

Définissant le post-moderne comme le rejet des grands « récits de légitimation », Lyotard récite son propre métarécit, en y mettant quelques oublis qui ne sont pas sans conséquences.

Imprudence, ou méta-cynisme — mettre au cabinet le récit « qui a pour sujet l'humanité comme héros de la liberté » (p. 54), ou le récit qui cherche la vérité et « la science comme telle » (p. 55), dans le projet de Humboldt pour l'université de Berlin en 1810.

En résumant le premier, Lyotard oublie ce que garde de pertinence, aujourd'hui, la répression napoléonienne du projet universitaire des Idéologues, dont l'effet traverse le XIXe siècle et nous marque encore.

Dans le jeu du second, Humboldt est mis hâtivement dans un passé révolu. Cette mise au tombeau, qui vaudrait pour bien des éléments du siècle dernier, oublie que l'« esprit spéculatif », chez Humboldt, implique une critique des catégories du langage qui régnaient en son temps et continuent à régner du nôtre. Ce qui en fait un penseur d'avenir, encore plus que du passé. Lyotard a tendance à le recouvrir par Hegel. D'autres le rabattent sur Kant. Quelles que soient les intentions, ces pratiques actuelles reviennent à des stratégies d'occultation. L'historicisme met le passé au passé. Le temps du révolu, pour parler de l'École de Francfort : « Ce fut sommairement la position de l'École de Francfort » (p. 62).

Le constat est sûr : « Le grand récit a perdu sa crédibilité » (p. 63). Les causes le sont moins. Peut-être un « effet de l'essor des techniques et des idéologies » qui aurait déplacé « l'accent sur les moyens de l'action plutôt que sur ses fins ». Complété par la disparition de « l'alternative communiste », qui valorise la « jouissance individuelle des biens et des services ». Lyotard semble oublier les guerres du XXᵉ siècle dans la crise du sens. À moins qu'elles appartiennent au moderne. Pas au post-moderne.

La disparition du sens comme direction et téléologie est décrite sur le modèle du savoir scientifique : une validation totalement immanente à elle-même — « le trait frappant du savoir scientifique postmoderne est l'immanence à lui-même, mais explicite, du discours sur les règles qui le valident » (p. 89). La « délégitimation » revient à une auto-légitimation.

Une « perspective » (p. 64) définie par la théorie des jeux comme un « groupe de règles ». Le post-moderne serait alors, à travers l'« éclatement » (p. 67) de la « hiérarchie » et « l'échec » du « système-sujet », un « réseau immanent et pour ainsi dire " plat " d'investigations dont les frontières respectives ne cessent de se déplacer » (p. 65), et « dans cette dissémination des jeux de langage, c'est le sujet social lui-même qui paraît se dissoudre » (p. 66-67).

C'est le nomadisme selon Lyotard, la tension anarchisante, le « désirrévolution ». Mais le mot-valise, à la mode, bagage idéal du post-moderne, n'est pas une exclusivité post-moderne. Il est moderne, d'abord. On a reconnu, dans la stratégie de Lyotard, une indistinction entre l'avant-garde et le moderne[300]. C'est aussi une certaine indistinction entre le post-moderne et le moderne.

300. Christa Bürger, « Moderne als Postmoderne : Jean-François Lyotard », dans *Postmoderne : Alltag, Allegorie und Avantgarde*, p. 134.

Le philosophe du post-moderne est au-delà du « pessimisme » qui est sorti de cet éclatement, et « qui a nourri la génération début-de-siècle à Vienne : les artistes, Musil, Kraus, Hofmannsthal, Loos, Schönberg, Broch, mais aussi les philosophes Mach et Wittgenstein »[301]. Comme Baudrillard, Lyotard est au-delà du « travail de deuil » et de la nostalgie. Son « réalisme » : savoir, comme « la plupart des gens », que « la légitimation ne peut pas venir d'ailleurs que de leur pratique langagière et de leur interaction communicationnelle » (p. 68). Lyotard rejoint Habermas jusque dans ses mots.

Une équivoque, quand il critique la légitimation de la recherche et de l'enseignement par la performativité, en fait un discours post-moderne, et non une critique moderne.

Ce sont les mêmes règles, le même jeu que jouent la performativité et la critique de la performativité. Le double jeu cache le joueur. Le jeu du discours indirect, dont le philosophe sait pourtant qu'il « n'est pas fiable » (p. 101, n. 217). Mais la fiabilité n'est pas post-moderne. L'équivoque, oui.

L'axiomatique de la science est faite de conditions « formelles » (p. 69). Les jeux de langage aussi. Le remplacement d'un modèle unique par une « pluralité de systèmes formels » (p. 72) complique le jeu. On peut remplacer un jeu par un autre. Mais le caractère formel n'a pas changé. Il est renforcé. La « méthode par les jeux de langage » (p. 72) s'y rattache explicitement.

Qu'on présente « l'optimisation des performances » (p. 73) comme le jeu qui se joue en effet, ou qu'on en dénonce le « cynisme » (p. 105), on change sans doute de côté, de part et d'autre du jeu, mais *le jeu reste le même*. Des deux côtés, il y a le « pragmatiquement » (p. 78). De toute manière, « pas de technique sans richesse, mais pas de richesse sans technique » (p. 74). Confirmation aussi, malgré l'allure linguistique, que la performativité comme efficacité technique et chaîne du pouvoir n'a plus aucun rapport avec le performatif linguistique : « La performativité d'un énoncé, qu'il soit dénotatif ou prescriptif, s'accroît à proportion des informations dont on dispose concernant son référent » (p. 77). Et comment lutter contre la dé-démocratisation de l'enseignement, puisque l'université — guillemets — « démocratique » a pour principe

301. *La Condition postmoderne*, p. 68.

de légitimation le « modèle » de « l'humanisme émancipation-
niste » (p. 80) qu'on a déclaré caduc, et qu'elle « apparaît
aujourd'hui peu performative » ?

La règle du jeu impose au philosophe du post-moderne de
légitimer ce qu'il constate. Sa description du fonctionnalisme
est elle-même fonctionnaliste.

Son jeu de concepts ne lui permet pas de critiquer, par
exemple, la proposition : « L'Encyclopédie de demain, ce
sont les banques de données » (p. 84). Il dit aussitôt qu'elles
sont « la " nature " pour l'homme postmoderne » (p. 85). En
se fondant sur le rapport de Nora et Minc sur l'informatisation
de la société il n'est pas ironique. Or cet emploi du terme
Encyclopédie est un jeu de langage sur le terme de Diderot, et
sur certains projets contemporains. Du point de vue d'une
théorie critique, les deux emplois sont sans commune mesure.
Abusivement homonymes. Démarche intéressée.

Attribuer « l'idée d'interdisciplinarité » à l'« empirisme
pressé » et à « l'époque de la délégitimation » (p. 86), comme
indice de l'éclatement des cloisons entre les spécialistes, est
ambigu. Par le silence sur les naïvetés, les déceptions, et parce
que cette idée tient plus, peut-être, du développement des
sciences-marges, de la nécessité interne de multiplier les
démarches traversières, que de l'empirisme pressé.

Mais la « valorisation du travail en équipe » (p. 86) — réserve
faite au « génie des coéquipiers » — n'est pas ambiguë. C'est la
pensée commune. Tout comme la confusion entre l'autorité et la
maîtrise dans « le glas de l'ère du Professeur » (p. 88). Le rôle du
mort tenu par un terminal d'ordinateur. Mécanisation du schéma question-réponse. Là est l'empirisme pressé, et la dérision.

En somme, le post-moderne tient dans un nuage. Une métaphore. Une question sans réponse. Qui dit de manière instable
l'instabilité.

L'art y joue un rôle de cheville, et de modèle, par l'intervention du hasard : « Les artistes " postmodernes " font couram-
ment usage de ces concepts » (p. 93, n. 196). Comparaison
dont la validité est partielle : il y a généralement reprise en
main, utilisation du hasard, non le hasard brut. La comparaison est captieuse, car elle tient à la conception ludique de
l'art[302]. Aléatoire ou structuraliste. Moderne, avant d'être

---

302. Un mode voisin du ludique mêle le bouddhisme zen à l'aléatoire issu

post-moderne. Sans parler de l'Oulipo. Et des fatrasies de Beaumanoir.

Jeu de langage, conclure que la science post-moderne « produit non pas du connu, mais de l'inconnu » (p. 97) et que, « paradoxale », elle est « le systématique ouvert, la localité, l'antiméthode, et en général tout ce que nous regroupons ici sous le nom de paralogie » (p. 98, n. 211). Le rejet de l'unité-vérité-totalité est à l'œuvre depuis longtemps. Pas de rupture entre moderne et post-moderne.

La position la plus forte reste la critique du consensus (p. 50-53, 99-103, 105-106), critique de Habermas. Parce qu'elle est réaliste. Le consensus « est un horizon, il n'est jamais acquis » (p. 99). C'est une « homéostase » (p. 103). Il confine à la terreur, douce. Lyotard rappelle qu'il devrait être « un état des discussions et non leur fin » (p. 106).

La pragmatique scientifique est idéalisée : « Il n'en va pas toujours ainsi dans la réalité » (p. 102). Le désir du philosophe post-moderne est une homologie du social aux systèmes instables de la science. Il y voit une tendance, comme Jean Chesneaux. Le nomadisme. Cette tendance est aussi sa tentation, dans « l'évolution des interactions sociales, où le contrat temporaire supplante de fait l'institution permanente dans les matières professionnelles, affectives, sexuelles, culturelles, familiales, internationales comme dans les affaires politiques » (p. 107). Mais il ajoute : « L'évolution est certes équivoque. » Comme la position du philosophe. Et le rapport entre l'art, l'éthique et le politique.

Pourquoi faudrait-il « se réjouir » (p. 107) ? En quoi la cause est-elle « bonne » (p. 106) ? Au bénéfice de qui, la tendance, ou l'équivoque ? Des personnes, des sujets, de leur

---

de John Cage, pour produire ce que George Brecht appelle des « événements ». Sont des événements autant l'exposition d'une salle vide que des verres transparents où l'événement est ce que le spectateur voit au travers, ou une chaise portant un objet : réduction au minimum d'une intervention qui ne parvient pas à être nulle, selon le précepte « libérons-nous de la liberté », pour « se débarrasser de l'illusion d'ego » et de l'intention, qui « donne l'illusion qu'on maîtrise les choses alors qu'on ne le fait pas » (*Les Silences de George Brecht*, juillet 1986, *Octobre des Arts* 1986, Lyon, musée Saint-Pierre Art Contemporain, p. 45). Décalage entre un discours de légitimation argumenté par une mystique du vide, et des *événements* qui, par eux-mêmes, répètent plutôt Duchamp, qui reste la grande référence.

liberté ? Il n'y en a pas. Il y a seulement des joueurs. Des règles. Des structures.

Le post-moderne, qui se veut structure ouverte, par opposé à la structure fermée du structuralisme, a en fait tout gardé du structuralisme. La structure à la place du sujet. Le formalisme. Le signe. Mais déniés. La post-histoire, une dénégation de l'histoire. Le comble du monde administré.

Lyotard voit le post-moderne au-delà du pessimisme et du cynisme. Au-delà de Nietzsche. C'est encore à travers Nietzsche. Une reprise du rôle. Une méta-rhétorique de l'histoire.

Walter Benjamin raconte qu'un automate joueur d'échecs, et qui « devait nécessairement gagner chaque partie », était manœuvré par un « nain bossu maniant la main de la poupée » et caché sous la table, et il imagine un « appareil philosophique » où le joueur serait le matérialisme historique, assuré de gagner s'il « s'assure les services de la théologie, cette vieille ratatinée et mal famée qui n'a sûrement rien de mieux à faire que de se nicher où personne ne la soupçonnera »[303]. Ainsi Hegel est caché sous la table de jeu : « Cette sorte de fonctionnement (par catastrophe) ne relève nullement de la dialectique hégélienne » (p. 99, n. 214). Lyotard attribue la démarche de dépassement au « récit spéculatif, récit de l'émancipation » (p. 63), objet d'un jeu de langage : le savoir « ne mérite son nom qu'autant qu'il se redouble (se " relève ", *hebt sich auf*) » (p. 63). Mais Lyotard ne fait pas autre chose que disséminer et fragmenter Hegel dans sa « légitimation par la paralogie ». Le mettre, ainsi rendu invisible, au futur, par l'utopie de sa dernière phrase : « Une politique se dessine dans laquelle seront également respectés le désir de justice et celui d'inconnu. »

L'emploi informationnel, structuraliste, sémiotique, communicationnel, ludique du terme *langage* est un obstacle pour penser l'historicité et la solidarité du langage et de la littérature, du langage et de la société. C'est un reste des illusions modernes dans le post-moderne.

L'emploi que fait le philosophe du post-moderne de la pensée analogique, entre science et société, science et art, le

303. Walter Benjamin, « Sur le concept d'histoire », *Gesammelte Schriften*, 1-3, éd. citée, p. 1260.

cosmique et l'histoire, c'est la pensée du nuage. Mobile, équivoque. Comme le pragmatisme. Le pragmatisme a tendance à se prendre pour le maître du jeu. Le post-moderne aussi.

Mais les jeux de la société, de l'histoire, de l'art, de la littérature sont tous des jeux « à information non complète » (p. 92). Gagner, perdre. Quel sens ont-ils ? Et pour qui ? Et les experts se trompent. Nul n'est sûr même de jouer le rôle qu'il croit jouer.

C'est ce qui fait le jeu du post-moderne. Et du post-moderne un jeu. De société.

La perte du sens

Le post-moderne est-il plus moderne que le moderne, ou anti-moderne, c'est ce que le post-moderne par lui-même ne permet pas de savoir. Ni la pseudo-causalité du reflet qui y voit l'expression culturelle de la société de consommation capitaliste[304]. Comme écrit Peter Bürger : « Dès qu'on quitte le terrain tant soit peu sûr de l'architecture, on bute partout sur des obscurités, des divergences et des questions ouvertes[305]. »

Terme qui sépare, et désir d'union, c'est ce qui apparaît ensemble dans ce mot du discours sur l'art qui n'est pas tant un terme de pratique, qu'un mot pour critique d'art. *Post-moderne :* mot qui est un jeu de langage à lui seul. Une essence réelle. Un mot mis sur un vide, pour le combler, l'annuler : « En fait, le post-modernisme implique de fermer la brèche *(the closing of the gap)* entre le critique et le public aussi, si par critique on comprend " meneur de goût " et par public " suiveur ". Mais, plus important que tout, il implique de fermer la brèche entre l'artiste et le public[306]. » Le marasme du critique d'art remplit ce mot.

Qui se vide de toute intériorité pour se défaire de la moder-

304. Le marxisme américain : Fredric Jameson, « *Postmodernism and Consumer Society* », dans H. Foster (éd.), *The Anti-Aesthetic Essays on Postmodern Culture*, Washington, 1983.

305. Dans *Postmoderne : Alltag, Allegorie und Avantgarde*, p. 7.

306. Leslie Fiedler, « *Cross the Border — Close that Gap : Post-Modernism* », dans M. Pütz-P. Freese (Hg), *Postmodernism in American Literature*, Darmstadt, 1984, cité dans *Postmoderne : Alltag, Allegorie und Avant-garde*, p. 89.

nité. Le « post-Art » se situe « le plus loin possible de l'art et de l'*avant-garde*, à la plus grande distance de l'intériorité, de l'analyse, et de la prétention ; et, par là, à l'abri du lyrisme, d'une part, et du commentaire social vertueux, de l'autre » (*ibid.*). Il est à l'aise dans la modernité technique, dont il se sert, dont il joue, dont il s'émerveille comme le futurisme italien à ses débuts : « Les rêves eux-mêmes peuvent être manufacturés, projetés à la télé ou au rayon laser avec la vivacité de la vision des saints » (*ibid.*).

Dans la proportion où ce vide se comble, le post-moderne s'approche du rien. Est le jeu du rien. Non plus l'art pur, mais l'intention pure. Sans l'art. L'allégorie de l'art. Le post-moderne « en totalité appartient à l'allégorie »[307].

Le même désir de supprimer la distance entre l'art et le public, l'art et la vie quotidienne travaille « *contre* la différence entre " haut " niveau ou " bas " niveau de culture, d'art et de littérature »[308]. Il ramène le roman aux récits de vie, biographies, autobiographies. Cette annulation de la frontière entre le « grand art » *(high art)* et la culture de masse *(mass culture)*[309] se fait selon le schéma hégélien du dépassement : « Une *Aufhebung* tendancielle de l'art en esthétique du quotidien » (*ibid.*, p. 47). Son effet est le contraire de sa visée : non l'esthétisation de la vie quotidienne, mais la banalisation de ce qui fut, un jour, ironie, subversion. Et, dans la fête officielle de l'art, l'indifférence du public. Sa réussite totale est sa disparition. Le spectaculaire généralisé tend vers l'invisible. Stade ultime de l'épigonalisme. Avant même d'être produit, il est d'avance acheté par le musée.

À la vision de l'âge d'or du xxᵉ siècle comme une époque héroïque, l'épopée de la modernité, répond une vision inverse, une anti-épopée. L'Europe « *se changea à l'époque qui*

307. Andreas Kilb, « *Die allegorische Phantasie. Zur Ästhetik der Postmoderne* », *ibid.*, p. 107.

308. Ferenc Fehér, « *Der Pyrrhussieg der Kunst im Kampf um ihre Befreiung. Bemerkungen zum postmodernen Intermezzo* » (« La victoire à la Pyrrhus de l'art dans sa lutte de libération. Remarques sur l'intermezzo postmoderne »), *ibid.*, p. 24.

309. Programme de A. Huyssen, « *Mapping the Postmodern* » (dans *New German Critique* 33, 1984), cité par Christa Bürger, « *Das Verschwinden der Kunst. Die Postmoderne-Debatte in den USA* (« La disparition de l'art. Les débats sur le postmoderne aux USA »), *ibid.*, p. 37.

suivit la deuxième guerre mondiale en musée »[310], et « la culture européenne a de nombreux visiteurs, mais pas de successeurs » (*ibid.*, p. 29). L'avant-gardiste se conduisait en barbare. Le post-moderne a trop de références. Plus il veut être un néo-barbare, plus il est rattrapé par le culturel.

Il n'y a plus que des signes qui répondent aux signes. Comme si un rapport au monde était brisé. Effet de la sémio-tique sur le post-moderne. De son extension, aux arts et à la culture. Effet tout autre que celui de l'exploitation de la prag-matique par le pragmatisme. Une contribution à l'égarement.

Peter Bürger commence une présentation du post-moderne par sa situation sémiotique, la représentation que le post-moderne a de lui-même comme destruction de la relation entre signifier et comprendre : « Une thèse centrale de la pensée postmoderne signifie que dans notre société les signes ne renvoient plus à un référent, mais toujours seulement à d'autres signes, que nous avec notre discours nous ne trou-vons plus du tout quelque chose comme de la signification, mais que nous nous déplaçons seulement dans une chaîne sans fin de signifiants. Selon cette thèse, le signe, que Saussure a encore décrit comme unité du signifiant et du signifié, serait brisé[311]. »

Les exemples de la peinture des années soixante-dix, après l'informel, confirment cette thèse, par le « retour de signes qui suggèrent une signification, dont la particularité est qu'on ne peut pas leur assigner un sens » (*ibid.*). Les symboles de Magritte sont obscurs, et les titres des tableaux ajoutent à l'énigme : « Déjà le surréalisme aussi connaît le sabotage (postmoderne) de la signification » (*ibid.*, p. 8).

Les anti-modernes d'alors y voyaient déjà une stagnation. Peter Bürger y reconnaît une stratégie de pouvoir intellectuel, qui a pour résultat de porter le débat du « niveau des œuvres » au « niveau de l'institution » (p. 9). Comme fait Bourdieu. Pour maintenir le débat au niveau des œuvres, il analyse les modifications de la sensibilité esthétique dans les quinze der-nières années, et constate : « Nous vivons aujourd'hui un retour vraiment débordant de signes porteurs de signification

310. Ferenc Fehér, article cité, p. 28.
311. Peter Bürger, « *Vormerkung* » (« Remarque préliminaire »), *ibid.*, p. 7.

qui, pourtant, de manière compliquée, laissent la promesse de sens qu'ils font irréalisée » (p. 11). Mais à la question sur un art nouveau « du signifiant indépendant », il répond par le précédent du surréalisme. Par l'histoire, et par le présent : « Le désir de la signification retirée, du sens dispersé, qui menace de se coaguler en nouveau dogme esthétique dans les signes du postmoderne, n'est lui-même nullement dénué de signification ; bien plus, on devrait le décoder comme le chiffre d'une époque pour qui, pour des raisons très historiques, la représentation d'un avenir formé par l'homme a disparu » (p. 12).

De la perte du sens au désir du sens perdu, Peter Bürger laisse intacte cette sémiotique. Sinon qu'elle n'est pas propre au post-moderne, et englobe le moderne. Or c'est une sémiotique intenable. Le tableau du monde absurde qu'elle donne est lui-même brouillé par l'incompréhension de la sémiotique dans le post-moderne.

Une confusion sur le terme de signifiant. Il est vrai que la sémiotique commune est la première, pour son propre usage et pour son expansion, à noyer le langage dans le signe.

C'est pour le langage uniquement, et dans sa description traditionnelle, que le signifiant désigne le porteur du sens par lui-même dénué de sens. Le son, ou la forme graphique. Le signifié, dans ce schéma, est le sens. Ce schéma est bien antérieur à Saussure. C'est celui du conventionnalisme.

Il a déjà prêté à plus d'un piège. Hegel s'y faisait prendre, dans son *Précis d'Encyclopédie*, quand il décrivait le fonctionnement des signes en prenant comme exemple la couleur des cocardes. Conventionnelles en effet : assemblages de couleurs et de formes auxquelles était attribué un sens. Mais c'étaient des *signaux* que Hegel prenait pour des *signes*. Rien de tel chez Humboldt, pour qui les signifiants du langage sont une matière associative qui échappe au conventionnalisme. Quant aux symboles, leur sens est d'être irréductibles au sens.

Dans une sémiotique généralisée aux arts visuels et à la culture, il n'y a plus de signifiants et de signifiés au sens linguistique. Font signe tous les éléments de la nature ou du social. D'Hippocrate à la météorologie populaire, une pluralité interne, empirique, du signe. L'inaccessibilité du sens en fait partie. L'absence de sens est encore un signe du sens. Quant aux signes, ou aux signifiants (linguistiques ou extralinguistiques), ils ont toujours renvoyé à d'autres signes, d'autres signifiants. Sans fin. Ce ne sont pas eux qui font la signification. Mais le sujet, historique, culturel. Le propre du langage, dans la « thèse » post-moderne, et dans le tableau final de Peter Bürger, se perd dans une dramatisation fallacieuse.

La perte du sens, son occultation, sont aussi, dans l'art et la littérature, une allégorie de la perte du sens — sens de la vie, du monde, de l'histoire. C'est comme impénétrabilité du sens, alors, qu'il y a du sens. Cette perte du sens, qui a toujours fait partie du sens, en est même le témoin le plus intense. La transcendance, celle de Bossuet, ou d'autres, la rend impossible.

Le signe non « brisé » que suggère la thèse post-moderne suppose une idée de la communication *normale* qui a toute la banalité de l'instrumentalisme coutumier. Ce schéma dont la répétition indéfinie suscite la sortie impossible et mythique de la poésie hors du signe. Ce *fort-da* de la raison.

Le mythe du signe brisé montre l'implication réciproque, dans le sens et le désir du sens, d'un sens des choses, de la société et de l'histoire. Toutes formes d'un sens du sujet.

C'est pourquoi Peter Bürger se laisse reprendre par une représentation hégélienne du post-moderne. Alors qu'il vient de déclarer que le jeu des oppositions dans le post-moderne n'est pas une *Aufhebung*, aboutissant à un troisième terme, mais que les contraires s'annulent par disparition de l'un des termes. Comme dans la contradiction « entre texte et citation. L'image est citation »[312]. Où le « signifiant n'est plus couplé avec un signifié » (*ibid.*). Il oublie sa propre réserve, et finit son étude sur l'« *Aufhebung der Kunst* » (p. 211), la « relève de l'art » chez Beuys.

L'urgence du sens, c'est « prendre au sérieux » (p. 198) l'époque. Prendre au sérieux n'est pas nécessairement marcher avec elle, en chantant le même air.

La crainte de manquer le sens de l'aujourd'hui se trouve ramassée dans l'exemple de Valéry en 1919. Peter Bürger cite un passage de *La Crise de l'esprit* comme illustration extrême de ce qui est aussi une perte de sens : « Dans tel livre de cette époque — et non des plus médiocres — on trouve, sans aucun

312. Peter Bürger, « *Der Alltag, die Allegorie und die Avantgarde. Bemerkungen mit Rücksicht, auf Joseph Beuys* », *Postmoderne...*, p. 196.

effort : — une influence des ballets russes, — un peu du style sombre de Pascal, — beaucoup d'impressions du type Goncourt, — quelque chose de Nietzsche, — quelque chose de Rimbaud, — certains effets dus à la fréquentation des peintres, et parfois le ton des publications scientifiques, — le tout parfumé d'un je ne sais quoi de britannique difficile à doser[313] ! »

Mais Valéry, comme il l'a dit lui-même en 1934[314], à propos de la fameuse première phrase : « Nous autres, civilisations, nous savons maintenant que nous sommes mortelles », exprimait « une impression de 1919 ». Un regard sur les destructions de la guerre, les destructions intellectuelles. Il n'était pas dans la position où nous pouvons être, feuilletant une histoire de l'art, comme Peter Bürger qui dit : « La description nous étonne. Pour le moins dans le domaine des arts plastiques les dix ans avant la première guerre mondiale nous paraissent l'époque héroïque du moderne. Le fauvisme, le cubisme, le Cavalier Bleu — les innovations décisives de la peinture du XXe siècle se forment en ce temps-là[315]. »

Mais c'est 1919. Et Valéry parle d'un livre, non des peintres. Il parle de la « crise de l'esprit ». De la mort d'une civilisation. Le « chaos alexandrin des styles, allusions et entreprises », comme dit Peter Bürger (p. 210) ne serait saisissant que comme l'exemple d'une méconnaissance. Celle qui nous guette nous-mêmes : « Si à un penseur de la sensibilité et de la pénétration de Valéry des phénomènes aussi importants de son présent ont pu échapper, alors la supposition n'est pas tout à fait à rejeter qu'il pourrait nous arriver quelque chose de semblable. Peut-être ne voyons-nous pas l'art qui marque l'époque (*die epochale Kunst*) de notre temps, aveuglés par les tableaux à grand format des Nouveaux Fauves (*der Neuen Wilden*) » (p. 211). Cette crainte en effet ne peut pas ne pas nous accompagner à tout instant.

Cependant, si on reprend le contexte où Peter Bürger a pris ce bilan de Valéry, tel qu'il est situé, et d'où « l'Hamlet européen regarde des millions de spectres » (p. 993), et le progrès transformer la société humaine en « société animale », son souci est autre, et pas rétrospectif.

313. Paul Valéry, *Œuvres*, Éd. de la Pléiade, I, p. 992.
314. *Ibid.*, p. 1791.
315. *Postmoderne : Alltag...*, p. 210-211.

Son attitude est ambiguë envers « l'Europe de 1914 », qu'il a définie comme étant « peut-être arrivée à la limite » du « modernisme ». Valéry définit le modernisme comme « le *désordre* à l'état parfait. Et de quoi était fait ce désordre de notre Europe mentale ? — De la libre existence dans tous les esprits cultivés des idées les plus dissemblables, des principes de vie et de connaissance les plus opposés. C'est là ce qui caractérise une époque *moderne* » (p. 991-992). Un « carnaval ». Ce « triomphe de l'humanité » est en effet pour Valéry une « mixture » et un « abîme » : « la folie de vouloir innover toujours » (p. 993). Ayant à faire un bilan « rapide », il ne voit « — *rien !* — Rien, quoique ce fût un rien infiniment riche » (p. 991). Le « Hamlet intellectuel » ne condamne pas le nouveau — le « désordre » — et il le condamne.

Ni le moderne du nouveau-nouveau, ni le post-moderne du tout-à-la-fois. Il les rejette ensemble : « Il chancelle entre les deux abîmes, car deux dangers ne cessent de menacer le monde : l'ordre et le désordre » (p. 993).

Ce qui faisait son présent n'a pas « échappé » à Valéry. Il ne l'a pas méconnu. Ni rejeté, comme un simple traditionnaliste, partisan de l'ordre. Il s'en est abstrait. Mais pas absent au monde. Ce n'est pas le présent qu'il observe, mais l'avenir : la dérive politique des continents. Moderne autrement qu'à travers les avant-gardes. D'une sorte particulière de moderne, irréductible aux divers mythes du moderne.

Reconnaître le présent n'est pas l'observer du dehors, puisqu'il n'y a pas de dehors. C'est avoir une prise particulière, active. Peter Bürger projette sur Valéry une illusion historique, rétrospective. Projetée vers le présent, cette illusion fait la crainte, qui n'est pas une prise, plutôt le signe d'une absence de prise.

La crainte de ne pas reconnaître le présent n'est pas un critère pour le reconnaître. Au contraire, elle attrape tout. Puisqu'elle a peur d'en laisser « échapper ». Elle tombe, ou risque de tomber, dans le « désordre ». Quant à l'absence de crainte, elle a déjà tout laissé échapper. Elle est l'ordre.

Il y a autant de craintes de ne pas être de son temps, que de manières d'être avec ou contre son temps, et de le faire. On entend de l'avant-gardisme dans la crainte de Peter Bürger. Plus que de la modernité.

La crainte du critique d'art. Elle a un objet. Cet objet lui est extérieur. Ne cesse de lui échapper. Peut se consoler avec l'ordre. Se rassure avec l'avant-garde.

La crainte qui est dans l'inconnu de notre propre sens. Elle n'a pas d'objet. Elle n'a qu'un sujet. Le sens est le recommencement du sens. Ce qui recommence à chaque sujet. Il y a nécessairement de l'inconnu dans le sens. Au moment de se faire.

Sinon, c'est le déjà reçu. Un objet. De musée. Le mouvement de l'inconnu dans le sens est incessant. Il ne nous laisse pas le temps de craindre de ne pas le reconnaître. La question ne se pose même plus. Puisqu'il se confond avec nous.

Les schémas sont des abris contre la crainte. Celui du dualisme fait la métrique de la pensée. Mais cet abri même accroît la crainte. Car la modernité est du rythme. Et la métrique ne comprend pas le rythme. Elle ne le saisit qu'en segments.

L'opposition entre continuité et rupture est de l'ordre de cette métrique. Comme celle qui représente l'histoire de l'art, selon un « glissement de sens » qui serait propre au xxᵉ siècle, « d'un art de la perception à un art de la conceptualisation »³¹⁶.

Le paradigme métrique de la nature et de la culture : « Cette conceptualisation se détermine selon deux axes : le premier qui donne des œuvres abstraites inspirées d'idées " culturelles " — formelles ou idéologiques — qui sont dans l'air ; le deuxième, basé sur une philosophie de la nature et une pensée mythique, qui engendre des formes biologiques ou organiques » (ibid.). Côté culture : le cubisme, le futurisme, Dada, le constructivisme, le pop art et l'art minimal. Côté nature : le primitivisme, la figuration archaïque, l'abstraction organique, l'objet surréaliste, la peinture gestuelle, l'arte povera et le postminimal.

Il y a du néo-classique dans ce goût de la symétrie. Cette fausse clarté se brouille dès qu'on l'examine, car ces catégories se mêlent autant qu'elles se distinguent. Le « primitivisme » - nature de l'art africain a marqué le cubisme-culture. L'objet

316. « Qu'est-ce que la sculpture moderne ? », *Petit Journal du MNAM*, 3 juillet-13 octobre 1986, p. 2.

surréaliste n'est guère différent de l'objet dada. L'opposition entre perception et conceptualisation n'a guère de sens dans de nombreux cas : Modigliani, Giacometti. Le primitivisme de Gauguin, étant une « volonté de renouer avec le spirituel dans l'art » (*ibid.*, p. 3) brouille aussi l'opposition. Comme celle entre les « cultures archaïques précolombiennes » et le « classicisme intemporel » (*ibid.*, p. 6) chez Henry Moore.

Il y a du « primitivisme », apparemment, dans le *dyr bul chtchyr* des futuristes russes, et les ZANG TOUMB TOUMB de Marinetti. Du sauvage. Plutôt. Car le primitivisme est autre chose qu'une origine. Ou une sauvagerie, une cruauté. Bien que certaines phrases, répétées, pourraient le faire croire. Comme celle d'Egon Schiele qui circule, en français, dans la traduction de Jean Clair : « L'art ne saurait être moderne. L'art revient éternellement à l'origine [317]. »

La modernité technique étendue à l'ensemble du monde, comme le voyait Valéry dans *La Crise de l'esprit*, a exporté le fauvisme et Joyce. Le colonialisme a importé de quoi faire le primitivisme.

Mais c'est la modernité, en art, qui a fait le primitivisme. Non le « primitif » qui a fait la modernité. Toute la vision occidentale en a été changée. Sur elle-même et sur les autres. Le XXe siècle est le siècle du primitivisme. Des plus grands métissages — suivis du racisme extrême.

Par quoi le primitivisme ne se limite pas à l'histoire de l'art. Il est la figure la plus forte de l'altérité. De la tension entre identité et altérité. L'épreuve de l'altérité est constitutive de la modernité.

Cette épreuve n'est pas, comme une compréhension fruste du primitif a pu longtemps le faire croire, un rapport avec de l'archaïque. Dans une linéarité naïve de l'arrière et de l'avant. Celle du rationalisme.

Notre inconnu est partout en nous, autour de nous. Le primitivisme a aidé à le découvrir. Il a contribué à faire du sujet le grand primitif. La modernité est le travail indéfini pour le reconnaître.

---

317. Citée par Florence Delay, dans *Poe&sie* n° 41, 1987, p. 51. Je renvoie, ici même, p. 209.

Le primitivisme vers la forme-sujet

> Je ne cherche pas la définition. Je tends
> vers l'infinition.
>
> Georges Braque, *Le Jour et la Nuit*,
> Cahiers 1917-1952, Gallimard, 1952,
> p. 30.

Le primitivisme est une critique pratique du rationalisme et du naturalisme : la Grèce et Rome, comme modèles trop imités, depuis la Renaissance. Dans le schéma dualiste de l'anthropologie occidentale du XIXe siècle, la seule « issue » au rationnel académisé est l'irrationnel. L'anti-modèle.

De Montaigne et Rousseau à Gauguin, le sauvage est un anti-modèle. Social. Gauguin est le premier à l'avoir mis dans la peinture. Segalen, dans l'écriture.

Effet de simplification lui-même *sauvage*. Van Gogh désigne comme sauvages les Aztèques, les Égyptiens anciens, les Japonais. Gauguin se proclame lui-même « sauvage », barbare, et inclut dans le sauvage l'art indien de la Perse, de l'Égypte, de l'Inde, de Java, du Pérou.

Comme rejet d'une histoire de la raison, le primitivisme est une part constitutive de la modernité, et se poursuit, avec d'autres formes, d'autres références, dans le post-moderne.

Le surréalisme, faisant profession de « *non-conformisme* absolu » dans le premier Manifeste de 1924, et luttant pour la « *libération de l'esprit* » (Second Manifeste, de 1930), affiche un « *primitivisme* ». Le mot se trouve dans *Qu'est-ce que le surréalisme ?* en 1934. Il appartient à l'histoire d'une « *opposition* »[318]. La valeur particulière du primitivisme surréaliste se manifestant, comme Goldwater l'avait déjà noté en 1938, dans une peinture littéraire, allusive, primitiviste surtout en intention et par le fantastique, qui faisait que les surréalistes étaient « plus attirés vers la Mélanésie et la côte du Nord-Ouest que vers l'Afrique »[319].

Le primitivisme se présente comme un retour aux principes. C'est qu'il en constate l'oubli, ou l'édulcoration. Il en recherche le renouveau. Ce qu'écrit Apollinaire en 1918 : « Il ne s'agit pas de rivaliser avec les modèles de l'Antiquité classique, il s'agit de renouveler les sujets et les formes en ramenant l'observation artistique aux principes mêmes du grand art[320]. » Il venait d'écrire : « Ces fétiches qui n'ont pas été sans influencer les arts modernes ressortissent tous à la passion religieuse qui est la source d'art la plus pure. »

Toute cette période, jusqu'à la « chute de Paris », primitivise. Raffine dans le simple. Je n'en rapprocherai pas, comme on l'a fait, la pensée de Bergson, ou de Croce. Laissant ces rapprochements aux amoureux des convergences. La comparaison de Bergson et de Proust a fait assez de confusion. Et Bergson comprenait aussi peu le simple et la modernité, que Freud son contemporain. C'est qu'on y a vu un anti-intellectualisme. Simplification du simple. Jusqu'à l'erreur.

Le primitivisme est l'alibi, et le détour, de la subjectivité en art. La recherche de la « déformation subjective »[321], clairement comprise par Zola, dans un article sur Courbet et Proudhon : « Une œuvre d'art est un coin de la création vu à travers un tempérament[322]. »

Subjectivité, au sens où il n'y a de l'art que s'il y a une forme-sujet, qui n'a cessé d'être confondue avec le subjectivisme, comme l'historicité avec l'historicisme, pour les

318. *Prolégomènes à un 3ᵉ manifeste du surréalisme ou non*, 1942.

319. Robert Goldwater, *Primitivism in modern art*, Enlarged edition, Cambridge, Massachusetts and London, England, The Belknap Press of Harvard University Press, 1986 (1ʳᵉ éd., 1938 : 2ᵉ éd. 1966), p. 222.

320. Guillaume Apollinaire, « Sculptures d'Afrique et d'Océanie », *Œuvres complètes*, éd. Balland, t. 4, p. 454.

321. R. Goldwater, *Primitivism in modern art*, p. 81.

322. Émile Zola, *Mes haines*, Paris, Charpentier, 1913, p. 24. Cité par Goldwater, p. 85, n. 38.

mêmes raisons. Ainsi Mondrian et van Doesburg, qui rejettent le cubisme, considèrent cependant qu'il lutte contre ce qu'il y a de subjectif chez les impressionnistes. Mais le « style collectif » dont parle van Doesburg, outre le désir exprès d'avoir un public, ne le mène, par réduction, « purification », qu'à une forme-sujet.

Le primitivisme est une invention de la modernité, en même temps que lui-même invente la modernité : « Notre sens contemporain de l'art primitif, largement synonyme des objets tribaux, est strictement une définition du vingtième siècle[323]. » Rubin compare le terme de primitivisme à celui de *japonisme*, apparu vers 1860 : non l'art du Japon, mais la fascination et la mode européennes pour l'art du Japon.

Quand le mot *primitivisme* apparaît[324], il renvoie aux primitifs italiens et flamands des XIVe et XVe siècles, « qui ont précédé les maîtres de la grande époque ». Quand, avant 1914, l'expression d'*art nègre* se répand, elle englobe l'Océanie avec l'Afrique (*ibid.*, p. 3). Seulement après 1920 les arts de cour japonais, égyptien, perse, cambodgien cessent d'être distingués comme « primitifs », et le terme se restreint à l'art d'Afrique et d'Océanie. A l'exception de l'art précolombien, qui continue d'être inclus dans le primitif.

Vers la modernité, mais sans le savoir, *Abstraction et Einfühlung* de Wilhelm Worringer, en opposant comme deux données originelles le géométrique, l'abstraction, l'Égypte — considérée encore comme primitive en 1908 — à l'organique, au naturalisme, à la Grèce, fondait, sur un malentendu fécond, la théorie du rejet de la Renaissance : « L'impulsion artistique originaire n'a rien à voir avec l'imitation de la nature. Elle est en quête de la pure abstraction comme seule possibilité de repos à l'intérieur de la confusion et de l'obscurité de l'image du monde, et elle crée l'abstraction géométrique à partir d'elle-même, de façon purement instinc-

---

323. William Rubin, « *Modernist primitivism, An introduction* », dans « *Primitivism* » *in 20th century art, Affinity of the Tribal and the Modern*, ed. by William Rubin, New York, The Museum of Modern Art, 1984, vol. 1, p. 2.

324. D'après Rubin, dans le *Nouveau Larousse* illustré entre 1897 et 1904, comme terme des beaux-arts signifiant « l'imitation des primitifs » ; dans le Webster en 1934, comme « *belief in the superiority of primitive life* » : le rousseauisme, et l'itinéraire de Gauguin.

tive[325]. » Il terminait avec une « tristesse endeuillée » pour la mort du gothique et des valeurs d'abstraction, à la Renaissance, « que cette victoire de l'organique et du naturel condamne à leur perte définitive » (*ibid.*, p. 138).

Au passage, comme tous les ethnologues d'alors et les spécialistes de l'esthétique, il excluait de « l'art authentique » les « ouvrages préhistoriques » (p. 86) des « troglodytes d'Aquitaine », en les mettant dans « l'histoire du savoir-faire » (p. 85). De même, pour « les " productions artistiques " de peuples naturels d'Afrique », comparées aux « griffonnages d'un enfant » (p. 85). Ne faisant une exception que pour l'art japonais[326].

C'est hors de la thèse de Worringer, dans son effet social, à la fois par elle et contre elle, que s'est faite la rencontre de l'abstrait au sens de Kandinsky, du cubisme, et du primitif. Les artistes, Apollinaire, ont été les premiers à voir le primitif comme un art. Cette transformation du regard est une fonction de la modernité, du « triomphe de l'art d'avant-garde lui-même »[327]. Et le primitif, une création du primitivisme.

La sculpture africaine apparaît chez les Fauves et les expressionnistes d'abord. Gauguin ne l'a pas connue. Les témoignages rassemblés par Goldwater[328] situent la première rencontre en 1904, et l'attribuent à Vlaminck, suivi par Derain, chez qui Matisse et Picasso en voient pour la première fois[329].

Ce sont les formes synthétiques, non naturalistes, qui les attirent. La sculpture du Bénin, accessible depuis 1897[330], trop parfaite, trop classique, les trouve indifférents. Derain ne s'y intéresse pas avant 1933. Dès 1904, Matisse collectionne

325. Wilhelm Worringer, *Abstraction et Einfühlung, contribution à la psychologie du style*, Paris, Klincksieck, 1978, p. 75. Présentation par Dora Vallier, trad. Em. Martineau (d'après la 3ᵉ éd. Munich, 1911). La première édition est de 1908. Le livre est introduit en Angleterre dès 1913.

326. Goldwater (*op. cit.*, p. 8, 25) explique le mépris des ethnologues de la fin du XIXᵉ siècle pour la valeur artistique des objets africains par l'application à l'art de l'évolutionnisme darwinien. Mais les musées en collectaient, et les exposaient pêle-mêle.

327. William Rubin, *op. cit.*, p. 7.

328. *Op. cit.*, p. 86, 102.

329. William Rubin a montré (*op. cit.*, p. 11) que dès 1880 des artistes avaient pu acquérir des masques, comme des curiosités. C'est le sens de ces objets qui change avec le nouveau regard que portent sur eux les peintres.

330. Date de l'« expédition punitive » anglaise.

des statues africaines et des masques. Picasso, dès 1907. Lipchitz dès 1912. Brancusi en connaît au plus tard en 1909, et Modigliani vers 1907.

Le premier livre consacré à cet art est *Negerplastik* de Carl Einstein en 1915, suivi en 1916 à New York par *African Negro Art and its Influence on Modern Art* par Marius de Zayas, caricaturiste dadaïste. Pour la France, Goldwater mentionne[331] un *Premier album de sculptures nègres*, chez Paul Guillaume, en 1917, avec un texte d'Apollinaire[332].

L'art aztèque ou maya n'a guère marqué que Henry Moore et Giacometti, à part les muralistes mexicains.

L'étrangeté, l'exotisme, une qualité d'enfance supposée, un mystère y attiraient. Jusque vers 1940, l'ignorance faisait tenir l'art primitif pour « distant et contemporain à la fois »[333]. Sans histoire. On sait aujourd'hui qu'il y a du primitivisme, mais pas d'art primitif[334]. Carl Einstein a sans doute été le premier à dire, en 1915, que cet art est « tout sauf primitif »[335].

L'appréciation esthétique rejetait comme une gêne la connaissance ethnologique, jusque vers 1925. Puis, ce que Goldwater écrivait en 1966, « Pendant les trente dernières années, les points de vue " ethnologique " et " esthétique ", influencés l'un par l'autre, ont tendu de plus en plus à converger » (p. 41).

Ce travail a accompagné, transformé la valeur du terme *primitif*, qui, d'une grossièreté indigne de l'art, en est venu à désigner à la fois une catégorie, comme gothique, ou baroque, et une qualité unique d'élémentaire. Mais le terme gêne encore. On a proposé *tribal*, qui semble pire, opposé à *moderne*. Et que maintiennent Rubin et les Américains. Inadéquat anthropologiquement. *Primitif* est spécifiquement un terme occidental. Qui garde sa tonalité rousseauiste. Où peut, à tout moment, reparaître quelque chose de sa tare originelle. Son

---

331. *Op. cit.*, p. 161, n. 2.

332. Repris en 1919 dans *Catalogue : Première exposition de l'art nègre et d'art océanien*, Paris, Galerie Devambez. Texte non repris dans les œuvres d'Apollinaire. C'est le « premier livre en français sur l'art africain » (Goldwater, *ibid.*, p. 318).

333. Goldwater, *ibid.*, p. XVI.

334. Au sens du Petit Larousse (1972) — adjectif : « Qui a la simplicité, le caractère des premiers âges » ; substantif : « Qui est d'une civilisation peu évoluée. »

335. Cité dans Goldwater, *ibid.*, p. 36.

archaïsme : lié à la notion de *langue primitive*. On peut penser qu'il est amené à disparaître, avec la précision monographique des connaissances, les noms des peuples peu à peu le remplaçant : Dogon, Bambara, Lobi.

Le primitivisme a précédé le primitif. L'archaïsme a préparé le primitivisme. La recherche des principes dans toutes les origines : le goût antiquisant pour les *primitifs* italiens et flamands, à la fin du xixᵉ siècle, mais aussi pour l'art de l'enfant et les gravures allemandes sur bois des xvᵉ et xviᵉ siècles, redécouvertes par le *Cavalier Bleu*, l'art populaire russe du *lubok* pour Kandinsky et Malevitch. Il y a ainsi plusieurs primitivismes.

Goldwater distinguait un primitivisme romantique, celui de Gauguin, de l'École de Pont-Aven et des Fauves ; un primitivisme émotionnel, dans les groupes *Die Brücke* et *Der blaue Reiter* ; un primitivisme intellectuel, formel : les cubistes, Picasso, la peinture abstraite ; enfin un « primitivisme du subconscient » — les « primitifs modernes » (les naïfs), et, en relation avec le culte de l'enfant, Paul Klee, Miró, Dubuffet, puis Dada et les surréalistes.

Sa classification, en voulant faire des distinctions, mêle les catégories en les opposant : le subconscient est partout, et non une classe à part. Le culte de l'enfant est aussi dans le primitivisme émotionnel. Goldwater psychologisait. Il y a du dualisme dans son classement : un primitivisme formel opposé à un « primitivisme du contenu » (p. 176). L'émotion, l'intellect. Les catégories anthropologiques mêmes dont le primitivisme essayait de sortir.

Le rapport au primitif fait partie des œuvres. De ce point de vue, il y a autant de primitivismes qu'il y a d'œuvres qui se sont réalisées à travers lui. Aussi, la distinction peut-être la plus simple, et objective, passerait plutôt par le rapport aux diverses sortes de primitif, selon leur typologie propre : le recours aux arts d'Afrique, ou d'Océanie, ou d'Amérique, et aux arts populaires d'Europe.

Sur un tout autre plan, le rapport au dessin d'enfant, à l'art des malades mentaux. Le naïf.

Mais le naïf, le Douanier Rousseau, fait un primitivisme de réception. Non d'émission. Selon la distinction proposée par André Breton à propos de l'humour. Car le primitivisme est une recherche du primitif. Mais le Douanier Rousseau est un peintre académique raté. Il ne cherche pas le primitif : il le trouve. Il réalise autre chose que son intention. Il est à part, complètement. Comme la linguistique de Jean-Pierre Brisset. Il y a une historicité, et une histoire du primitivisme. Le naïf, comme l'art brut, n'en fait pas partie. Il n'est pas primitiviste. Il est primitif.

Gauguin est allé en Océanie « avec des idées arrêtées d'avance sur ce qui est primitif »[336], et « simple ». Mêlant l'Égypte ancienne, l'estampe japonaise, l'art populaire breton, le style des Marquises, « plus primitivisant que primitif » (*ibid.*, p. 78). Goldwater a remarqué que, de Gauguin aux artistes de *Die Brücke* et du *blaue Reiter*, les peintres avaient écrit, et allaient au primitif avec une idée de ce qu'ils y cherchaient.

Ce qu'il oppose à Picasso. Chez Picasso, il n'y a pas d'écrit. Et il y aurait un rapport « directement par les objets eux-mêmes » (p. 144). Mais la qualité statique, toute intérieure, de la statuaire africaine, liée à la « relative permanence des états affectifs » (p. 157) qu'elle exprime, est transposée par Picasso en violence, à travers l'idée qu'il a que le primitif est du barbare. Les interprétations « expressionnistes » de l'art africain relèvent, comme le rappelle Rubin, de l'ignorance ethnocentrique[337].

Goldwater voulait démontrer que, sauf quelques exceptions, le primitivisme n'était pas une imitation du primitif. Qu'il y avait eu là un stimulus, une analogie. Le rapport pouvant même s'inverser, le délibéré produire l'impression du primitif. Klee écrit dans son *Journal* en 1909 : « Si mes travaux suscitent parfois une impression de " primitivité ", celle-ci est due à la discipline qui m'astreint à une gradation réduite. Elle n'est autre chose qu'économie, donc le fait d'une suprême notion professionnelle, le contraire de la primitivité réelle[338]. » Où paraît, en même temps, la valeur péjorative contemporaine du terme, par l'opposition entre *primitivité* et *professionnalisme*, liée à la méconnaissance de l'art d'Afrique ou d'Océanie.

Transpositions, les inversions du convexe en concave, la suggestion d'un volume par un vide, un « primitivisme des matériaux »[339] qui s'est continué dans les assemblages surréa-

336. Goldwater, *op. cit.*, p. 74.
337. W. Rubin, *op. cit.*, p. 35-38, 41.
338. Paul Klee, *Journal*, Grasset, 1959, p. 233-234.
339. Goldwater, *op. cit.*, p. 235.

lisants, les effets de rythme et les simplifications ont été des moyens de quitter la copie de la nature.

Le primitivisme se constitue comme impossibilité de décider si le moderne sort du primitif, ou le primitif du moderne. C'est contre une surévaluation polémique, une relation supposée immédiate, non transposée, que Picasso déniait en 1907-1908 et encore bien après, tout rapport. Contre l'explication « africaine » des *Demoiselles d'Avignon*[340]. Disant, en 1923 : « Les statues africaines qui traînent un peu partout chez moi sont plus des témoins que des exemples[341]. »

C'est pourquoi Goldwater, en 1938, sous-évaluait la marque du primitif sur le moderne. Mais Rubin, qui le reconnaît en 1984 (p. 17), et veut éviter toute relation causale directe, du type « l'art nègre a engendré le cubisme », remplace cette explication par une téléologie obscure et d'après coup : la découverte de l'art africain « eut lieu, en termes de développements contemporains, quand il en fut besoin » (p. 11). C'est que le démon de l'explication génétique, généalogique, n'est pas exorcisé. Et Rubin continue, comme Goldwater, de sous-évaluer.

La critique tourne entre l'influence et l'affinité. Effets indirects, comme Rubin montre pour *Le Masque de peur* de Klee, en 1932 (p. 29-32). Effet direct, pour *Le Nez* de Giacometti, confronté (p. 32-35) à un masque de Nouvelle-Bretagne (où la longue protubérance n'est pas un nez, mais un porte-voix) : il y a eu pourtant réinterprétation. Les mélanges de matériaux fréquents dans l'art africain sont pour Rubin une « source » du collage et de l'assemblage. Avec leurs dérives minimalistes, post-minimalistes. Quand l'étude historique peut prouver que tel ou tel type formel primitif n'était pas connu au moment de la composition d'une œuvre, les « juxtapositions ahistoriques », si frappantes, « illustrent des affinités plutôt que des *influences* » (p. 24). Ni plus ni moins que la ressemblance entre un masque africain Lwalwa et une sculpture mélanésienne (p. 28, 33).

---

340. William Rubin en a fait l'étude précise à travers la connaissance qu'on pouvait avoir à Paris en 1907 de l'art africain (« Picasso », dans « *Primitivism* » *in 20th century art*, p. 260-265), et, à travers des éléments venus de Gauguin, de l'art ibérique et d'Océanie, conclut non à un démarquage mais à une « profonde identité spirituelle » (p. 265).

341. Cité par W. Rubin, p. 76, n. 51.

Mais à la différence de cette dernière confrontation, qui ne livre que l'énigme d'une ressemblance, la rencontre que constitue le primitivisme est une transformation. Invention double, puisqu'elle a transformé le regard occidental sur une altérité que sa propre identité l'empêchait de voir. Et transformé par là son rapport à sa propre histoire. Ses rythmes visuels. Cette « affinité », qui n'existait pas auparavant, est plus qu'une affinité ou une influence. C'est une historicité. Non une forme. Mais l'invention d'une nouvelle intériorité.

Pas un exotisme de plus, mais une recherche de l'élémentaire. Ressenti comme un aspect de l'expressionnisme par des contemporains. Dans une revue allemande, en 1925 : « L'expressionnisme se caractérise comme un mouvement romantique par son élan vers l'élémentarité. De nouveau l'élémentaire, le primitif, ce qui est éloigné dans le temps et lointain dans l'espace, parce qu'il paraît porter l'expression non déguisée, pure et forte, est le but du désir artistique. Ce que pour le romantique du début du XIXe siècle était le Moyen Âge est aujourd'hui l'art de l'Orient, des cavernes, des paysans, des enfants et des nègres[342]. »

La recherche de l'expression des forces de l'univers. Par quoi autant le primitivisme que l'expressionnisme sont continus au courant symboliste qui traverse l'Europe, de Verhaeren à Alexandre Blok, de Munch à Nolde et à Klee. Une tension vers le sacré, qui est le cosmique. Où se situe aussi le rapport à l'animal, chez Franz Marc, ou dans certains textes en prose de Rilke. Le passage au mystique : être uni à l'univers.

Passage de la subjectivité à l'émotion, de l'émotion à l'exacerbation, qui fait le glissement même de l'originel à la violence. A laquelle, le plus souvent, on identifie l'expressionnisme.

Le rapport interne entre le primitivisme et l'expressionnisme est la recherche de l'intériorité. Intériorité des choses, intériorité de la vision étant nécessairement la même. Ce que disent des lettres de Franz Marc, ou ce passage de 1916 du *Journal* de Klee, repris pour son épitaphe : « Un peu plus proche / de la création que de coutume / bien loin d'en être jamais assez proche. » Nolde tend vers « la force et l'intério-

---

342. Max Dessoir, *Zeitschrift fuer Aesthetik und Allgemeine Kunstwissenschaft*, XIX, 1925, p. 119 ; cité par Goldwater, dans son livre, p. 125, n. 33.

rité »[343]. Pour Kandinsky, au début de *Du spirituel dans l'art*, le rapport aux primitifs est compris comme un conflit entre des « formes extérieures » et des « vérités intérieures » — et il ne voit ce rapport, « sous sa forme actuelle et factice », que comme de « courte durée ». Ce sont les « expériences intérieures » qu'il développe. L'intériorité fait l'abstraction. Mondrian écrit : « L'abstrait est l'intériorité portée à sa plus claire définition, ou l'extériorité intériorisée au plus haut degré[344]. »

Goldwater voyait dans le purisme de Mondrian, dans le néo-plasticisme, et le suprématisme une autre forme de primitivisme, dont témoignait, selon lui, l'emploi particulier de l'adjectif *pur*. La pureté, avec des sens divers, est une visée commune à des activités qui participent de la modernité, sans être toujours dans les avant-gardes : « peinture pure » pour Apollinaire, le « langage pur » entre 1920 et 1939 chez Éluard — langage *anti-monde*, et la poésie pure dont a parlé Valéry. L'élément commun est la traversée, ou le rejet, des apparences, des conventions. Chez Malevitch, c'est la représentation d'un « *sentiment du rythme* »[345] opposé à l'ornement. Ce n'est pas, en soi, le primitivisme : c'est sa condition, le sens de sa recherche. Et Theo van Doesburg définit en 1924 le moderne par la recherche de l'harmonie selon « les méthodes qui sont les plus pures, les plus vraies, et les plus simples »[346].

L'intériorité a été assimilée à l'élémentaire, au *simple*. La statuaire africaine, pour Nolde, est la révélation d'une « expression intense, souvent grotesque, de force et de vie dans sa forme la plus simple »[347]. *Simple* désignant une réduction formelle. Non un appauvrissement, mais une intensité spirituelle dans la plus grande économie de moyens. Et l'opposé du modèle naturaliste. Comme le rappelait Goldwater[348], étaient simples, pour Gauguin : l'art polynésien, japonais, égyptien,

343. Emil Nolde, *Jahre der Kaempfe,* [Années des combats], Berlin, 1934, p. 44 – cité par Goldwater, livre cité, p. 116.

344. Galerie Beyeler, *Piet Mondrian*, Bâle, 1964, p. 28 – cité par Goldwater, p. 170.

345. Cité par Goldwater, p. 168.

346. Dans « Réponse à notre enquête " Où va la peinture moderne ? " », *Bulletin de l'effort moderne* I, n° 3, p. 7 ; cité par Goldwater, p. 165.

347. Emil Nolde, *Das Eigene Leben*, [sa propre vie], Berlin, 1931 ; cité par Goldwater, p. 105.

348. *Op. cit.*, p. 252.

Borobudur ; pour les Fauves : l'art africain qu'ils découvrent, les images d'Épinal ; pour *Die Brücke* et *Der blaue Reiter* : les sculptures d'Afrique et d'Océanie, les dessins d'enfants, l'art populaire bavarois ; pour Picasso : la sculpture de Côte d'Ivoire, la peinture du Douanier Rousseau. La recherche du simple faisant la différence entre le primitivisme, et le primitif.

Goldwater relevait une contradiction entre l'effort vers le simple, qui devait entraîner une plus grande communion [349] — et non une communication — et l'effet d'ésotérisation de l'art Moderne. Le divorce avec le public. Remarque fallacieuse.

Qui oppose un public nécessairement fait de regards passés, sur une œuvre au présent. L'œuvre est ce qui transforme le regard et l'écoute. Pour que le regard et l'écoute soient présents à cette œuvre. Le temps que prend cette opération est le temps social, non le temps de l'œuvre. L'effet social. Mais l'œuvre n'a pas le choix. Si elle se fait en fonction des regards et de l'écoute, elle est d'avance défunte.

L'enfant a été aussi une métaphore, comme le simple, pour cette recherche d'intériorité, d'intensité, qui renouvelle le regard. Baudelaire avait inventé, ou relancé, ce poncif. Que certains n'ont pas pris pour une métaphore. C'est un des masques du primitivisme.

Le primitif est un révélateur, une provocation d'identité par l'altérité. Le « je est un autre » de Rimbaud est déjà du primitivisme : « J'aimais les peintures idiotes, dessus de portes, décors, toiles de saltimbanques, enseignes, enluminures populaires »... Les Fauves ont collectionné les pièces les plus réalistes. Les cubistes ont préféré la sculpture africaine à celle d'Océanie. Les surréalistes, à l'inverse, les objets de la côte nord-ouest de l'Amérique. Il est vrai qu'on a commencé à connaître l'art des Indiens d'Amérique et des Eskimos à Paris seulement vers 1920-1930.

À titre de « généralisation » (p. 47), Rubin propose que le caractère des œuvres africaines, plus sculpturales, rituelles,

---

349. Éluard, dans la préface des *Animaux et leurs hommes*, en 1919 : « Essayons, c'est difficile, de rester absolument purs. Nous nous apercevrons alors de tout ce qui nous lie. Et le langage déplaisant qui suffit aux bavards, langage aussi mort que les couronnes à nos fronts semblables, réduisons-le, transformons-le en un langage charmant, véritable, de commun échange entre nous. »

« iconiques » (p. 55), correspondait à l'enracinement du cubisme dans la « réalité concrète du monde visible » (p. 41) ; les œuvres mélanésiennes, plus plates, picturales, narratives, monstrueuses allant davantage au surréalisme qui avait « opté primordialement pour le monde de l'imaginaire, pour la description du fantastique plutôt que de ce qui dérive de la vue » (p. 41). Mais il y a eu autre chose que le goût, l'affinité : il y a eu une rencontre créatrice.

Le rapport à l'altérité est syncrétique. Comme l'a montré l'analyse des *Demoiselles d'Avignon* par Rubin (p. 9-10, 260-265). Le post-moderne sur ce point n'a fait qu'enchaîner. Ce syncrétisme contient une continuité, même diffuse ou morcelée, avec le passé. La pratique des œuvres dit autre chose, autrement, que les manifestes. L'effet rupture du mythe avant-gardiste provient en partie de la seule lecture des manifestes. Particulièrement chez les futuristes, italiens et russes. Ils sont encore pleins de symbolisme. Dans les Fauves, Rubin trouve « plus une synthèse d'idées de la fin du dix-neuvième siècle qu'un départ radical » (p. 7).

Le primitivisme, aujourd'hui, ne peut pas répéter sa propre histoire. Rubin a étudié les transformations des rapports aux objets. Parlant, pour les quinze dernières années, d'un « primitivisme conceptuel », rattachant les *happenings* au théâtre chamanique, aux effets des écrits de Bataille, Michel Leiris, Lévi-Strauss. Il est vrai que « ceux qui flânent à travers le Museum of Natural History de New York, le Musée de l'Homme à Paris, le Museum für Völkerkunde à Berlin, ou le Museum of Mankind (British Museum) à Londres suivent des sentiers battus au début du siècle par Max Weber, Pablo Picasso, Emil Nolde et Henry Moore — même s'ils répondent à différents objets et de différentes manières » (p. 70).

Le primitif n'est plus primitif. Mais le primitivisme a déclenché dans la modernité un effet d'altérité. C'est lui maintenant qui mène son histoire. Il ne peut plus y avoir sans lui de modernité. C'est-à-dire, de sujet.

C'est pourquoi l'anti-moderne est la peur de l'altérité. Sur sa carte d'identité, le tampon XIXe siècle. Un passé, mythique, lui tient lieu de l'aventure du sujet.

L'expressionnisme-angoisse, distorsion, exagération — la représentation commune. Ajouter « allemand ». Daté, situé, évacué.

La discordance, dans laquelle il se déploie, n'est pourtant pas un phénomène limité, dépassé. Elle est même spécifiquement moderne. Ne fait que se prolonger dans le postmoderne. Sans être propriété unique du moderne.

Sa matière, aussi, dans le langage, matière rythmique, prosodique, illimite la discordance. Déborde l'expressionnisme. Fait, par là, plus qu'une incertitude dans sa définition — une infinition. Un continu, encore, avec ce qui est à la fois si loin de nous, le symbolisme, et si mêlé à nous, par notre continuité à Baudelaire, Mallarmé. Le *Traité du verbe* de René Ghil, est parti dans une direction ensevelie avec sa datation. Mais le consonantisme de Claudel, de Gerard Manley Hopkins, ou de Khlebnikov sont autant de motifs qui ont orienté, et orientent, la modernité. Contribuent à neutraliser l'opposition duelle, traditionnelle, entre la prose et la poésie. Un primitivisme de la matière langage, qui fait un travail analogue à celui des peintres et des sculpteurs dans leurs matières propres — contre l'esthétique classique de l'euphonie, de la voyelle[350]. Non l'irrationnel contre la raison, mais le travail non conceptualisé qui ronge ce dualisme même.

350. Qui a son résumé dans *Le Vers français* de Maurice Grammont, de 1904. Continuellement réédité, en effaçant sa date d'origine, qui risquerait de jeter un doute sur son rôle de classique, intemporel.

L'expressionnisme, comme nom d'un mouvement ou même, à cause des difficultés de sa définition, d'une époque — entre 1910 et 1920, 1925 — cache autre chose, qui apparaît si on y regarde à travers son lien intime avec le primitivisme. Qui, lui, n'a jamais été pris ni pour un mouvement ni comme nom d'une période, mais comme une « attitude productive de l'art »[351].

Les poètes expressionnistes, qui n'employaient pas d'abord ce terme, non plus que les peintres, étaient « peu épris de théories » et « plutôt indifférents aux aspects formels de leur art », disait Kasimir Edschmid en 1918 dans une conférence sur « la jeunesse poétique allemande »[352]. Incohérences, absence d'unité : « Le fossé est immense qui sépare Georg Trakl et Else Lasker-Schüler d'August Stramm et Johannes R. Becher, tant pour ce qui est du style que des thèmes[353]. » Mais tous les -ismes ont du flou. On a parlé d'un « surréalisme avant la lettre » (ibid.) chez Trakl. Certains ont mis Kafka dans l'expressionnisme. Au moins La Métamorphose, de 1912. Mais même ceux qui considèrent cette appréciation comme abusive, y trouvent un « jeu d'éclairage », qui fait « envisager sous un jour nouveau les écrits de Kubin, de Kafka »[354].

La maldonne initiale qui marque le terme expressionnisme, et le suit dans son histoire, apparaît dès la donation du nom. Puisque, assez paradoxalement, du point de vue de l'idée reçue, le terme apparaît pour la première fois, en avril 1911, à propos de Braque, Derain, Dufy, Marquet, Picasso et Vlaminck. C'est une « désignation allemande pour un mouvement artistique français »[355]. La renommée de Worringer lance le

351. R. Goldwater, Primitivism in modern art, p. xxiv.

352. « Über die deutsche dichterische Jugend », cité par Ulrich Weisstein, « L'expressionnisme allemand », dans Les Avant-gardes littéraires au xxᵉ siècle, éd. citée, tome I, p. 219.

353. Ulrich Weisstein, ibid., p. 221.

354. Ibid. Ulrich Weisstein ajoute : « Sauf pour ce qui est de quelques écrits datant de sa prime jeunesse, il n'y a aucune affinité de style entre les œuvres de Kafka et de l'expressionnisme. Kafka détestait les maniérismes qu'affectaient des auteurs tels qu'Else Lasker-Schüler, dont la poésie lui faisait horreur. » Argument très partiel, puisque « le fossé est immense » aussi entre les auteurs dits expressionnistes.

355. Comme le disent les éditeurs de Expressionismus, Manifeste und Dokumente zur deutschen Literatur 1910-1920, Mit Einleitungen und Kommentaren herausgegeben von Thomas Anz und Michael Stark, Stuttgart, Metzlersche Verlagsbuchhandlung, 1982, p. 14.

mot, par un article paru en brochure puis diffusé par le *Sturm*
en août 1911. Parlant des « jeunes Parisiens issus de Cézanne,
Van Gogh et Matisse », il les appelle, plutôt avec sympathie,
« Jeunes Parisiens synthétistes et expressionnistes »[356]. Il voit
en eux un « art primitif », et dans cette « primitivité moderne »
un phénomène passager.

En 1919, dans un article plutôt hostile, « Réflexions critiques sur l'art nouveau », Worringer a donné peut-être une des
meilleures définitions de l'expressionnisme, au sens strict :
« *Auf der Vision, nicht auf der Erkenntnis, auf den Offenbarung,
nicht auf dem Wahrgenommenen liegt der Ton beim Expressionismus* — C'est sur la vision, ce n'est pas sur le reconnaître,
c'est sur la révélation, ce n'est pas sur le perçu qu'est mis
l'accent dans l'expressionnisme. »

Tel qu'il est alors placé, il s'identifie à l'intériorité dans
l'art, mais aussi à une intensité que son exaspération même
rend éphémère. Pour Edschmid, dans sa conférence sur « l'expressionnisme dans la poésie », en décembre 1917, c'est déjà la
fin, le temps des imitateurs commence, et il écrit : « *Nur innere
Gerechtigkeit bringt bei so hohem Ziel das Radikale* — Seule une
justice intérieure amène à un but si élevé ce qui est radical[357]. »

Direction, sinon définition, qui n'est pas étrangère à la
compréhension qu'avait Baudelaire du romantisme, dans le
Salon de 1846, II : « Intimité, spiritualité, couleur, aspiration
vers l'infini. » Rapprochement qui n'est pas fait pour
confondre les époques et les *-ismes*, mais indiquer, sous leur
réalisme, l'universel qui consiste dans la transformation de l'art
par le sujet et du sujet par l'art.

D'ailleurs, l'expressionnisme est d'actualité. Non seulement parce qu'on republie en Allemagne des textes qui

356. Le texte se trouve dans le recueil de Anz et Stark, p. 20. Dora Vallier
fait le récit de la genèse du mot, et cite des fragments des textes dans sa présentation à Wilhelm Worringer, *Abstraction et Einfühlung*, éd. citée, p. 19-20. La
« paternité » du mot ne revient pas exactement à Worringer, qui l'a revendiquée.

357. Cité par Ulrich Weisstein, *op. cit.*, p. 225. La suite du fragment porte :
« *Schon wird das, was Ausbruch war, Mode. Schon schleicht übler Geist herein.
Nachläuferisches aufzudecken, Fehler blosszulagen, Ungenügendes zu betonen bleibt die
Aufgabe des Ehrlichen, so weit klarliegt und schon erkennbar ist* — Déjà, ce qui était
éruption, devient mode. Déjà se glisse dedans un esprit mauvais. Découvrir
l'épigonal, mettre à nu les défauts, l'accent sur l'insuffisant reste la tâche de ce
qui est sincère, pour autant que c'est clair et qu'on peut déjà le reconnaître. »

avaient été condamnés par le nazisme. L'époque est archiviste. En France aussi les principales revues du début du siècle sont rééditées[358]. Mais parce que malgré l'éloignement, plus passionnel que temporel — « Aujourd'hui, cinquante ans après, nous ne sommes plus des partisans de l'expressionnisme »[359] — le préfacier d'un recueil de documents conclut (*ibid.*, p. 12) : « Tout est passé, tout est loin derrière, mais c'est notre siècle, notre monde, nos problèmes. L'héritage ? Nous avons à le recueillir. »

358. En *fac-simile*, par Jean-Michel Place.
359. Paul Raabe, dans son introduction à *Expressionismus, Der Kampf um eine literarische Bewegung* [Expressionnisme, le combat pour un mouvement littéraire], Herausgegeben von Paul Raabe, Zürich, Arche Verlag, 1987 (reprise d'une édition de 1969), p. 10-11.

L'EXPRESSIONNISME TRAVAIL DU SUJET

> Il croyait qu'il faut toujours un de ces mots
> à l'influence magique, et dont le sens peut
> bien n'être pas déterminé.
>
> BAUDELAIRE, « Puisque réalisme il y
> a » (1855), *Œuvres complètes*, éd. citée,
> t. I, p. 526.

Impressionnisme, expressionnisme — « les deux " ismes "
majeurs de l'époque »[360], pour Klee, dans son texte de 1912,
« Approches de l'art moderne ». La plus trompeuse proximité
de mots qui soit. Opposition vide.

Pour distinguer les « positions », Klee se place en un
« point décisif de la genèse de l'œuvre » — le *temps* : « Pour
l'*impressionnisme*, c'est l'instant récepteur de l'impression de
nature ; pour l'*expressionnisme* celui, ultérieur, et dont il n'est
parfois plus possible de démontrer l'homogénéité terme à
terme avec le premier, où l'impression reçue est rendue. Dans
l'expressionnisme, il peut s'écouler des années entre réception
et restitution productive, des fragments d'impressions diverses
peuvent être redonnés dans une combinaison nouvelle, ou bien
encore des impressions anciennes réactivées après des années de
latence par des impressions plus récentes » (*ibid.*).

Il est remarquable que cette analyse, loin de caractériser
l'expressionnisme par l'exacerbation extérieure du pathé-
tique, comme on observe souvent, et comme semblent le

360. Paul Klee, *Théorie de l'art moderne*, Genève, Gonthier, 1964, p. 9.

justifier les aspects les plus voyants, intériorise l'expressionnisme. En faisant du temps l'élément déterminant, constitutif.

Le temps, c'est-à-dire le sujet. Une transformation subjective. La reconnaissance d'une autre forme de subjectivation
que celle qui faisait l'impressionnisme, dont le sentiment du
temps était l'instant dans la beauté des choses.

Hors de toute affaire d'adhésion ou de répugnance, de tout
souci de la définition, la distinction que fait Paul Klee me
semble la plus forte, car elle permet de comprendre des rapports au temps, à l'œuvre, au sujet qu'on ne penserait pas
autrement à prendre ensemble, et qui s'inventent à peu près au
même moment : le sens du poème chez Rilke, celui du passage
de l'essai au roman chez Proust.

Ce que Rilke dit du travail vers le poème, dans *Les Cahiers de
Malte Laurids Brigge* : que les vers « ne sont pas, comme certains croient, des sentiments (on les a toujours assez tôt), ce
sont des expériences. [...] Il faut avoir des souvenirs [...]. Et il
ne suffit même pas d'avoir des souvenirs. Il faut savoir les
oublier, et il faut avoir la grande patience d'attendre qu'ils
reviennent. Car les souvenirs eux-mêmes ne sont pas encore
cela. Ce n'est que lorsqu'ils deviennent en nous sang, regard,
geste, lorsqu'ils n'ont plus de nom et ne se distinguent plus de
nous, ce n'est qu'alors qu'il peut arriver, qu'en une heure très
rare, du milieu d'eux, se lève le premier mot d'un vers »[361].

Ce que Proust ne cesse de dire, au long des essais rassemblés
dans le *Contre Sainte-Beuve*, contre la sensation directe (« Je me
souviens qu'un jour de voyage... »)[362] et sur l'« inexpri-
mable », « au-delà de l'évocation du passé même » (*ibid.*,
p. 240), à propos de Nerval, et qui n'est « pas dans les mots »
mais « tout mêlé entre les mots » (p. 242). Il le dit par la métaphore du souvenir d'un air de musique : « Les belles choses
que nous écrirons si nous avons du talent sont en nous, indis-
tinctes, comme le souvenir d'un air qui nous charme sans que
nous puissions en retrouver le contour... » (p. 312). Il s'agit
des « lois intérieures, mentales, de cette production » (p. 278).
Le rapport du sujet à l'écriture est aussi un rapport au temps :
« Ne pas oublier : la matière de nos livres, la substance de nos

361. Rainer Maria Rilke, *Les Cahiers de Malte Laurids Brigge*, trad. par
M. Betz, Club français du livre, 1951, p. 20-22.
362. Marcel Proust, *Contre Sainte-Beuve*, précédé de *Pastiches et mélanges* et
suivi de *Essais et articles*, éd. de la Pléiade, p. 213.

phrases doit être immatérielle, non pas prise telle quelle dans la réalité, mais nos phrases elles-mêmes et les épisodes aussi doivent être faits de la substance transparente de nos minutes les meilleures, où nous sommes hors de la réalité et du présent » (p. 309).

Ce langage n'est nullement un anti-langage, un *écart* au langage ordinaire comme le répètent les sectateurs du signe. Mais un travail, comme Proust le dit de Baudelaire : « avec les mots les plus forts, les plus usuels » (p. 257). L'*exploration du langage*, cette formule magique, est comme le sujet dans le langage, et son origine : rien n'est caché, chacun les a dans la bouche à tout instant, sans le savoir. Mais il faut que le travail du temps, du sujet et du langage soient un même travail. Alors le temps, le sujet et le langage sont transformés.

Par ce travail du temps dans le sujet, Klee infléchit le sens de l'expressionnisme vers la construction : « Une conséquence majeure de l'attitude expressionniste est en effet d'élever la construction au rang d'un moyen d'expression[363]. »

En quoi l'expressionnisme fonde la modernité en art comme fin d'un rapport mimétique à la nature, et donne un sens nouveau à l'idée ancienne que l'art est création. Cette notion si fréquemment affirmée chez Apollinaire : « L'homme a créé la roue, qui ne ressemble pas à une jambe. »

Dans cette logique, Klee inscrit les cubistes dans l'expressionnisme : « Une branche particulière de l'expressionnisme est représentée par le cubisme » (p. 11). L'autre étant celle, non cubiste, de Kandinsky, définie par un « instinct de liberté » (p. 13).

De la construction à la composition, il s'agit de l'intériorité dans l'art, en même temps que l'art est affirmé comme participant de la création du monde encore inachevée. C'est l'aspect cosmique, et mystique, de Klee et de l'expressionnisme. La comparaison fréquente de l'artiste avec Dieu. Chez Apollinaire aussi. Un créationnisme.

L'intériorisation de l'art a pour effet la liberté, la mobilité de l'artiste par rapport à la tradition-répétition, dans la mesure où ce qu'elle imposait était extérieur au sujet : « Remué jusqu'au tréfonds par ces excursions et ainsi rendu mobile lui-même, l'artiste s'assurera la liberté d'avancer sur ses propres voies de

363. *Théorie de l'art moderne*, p. 10.

création[364]. » Comme disait Desnos, non le vers libre, mais le poète libre.

À partir de la définition de Klee, il est de l'intérêt du sujet, et de la modernité, de dédoubler l'expressionnisme. De considérer qu'à travers sa compréhension restreinte, celle d'un mouvement artistique et littéraire circonscrite, plus ou moins, dans des lieux et dans un temps, il y a, dans l'expressionnisme, la dénudation d'un principe de l'art. Par là, l'expressionnisme n'est plus un mouvement. Il est la découverte d'un universel. L'universel du sujet. Il est un avènement du sujet dans la modernité. Il contribue donc essentiellement à fonder la modernité en art comme avènement du sujet.

C'est ce que l'expressionnisme rend visible. La modernité en art comme la découverte et l'exploitation, parfois jusqu'à l'hystérie, du principe de tout art. La subjectivité, poussée à son extrême degré possible, comme principe de construction de l'œuvre. Par là son historicité radicale, la subjectivation des catégories de relation au monde, et à l'histoire.

Klee commence à formuler ce principe, dans son texte de 1912, quand il oppose l'art à la science, en disant : « L'art relève du monde de la différence : chaque personnalité, une fois ses moyens d'expression en mains, a voix au chapitre, et seuls doivent s'effacer les faibles cherchant leur bien dans des accomplissements révolus au lieu de le tirer d'eux-mêmes. La modernité est un allègement de l'individualité » (*ibid.*, p. 14). La différence fait l'historicité.

Par elle, la pluralité est de rigueur : « Loin de moi la pensée de dresser le radicalisme extrême devant d'autres individualités comme un impératif dogmatique » (*ibid.*). Parce que le sujet, comme fondation d'historicité, est un rapport pluriel à l'histoire. Dans « De l'art moderne », en 1924, la même année que le premier Manifeste du surréalisme, Klee écrit : « Que chacun se dirige selon les battements de son cœur. Ainsi les impressionnistes, nos antipodes d'hier, avaient-ils en leur temps pleinement raison » (*ibid.*, p. 30). Différence entre la modernité et l'avant-garde : la modernité est individuelle et plurielle, l'avant-garde est collective et exclusive, sinon dogmatique. Le principe subjectif de la modernité ne s'oppose donc pas à l'histoire. Il s'oppose à la répétition. L'effacement des

---

364. Dans « De l'art moderne », texte de 1924, *ibid.*, p. 29.

« faibles », comme dit Klee, n'est pas un darwinisme, mais l'auto-condamnation des épigones.

Le volontarisme avant-gardiste avait aussi fait prendre l'un pour l'autre le nouveau et la volonté du nouveau. Ne fait pas du nouveau qui veut. N'est pas moderne qui veut. Sujet, qui veut.

Le conflit avec l'ancien est plus subtil. En ce sens, le nouveau n'est pas un but, mais un passage. Klee dit en 1923 : « La nouveauté par rapport à hier est un signe révolutionnaire, même si cela ne suffit pas encore à ébranler le grand monde ancien. Il n'y a pas à rabaisser la joie qu'inspirent les voies nouvelles ; mais le vaste champ de la mémoire historique doit nous garder d'une recherche convulsive de la nouveauté aux dépens du naturel » (p. 43). Et en 1928, en opposant l'intuition au formalisme : « On apprend cette façon particulière de progresser qui consiste à retourner à l'antérieur, d'où procède ce qui est à venir » (p. 49). De l'antérieur à l'extérieur, c'est le sujet qui pluralise la tradition, « dans une perspective multilatérale » (p. 54). Qui fait de l'art nègre une forme de vie.

Il me semble que c'est ce rapport du sujet à l'histoire que Klee appelle le « principe éternel sous-jacent à la succession des temps » (p. 54). La « nature », qui « défend contre le vieillissement » (*ibid.*). Le formalisme vieillit. Pour Klee, « le formalisme, c'est la forme sans la fonction » (*ibid.*). En termes structuralistes, qui convergent avec ceux de Heidegger : la langue, la mémoire de la langue, avec la dénégation du sujet. Cette mode dont il y a des restes. Ce mime de la modernité. « Tout à l'opposé : la forme vivante » (*ibid.*). Je dis : la forme-sujet.

Rejet de la reproduction du monde, la subjectivité comme principe de construction en art est une composition de subjectivité. C'est elle qui rend possible la formule fameuse de Klee, première phrase du « Credo du créateur » de 1920 : « L'art ne reproduit pas le visible ; il rend visible. » Dans « De l'art moderne », en 1924, Klee, qui veut ensemble la « plongée dans les profondeurs — qu'on l'appelle comme on voudra rêve, idée, imagination » et les « moyens plastiques », fait de cette unité la condition pour que les « curiosités deviennent des réalités. Des réalités de l'art qui élargissent les limites de la vie telle qu'elle apparaît d'ordinaire. / Parce qu'elles ne reproduisent pas le visible avec plus ou moins de tempérament, mais rendent visible une vision secrète » (*ibid.*, p. 31). En 1928 il écrit : « On apprend la préhistoire du visible » (*ibid.*, p. 49).

L'histoire de la modernité, en art et en littérature, apparaît alors inséparable d'une histoire de la subjectivité. Et réciproquement. En quoi le trajet théorique de Klee reste moderne. C'est-à-dire nous concerne indéfiniment. Contre les répartitions historicistes de ceux qui ne connaissent que les *-ismes*, et contribuent à l'anti-moderne. L'anti-moderne — essentiellement une incompréhension de l'art.

De la subjectivité de la vision résulte immédiatement l'abolition des catégories abstraites-objectives : « illusion savante », dit Klee (*ibid.*, p. 37).

Subjectiver ces catégories, c'est les historiciser. Historiciser les valeurs. Travail conceptuel-social du même ordre que celui que fait Humboldt pour le rapport entre la théorie du langage et celle de la société. Et qui reste pleinement un programme inaccompli, marginalisé par la pensée du langage qui dominait au XIXe siècle et qui domine encore au XXe — malgré Saussure — celle qui sépare des mots d'un côté, des règles de l'autre, ces « divisions traditionnelles » de la langue, que rejetait Saussure, et qui sont un obstacle à la théorie du discours.

L'espace et le temps seulement pour et à travers un sujet. Les raisons données par Klee paraissent d'abord liées à des conditions matérielles. Elles formulent un réseau de subjectivités externes à l'œuvre (sa confection, sa contemplation) qui cependant sont nécessaires pour qu'il y ait œuvre et relation à l'œuvre. Parce que « chez le spectateur également, l'activité principale est temporelle » (p. 38). Parce que, contre « l'ancien rationalisme », celui du visible de la représentation réaliste ou idéalisée, « aujourd'hui, la relativité du visible est devenue une évidence » (p. 39).

La simultanéité, très à la mode en 1912, d'Apollinaire et Cendrars à Klee, a été un motif privilégié : tenir, rassembler le temps et l'espace, subjectivement. Il y a dans le motif de la simultanéité, comme dans l'expressionnisme, un élément d'époque, et un universel, à reconnaître.

La simultanéité est une figure de la composition du sujet. Klee écrit dans son *Journal* en 1917 : « Hier et aujourd'hui comme *simultanéité*. La polyphonie dans la musique répondit dans une certaine mesure à ce besoin. Un quintette du Don

Giovanni nous est plus proche que le mouvement épique du Tristan. Mozart et Bach sont plus modernes que le dix-neuvième siècle » (cité *ibid.*, p. 40). Cette simultanéité n'est pas la même chez Klee que chez Marinetti, ou même Apollinaire. La part qui s'est démodée est la rivalité avec la technique moderne. Mais la raison musicale, interne à l'œuvre, par sa composition, fait la trans-subjectivité, la subjectivation du temps-espace comme mouvement du sujet. Il y a pour Klee une « peinture polyphonique » : « Aussi, cherchant à faire porter l'accent sur la temporalité sur le modèle d'une fugue plastique, Delaunay choisit-il un format en longueur impossible à embrasser d'un coup d'œil (catégorie du *dividuel*) » (*ibid.*, p. 41). Ce que fait aujourd'hui, autrement, Soulages.

La subjectivité et la modernité sont solidaires. Une même aventure. La modernité, par là, est une faculté de présent. De transformation du présent. C'est-à-dire, en art, un avenir de l'œuvre. Un futur du sujet. Seul celui qui a l'avenir a le présent. Et le passé. Ceux qui se reposent sur le passé, contre le présent, n'ont pour avenir que leur passé.

Mais la modernité n'est pas linéaire. Pas progressive. On ne l'enferme pas dans un temps donné. Elle ne se dépasse pas. Puisque c'est elle qui se déplace avec le sujet.

Post-moderne, voué à rejoindre un jour *modern style*. Avec son référent daté, fini. Est d'avance un mouvement du passé.

La modernité, il n'y a que l'art et la littérature qui le montrent à la société, n'a pas de référent. Seulement un sujet. Toujours différent, et différent des sujets particuliers. Elle est la trans-énonciation même.

C'est sa force. La force des mots vides. Les plus forts, parce qu'ils sont seulement pleins de ce qu'on y met, qui change indéfiniment.

Le poème, l'éthique et la modernité

La modernité — valeur la plus désirable. Suscite une crampe de l'intention. La faculté de présent ne s'obtient pas par le volontarisme : « Pour un écrivain ou un artiste, il est aussi absurde de se vouloir moderne que de se prétendre classique, puisque ce n'est que rétrospectivement, en tenant compte de ce qu'aura été le développement historique, qu'on pourra dire qui était authentiquement moderne à une certaine époque », écrit Michel Leiris[365]. C'est-à-dire, « faisait la nouveauté profonde de cette époque ».

La modernité est le passage de l'intention à l'absence d'intention, pour Adorno, dans un « progrès » de l'art, des environs de 1800 à aujourd'hui : « Le progrès de l'art en tant que " faire " et le scepticisme qui s'y rattache se répondent l'un et l'autre ; en fait ce progrès s'accompagne de la tendance au non-volontaire absolu, de l'écriture automatique d'il y a près de cinquante ans jusqu'au tachisme et à la musique aléatoire d'aujourd'hui[366]. » L'impossibilité de l'intention confondue avec le refus volontaire d'intention, qui ne sont pas comparables. À partir de ces exemples, Adorno généralise : « La vérité du Nouveau, vérité de l'inviolé, se situe dans l'absence d'intention. Elle entre ainsi en contradiction avec la réflexion, le moteur du Nouveau, et lui confère une puissance seconde » (*ibid.*). Il formule ainsi une contradiction qui serait essentielle à la modernité : « Le Nouveau est, par nécessité,

365. Michel Leiris, « Modernité, merdonité », *la NRF*, n° cité, p. 12.
366. T. W. Adorno, *Théorie esthétique*, p. 43.

quelque chose de voulu, mais en tant qu'Autre, il serait le " non-voulu ". La velléité le lie à l'Immuable ; d'où le fait que le modernisme communique avec le mythe. Il implique la non-identité, mais cependant devient identique grâce à l'intention » (*ibid.* p. 38). On reconnaît le paradoxe du mythe du nouveau, qui s'annule en se répétant.

Cette absence d'intention serait illustrée par l'absurde, chez Beckett, et par le « refus de Beckett d'interpréter ses œuvres » (*ibid.*, p. 43). Qu'Adorno comprend ainsi : « En même temps que croît la réflexion et sa force, le contenu en soi s'éclipse. » Mais il semble que le caractère même de l'œuvre choisie offusque l'emmêlée de deux problèmes. Récuser l'intention est pertinent non seulement pour une œuvre moderne, mais pour toute œuvre. Parce que le dire est incommensurable au vouloir dire. Et que le *dire* de l'œuvre est aussi un *faire*. C'est autre chose encore que le refus d'interpréter, refus de l'herméneutique qui est le règne ambiant du signe et du sens. Beckett a donc deux raisons de refuser : la première est celle du « s'il avait voulu dire, il aurait dit » de Breton — répondre serait faire sa propre paraphrase ; la seconde, celle qui oppose la poétique au signe. L'absurde y ajoute peut-être. Il n'y change rien. Adorno continue de parler en termes de « contenu » (p. 44), tout en rejetant le « message » (*ibid.*). Il lui manque les moyens de sa critique : il est dans une *esthétique*.

L'intention du moderne est de l'ordre de la socialité de l'art. Fréquente, dans la surenchère avant-gardiste. C'est la recette du faux moderne, par inversion simple de la cause et de l'effet. Le moderne a fait scandale, ce qui fait scandale est moderne. Invention futuriste. Marque de l'affolement des critères : du comble de valeur à l'ignorance de la valeur. Le contemporain pris pour la modernité — « déité trompeuse », comme dit Michel Leiris.

La modernité est une parabole. La parabole de l'art. De l'excès dans les tensions. Divorce prétendu entre l'art et le public — en réalité, l'écran du spectacle. Parabole de l'extrême — extrême progrès technique, extrême rejet de la technique. Extrême destruction au plus meurtrier des siècles, jusqu'ici.

On a parlé de l'échec de la modernité. Comme de l'échec du surréalisme. Si la modernité est identifiée à la raison des Lumières et au rationalisme universaliste du XIXe siècle, il y a un échec. Une autre modernité s'est constituée justement de sa critique. Le déni de cette critique caractérise le faux moderne. L'anti-moderne.

L'esthétique rabat la visée éthique des surréalistes, son travail de « critique de la poésie », sur l'esthétique. L'esthétique est comme la rhétorique, ou la grammaire : du point de vue de la grammaire, il n'y a partout que des exemples de grammaire ; du point de vue de la rhétorique, partout que des figures ; l'esthétique ne peut voir autre chose qu'elle-même : les catégories de l'esthétique.

S'il y a un échec de la modernité, échec de la raison, c'est celui de la tripartition-séparation entre la science, la morale, l'esthétique. Un échec de l'esthétique. De la catégorie même d'esthétique. Trop solidaire du signe pour être sauvée. Les effets secondaires emplissent la *Théorie esthétique* d'Adorno. Ses malheurs. Comme de parler de l'« interdiction d'images » (p. 37) à propos de Baudelaire.

Invalider la notion d'esthétique suppose la nécessité, et la réalité, d'une implication réciproque entre le poème, l'éthique et l'histoire. Le poème, l'éthique et la modernité. La modernité n'a cessé de remettre en question la séparation entre la science, la morale, l'art, constitutive de la raison-modernité pour Habermas. Peter Bürger remarquait : « Le découplement de la politique et de la morale était au temps de Hobbes un progrès ; mais il devient problématique à une époque où le potentiel de destruction s'est accru à un point que la vie humaine sur terre peut être anéantie[367]. »

L'art ne présente pas ces urgences. Apparemment. Parce que les dommages sont d'un autre ordre. La juxtaposition traditionnelle des catégories a cependant des effets connus. Où chaque dégradation de l'art est une dégradation du sujet. Une souffrance de l'individuation. L'utile. Le progrès. Le héros positif. Abstractions homologues à celles des catégories de l'espace et du temps comme catégories de la raison. La rationalisation de l'éthique. Le résultat a bien mérité de l'esthétique.

La modernité, de l'art et de la littérature, est la parabole de l'implication réciproque qui lie l'éthique et l'œuvre, parce que c'est un même sujet qui s'y invente.

---

367. Dans « *Der Alltag, die Allegorie und die Avantgarde* », dans *Postmoderne : Alltag, Allegorie und Avantgarde*, p. 200.

Aux clichés de l'esthétique, ou des fabrications mythiques sur la modernité, s'ajoutent les clichés de la modernité elle-même. Pour la modernité poétique, il est remarquable que le jeu moderniste qui a privilégié la triade révolutionnaire Rimbaud-Lautréamont-Mallarmé, mettant au second plan la triade réformiste Nerval-Baudelaire-Hugo, a exclu Verlaine. Exclusion peut-être liée à l'anti-religion moderne, l'indigestion de catholicisme des surréalistes, qui ressort, par exemple dans *Le Clavecin de Diderot* de Crevel, parlant des « répugnants petits menuets verlainiens »[368]. Cette exclusion, comme toute difficulté, fonctionne comme un symptôme. Indirect. De la méconnaissance du rythme dans le surréalisme. Mais aussi de la séparation qui se fait là entre la religion et l'éthique. L'éthique cessant de se fonder dans la religion.

L'éthique, dans l'art, est le risque. Le risque est la seule chance de modernité. Pas de modernité sans cette éthique. Elle est peut-être toute la politique de l'art. Ici Adorno touche juste : « Seules les œuvres qui un jour s'exposèrent ont une chance de survie, pour autant que celle-ci existe encore, mais non pas celles qui, par peur de l'éphémère, se perdent dans le passé[369]. » Et dans la mesure où nous faisons l'écriture de l'avenir, le passé se réécrit par nous.

Le rapport au politique, après le militantisme des années trente, l'engagement existentialiste, s'est effondré — en France — avec le recul de l'idéalisation. Une intériorisation formelle, vers 1960 — à part la rémanence ponctuelle, avant-gardiste, du mythe révolutionnaire : révolution poétique, révolution politique, même combat — a désolidarisé l'art et l'éthique, l'art et le politique. Depuis la fin du structuralisme, le refoulé de l'éthique revient. L'éthique est à la mode.

Mais quel rapport entre l'éthique et le langage, l'éthique et le poème ? Le discours à la mode est un discours noble. On y redécouvre le visage. Mais ce face à face n'a pas de bouche. Pas de langage. Les moralistes, non plus que les logiciens, n'arrivent pas encore au poème.

Or le travail du poème fait, de l'éthique dans l'art, une figure du rapport entre l'éthique et le sujet. Entre le sujet et l'individu. Par quoi l'éthique sans le poème n'est que le

368. René Crevel, *Le Clavecin de Diderot*, J. J. Pauvert, 1966, p. 30.
369. *Théorie esthétique*, p. 53.

vestige de la société ancienne. De la théorie traditionnelle. Pas l'éthique de la modernité.

L'identification immédiate des révolutions à un sujet-masse, et au sens de l'histoire, fait une métrique du sujet. Destructrice du sujet. Mais le sujet, à travers l'art et la littérature, est du parti du rythme.

Dans l'expérience du Bauhaus, l'éthique et l'historicité de l'art faisaient un tout avec la socialité. La fonction étant l'affirmation du présent. Contre l'imitation du passé. Pierre Bourdieu a montré que la rupture de Manet et de Courbet avec le fini académique était une rupture éthique[370]. C'est que l'invention du sujet et du social est la même invention — quand l'art et la littérature transforment le sentir, le voir et le penser. Le travail du concept aussi est un aspect — au sens grammatical du mot — du sujet : un état naissant, en cours, ou finissant.

Il peut y avoir de l'éclectisme en art. C'est ce qui l'esthétise. Il ne peut pas y en avoir avec l'éthique. De ce point de vue, le post-moderne s'est mis, à la nietzschéenne, au-delà de ces naïvetés. Il a esthétisé le cynisme. Robert Rauschenberg, en 1953, se fait envoyer un dessin par De Kooning, le raye d'un trait, et l'expose comme un « De Kooning rayé »[371].

Depuis Duchamp qu'on répète la farce de l'anti-, le rire de l'art est devenu la face hippocratique de l'art. On ne refait pas non plus à la littérature deux fois le coup de la parodie. Après Lautréamont, la première était celle des surréalistes. La deuxième a été l'exercice scolaire du formalisme années soixante, qui se continue dans la scolastique universitaire, pour qui la littérature est un autour-de-la-littérature.

Le cynisme qui est inscrit dans la répétition de la parodie — rien de commun avec la parodie elle-même — s'est voulu, dans le post-moderne, seulement l'effet d'une désesthétisation de l'art, vers une esthétisation de la vie. C'est autre chose qui a lieu : une coupure avec l'éthique.

370. Pierre Bourdieu, « L'institutionnalisation de l'anomie », *Cahiers du MNAM*, n° 19-20, déjà cité, p. 13.

371. Exemple cité par Hans Platschek, « *Schüsse in Hornberg oder Der Streit um die Avantgarde* » [« Coups de feu dans le Hornberg ou la Querelle de l'avant-garde »], dans *Stichworte zur « Gestigen Situation der Zeit »* [Notes sur la « situation spirituelle du temps »], Herausgegeben von Jürgen Habermas, 2 Band. Politik und Kultur, Francfort/Main, Suhrkamp, 1979 (4ᵉ éd., 1982), p. 633.

Une autre direction du post-moderne joue sur la frange entre mystique et mystification. Joseph Beuys parle *d'anti-espace*, « *Gegenraum oder Antiraum* »[372]. Ce que Platschek appelle des « *Wortfetischen* » (*ibid.*, p. 634).

La modernité est tout entière conflit. Entre historicisme et historicité. Socialisation et asocialité. Répétition et transformation. Rien dans ce conflit ne peut se résoudre.

Aussi, l'historicité et l'éthique, en art, et en littérature, ne font qu'un. Et c'est pourquoi l'art et la littérature sont une parabole du sujet dans le social. Pour le langage, pas l'éthique de ce qui est dit, l'énoncé — mais l'éthique de l'énonciation, de ce dire qui est un faire.

S'il y a une asocialité dans l'acte et dans l'activité de l'œuvre, par la nécessité du contre, du hors de, elle ne peut être ni une arrogance, ni un pouvoir. Ni du délibéré, ni du mime. Elle est d'un refus si fondamental qu'on ne peut pas choisir cette sorte de refus. Tel que « Saussure refusait à peu près tout ce que l'on faisait de son temps »[373]. Sinon, il participerait du mondain, d'où justement il lui faut s'extraire.

Comme il n'y a de discours que d'un sujet, il n'y a d'historicité que par un sujet. Un sujet est celui qui fait que d'autres sont des sujets. L'activité de l'art, de la littérature, est, spécifiquement, l'avènement et la transformation des sujets. En ce sens, les œuvres qui durent sont celles qui sont inaccomplies. Ne cessent de s'inaccomplir dans les sujets. C'est la définition de leur modernité.

Modernité, s'il y a le poème, l'éthique, l'histoire inséparablement. Leur séparation : la vieillerie poétique, la vieillerie théorique.

Ainsi, ce qu'il y a de plus moderne au monde est le sujet. Il commence à être moderne, il travaille à être un sujet, quand il ne se reconnaît plus dans le présent passé, et s'il oppose, à tout ce qui maintient la théorie et la société traditionnelles, son refus.

C'est ce qu'il y a d'utopie dans la modernité.

372. Cité par Hans Platschek, *op. cit.*, p. 633.
373. É. Benveniste, « Structuralisme et linguistique » (1968), *Problèmes de linguistique générale II*, Gallimard, 1974, p. 14.

L'infini du sujet est la modernité. C'est pourquoi elle déborde les modernes, mais les modernes ne peuvent pas la déborder. Plus rusées les surenchères, plus elles étalent leur naïveté. Calculs, totalisations. Le surplace de la théorie traditionnelle. Où, catégorie par catégorie, l'esthétique, l'éthique rejoignent les couples de l'individu et du social, de la forme et du sens, de l'ancien et du nouveau, au magasin d'antiquités qui fait l'actuel.

Après la fin des avant-gardes (qu'on ne cesse de ressasser, en s'obstinant à les prendre pour la modernité), la fin des messianismes politiques (du moins ceux de l'Europe, ces deux derniers siècles), la fin de certains scientismes pris pour la science, les morts rapprochées de Barthes, Sartre, Lacan, Jakobson, Raymond Aron, Foucault et la mort sociale d'Althusser, certains, que tant de fins impressionnent, sont persuadés, en allant, déjà, un peu avant l'heure, aux funérailles du siècle, et aux obsèques mondiales du millénaire, qu'on assiste à l'épuisement des grandes pensées, à l'extinction des grandes œuvres, et que s'éteignent les Lumières de la Raison. Que c'est la fin de la modernité.

De toutes les fins de siècle qui précèdent — pour autant qu'on accepte de jouer à ce réalisme calendaire qui participe du religieux et prend le temps pour de l'histoire — celle du XVIIe, conquérante, celle du XVIIIe, philosophique et révolutionnaire, se voyaient bien comme une fin-commencement. Mais la fin du XIXe, en Europe, on ne peut le nier, donne des signes d'abattement. Cette conviction, contrairement à l'image avant-gardiste du xxᵉ siècle, n'a pas été effacée par l'optimisme d'un début, pour revenir, comme un crépuscule — celui des hommes, non plus celui des dieux — à la fin du siècle.

La fin-de-siècle-fin-du-monde, xixᵉ-xxᵉ, est une seule et même fin ininterrompue. Pour deux raisons. L'éréthisme futuriste-machiniste italien n'y change rien. Confirme plutôt.

Car la première raison, et majeure, est le conflit continu, inachevé, entre l'industrialisation de masse qui commence au début du siècle dernier, avec sa misère de masse, et l'écrasement d'un humanisme individuel, né au xviiᵉ-xviiiᵉ siècles, comme Groethuysen l'a montré. D'où les poètes en grève, comme disaient Rimbaud et Mallarmé. Et le sens éthique de la peinture chez Manet et Courbet. Les malheurs et les bonheurs (brefs) du xxᵉ siècle européen s'y insèrent comme des épisodes. C'est cette histoire qu'on prend pour du temps.

La seconde raison qui accroît le marasme des épuisés du sens est la théologique hégélienne, qui nous a gavés de fins. Fin de la poésie, fin de l'art... La sortie-Nietzsche ne jouant pas plus que le rôle d'une figure de rhétorique dans le discours sur la raison, la modernité, la crise. Fausse sortie, comme au théâtre. Sauf pour Nietzsche lui-même, bien sûr.

Fin-de-siècle, c'est donc, en fait, la « question de la technique ». Qui est aussi la question de l'art, de la poésie. Mais en un tout autre sens que celui de Heidegger. Car plus que tout autre, contrairement à l'apparence qu'il a fait miroiter, et dans la mesure même de l'illusion qu'il a propagée, il en a détourné, en détournant du sujet. De la solidarité nécessaire entre sens, sujet, historicité et modernité.

Par quoi cette fin qui n'en finit pas de finir est aussi un commencement. Si faible, imperceptible qu'il soit, un silence au milieu du bruit du monde. Audible peut-être, comme presque toujours, seulement après coup. Le commencement d'autres modes du penser, du voir, du sentir. Les commencements du sujet.

Ces commencements, langage, histoire, sont infinis. Par eux le sens ne peut pas s'épuiser. Seuls ceux pour qui le sens est fini, et qui le totalisent, sentent sur eux en venir la fin. Car ils l'identifient à des cultes anciens, de la théologique ou de la raison. Ils se croyaient dans des schémas. Mais nous sommes dans des rythmes : ceux des transformations par lesquelles des pensées centralisatrices, insensiblement, sont mangées par tout ce qu'elles marginalisent, mais qui gagne. Ce que les enfermeurs enfermés du sens prennent pour une fin.

C'est bien pourquoi, soit Humboldt, soit Walter Benjamin, ceux qui ont pensé *entre* les catégories de leur temps, celles du discontinu du langage, celles du signe, vers le continu langage-histoire, ont passé — Humboldt, emblématiquement — pour *difficiles* : c'est-à-dire, selon le sens du monde, impensables, irréductibles selon les catégories du XIXe siècle, qui continuent de régir le XXe. Ainsi Humboldt est lu à travers Hegel, ou rabattu sur Kant. Ainsi Walter Benjamin est renvoyé d'une catégorie à l'autre, du marxisme au messianisme. Et la mode qui l'accueille, tardivement, aujourd'hui, reste liée à cette bascule, où le messianisme récemment l'emporte. Mais encore à travers les clichés modernistes du fragmentaire, dans un culte de « l'échec ». La négativité, dans le binaire. Pendant que lui fait monter au ciel son « Baudelaire chrétien porté par des anges purement juifs ».

Humboldt, Walter Benjamin — emblèmes de la contradiction, reconnue par Baudelaire, et qui demeure paradoxale, entre les modernes et la modernité. La modernité : ce que ne contiennent pas les modernes. Par quoi elle est indéfiniment la part d'avenir qu'il y a dans le présent.

Comme l'anti-art vieillit plus vite que l'art, et l'anti-œuvre émet la répétition plus que l'œuvre, seule l'œuvre étant une anti-œuvre, l'individu et le social ont vieilli, l'ancien et le nouveau ont vieilli.

Mais celui qui est encore une utopie dans l'utopie, et qui pourtant commence chaque fois qu'il y a une œuvre, le sujet, le *je* qui est l'avenir du sens, de toute l'histoire de ses naissances, fait de la modernité, à travers tous les comment-peut-on-être-moderne qui passent, le présent qui reste présent.

INDEX DES NOMS

INDEX

TABLE DES MATIÈRES

Aux Presses Universitaires de France

LES ÉTATS DE LA POÉTIQUE, 1985.
LE LANGAGE HEIDEGGER, 1990.

Aux Presses Universitaires de Vincennes

CRITIQUE DE LA THÉORIE CRITIQUE, LANGAGE ET HISTOIRE, séminaire en collaboration, 1985.
LE LANGAGE COMME DÉFI, ouvrage collectif, 1991.

Aux Éditions Larousse

DICTIONNAIRE DU FRANÇAIS CONTEMPORAIN, en collaboration, 1967.

Aux Éditions de l'Éclat

« Mallarmé au-delà du silence », introduction à Stéphane MALLARMÉ, ÉCRITS SUR LE LIVRE (choix de textes), 1986.

Aux Éditions Dominique Bedou

JAMAIS ET UN JOUR, poèmes, 1986.

Aux Éditions Artalect, Édition Sonore

NOUS LE PASSAGE, poèmes, cassette audio, 1990.

Aux Éditions Hatier

DES MOTS ET DES MONDES, DICTIONNAIRES, ENCY-CLOPÉDIES, GRAMMAIRES, NOMENCLATURES, 1991.

Impression SEPC à Saint-Amand (Cher),
le 10 décembre 1993.
Dépôt légal : décembre 1993.
Numéro d'imprimeur : 2366-2524.
ISBN 2-07-032778-7. / Imprimé en France.